高等职业教育经济管理类专业系列教材
——荣获华东地区大学出版社优秀教材奖

商品流通企业会计

主　编　梁建民
副主编　王茂盛　缪启军
参　编　吴宗奎　袁瑞英

东南大学出版社
·南京·

内 容 提 要

本书是高职高专会计专业的一门主干专业课。该课程的任务是使学生具备商品流通企业会计的基本理论、基本知识和技能，理解现行的会计制度和法规，全面系统地掌握商品流通会计的核算方法，培养学生从事商品会计核算和会计事务管理工作的综合能力。其内容主要包括：零售商品流通业务核算、批发商品流通业务核算、农副产品流通业务核算、进出口商品流通业务核算等。

本书突出了高职高专的教学特点，具有针对性、实用性、先进性、教学性，坚持理论与实践密切结合；教材内容反映了新的会计准则的规定和要求，具有新颖、重点突出、通俗易懂、注重实际等特点。每章除正文外，还设有学习目标、练习题、思考题等配合商业企业的具体业务进行实训，教师可以有选择地布置作业。

本书既可作为高职高专经济管理专业的教材，也可作为各类财经专业成人教育教材及会计人员岗位培训和自学用书。

图书在版编目(CIP)数据

商品流通企业会计/梁建民主编. —2 版. —南京：东南大学出版社，2014.1

ISBN 978-7-5641-4488-3

Ⅰ.①商… Ⅱ.①梁… Ⅲ.①商业会计-高等职业教育-教材 Ⅳ.①F715.51

中国版本图书馆 CIP 数据核字(2013)第 209028 号

东南大学出版社出版发行

(南京市四牌楼 2 号 邮编 210096)

出版人：江建中

江苏省新华书店经销 丹阳市兴华印刷厂印刷

开本：787 mm×1 092 mm 1/16 印张：16.25 字数：410 千字

2014 年 1 月第 2 版 2014 年 1 月第 5 次印刷

ISBN 978-7-5641-4488-3

印数：9 001—11 000 册 定价：29.00 元

高等职业教育经济管理类专业教材编委会

出版说明

“高等职业教育经济管理类专业教材编委会”自2003年3月成立以来，每年召开一次研讨会。针对当前高等职业教育的现状、问题以及课程改革、教材编写、实验实训环境建设等相关议题进行研讨，并成功出版了《高等职业教育经济管理类专业教材》近60种，其中33种被“华东地区大学出版社工作研究会”评为优秀教材和江苏省精品教材。可以看出，完全从学校的教学需要出发，坚持走精品教材之路，紧紧抓住职业教育的特点，这样的教材是深受读者欢迎的。我们计划在“十二五”期间，对原有品种反复修订，淘汰一批不好的教材，保留一批精品教材，继续开发新的专业教材，争取出版一批高质量的和具有职业教育特色的教材，并申报教育部“十二五”规划教材。

“高等职业教育经济管理类专业建设协作网”是一个自愿的、民间的、服务型的、非营利性的组织，其目的是在各高等职业技术院校之间建立一个横向交流、协作的平台，开展专业建设、教师培训、教材编写、实验与实习基地的协作等方面的服务，以推进高等职业教育经济管理专业的教学水平的提高。

“高等职业教育经济管理类专业建设协作网”首批会员单位名单：

南京正德职业技术学院
南京钟山职业技术学院
江苏经贸职业技术学院
南京应天职业技术学院
无锡商业职业技术学院
南京化工职业技术学院
常州建东职业技术学院
常州工程职业技术学院
南京交通职业技术学院
江阴职业技术学院
扬州职业大学
天津滨海职业学院
安徽新华职业技术学院
山东纺织职业技术学院
浙江机电职业技术学院
南京商骏创业网络专修学院
东南大学出版社
南京工业职业技术学院
南京金肯职业技术学院
南通纺织职业技术学院
镇江市高等专科学校
常州轻工职业技术学院
常州信息职业技术学院
常州纺织服装职业技术学院
南京铁道职业技术学院
无锡南洋职业技术学院
南京信息职业技术学院
黄河水利职业技术学院
江苏农林职业技术学院
黑龙江农业经济职业学院
东南大学经济管理学院
广东番禺职业技术学院
苏州经贸职业技术学校
江苏海事职业技术学院

高等职业教育经济管理类专业教材编委会
2014年1月

序

高等职业教育是整个高等教育体系中的一个重要组成部分。近几年来，我国高等职业教育进入了高速发展时期，其中经济管理类专业学生占有相当大的比例。面对当前难以预测的技术人才市场变化的严峻形势，造就大批具有技能且适应企业当前需要的生产和管理第一线岗位的合格人才，是人才市场与时代的需要。

为培养出适应社会需求的毕业生，高等职业教育再也不能模仿、步趋本科教育的方式。要探索适合高等职业教育特点的教育方式，就要真正贯彻高等职业教育的要求，即"基础理论适度够用、加强实践环节、突出职业技能教育的方针"。为此，有计划、有组织地进行高等职业教育经济管理类专业的课程改革和教材建设工作已成为当务之急。

本次教材编写的特点是：面向高等职业教育系统的实际情况，按需施教，讲究实效；既保持理论体系的系统性和方法的科学性，更注重教材的实用性和针对性；理论部分为实用而设、为实用而教；强调以实例为引导、以实训为手段、以实际技能为目标；深入浅出，简明扼要。为了做好教材编写工作，还要求各教材编写组组织具有高等职业教育经验的老师参加教材编写的研讨，集思广益，博采众长。

经过多方的努力，高等职业教育经济管理类专业教材已正式出版发行。这是在几十所高等职业院校积极参与下，上百位具有高等职业教育教学经验的老师共同努力高效率工作的结果。

值此出版之际，我们谨向所有支持过本套教材出版的各校领导、教务部门同志和广大编写教师表示诚挚的谢意。

本次教材建设，只是我们在高等职业教育经济管理类专业教材建设上走出的第一步。我们将继续努力，跟踪教材的使用效果，不断发现新的问题；同时也希望广大教师和读者不吝赐教和批评指正。目前我们已根据新的形势变化与发展要求对教材陆续进行了修订，期望它能在几番磨炼中，成为一套真正适用于高等职业教育的优秀教材。

宁宣熙

2014 年 1 月

再版前言

商品流通企业会计是对商业企业的会计基本要素进行确认、计量、记录和报告的基本理论、基本知识和基本方法。它是财经类专业的重要专业课，又是会计、审计专业的主干课程。

本书根据高职高专的教学特点和培养目标，在阐述基本理论、基本方法的基础上，通过案例分析，突出了技能应用方面的实训，在各章后面配套编写了模拟实训题例，有利于培养学生的实际操作能力。

本书的内容主要包括：零售商品流通业务核算、批发商品流通业务核算、农副产品流通业务核算、进出口商品流通业务核算等。本书既可作为高职高专财经类、管理类专业的教材，又可作为在职人员的培训教材。

本书由郑州城市职业学院梁建民担任主编，南京正德职业技术学院王茂盛、泰州职业技术学院缪启军担任副主编。参加编写的教师分工如下：第 1、2、6 章由缪启军编写；第 3、4 章由袁瑞英（黄河水利职业技术学院）编写；第 5、7、10 章由王茂盛编写；第 9 章由吴宗奎（黄河水利职业技术学院）编写；第 8、11、12、13 章由梁建民编写。最后由梁建民对全书进行了总纂、修改和定稿。

本书在编写过程中得到了东南大学出版社的支持和帮助，特此致谢。本书在编写过程中参考了许多商品流通企业会计的教材和论著，在此向作者表示感谢。由于经济形势的发展和经济改革的不断深入，商品流通企业会计的内容在不断丰富和更新，加之编者的业务水平有限，书中难免有疏漏及欠妥之处，恳请读者批评指正。

编　者

2014 年 1 月

目 录

1 概 论

【本章学习目的】

(1) 掌握商品流通企业会计的概念和特点。

(2) 掌握各会计要素的含义并理解会计要素间的关系。

(3) 掌握会计核算的前提。

(4) 了解会计核算原则。

(5) 了解商品流通企业会计核算的方法。

1.1 商品流通企业会计概述

1.1.1 商品流通企业会计的概念

会计是对经济活动过程进行反映、监督、控制的一种管理活动,它以货币为主要计量单位,以经济活动过程中产生的会计资料为依据,采用专门的技术方法,对会计主体的经济活动进行核算与监督,并提供会计信息。商品流通企业会计是应用于商品流通领域行业的专门会计。它以商品流通企业中的流通行业为基础,通过货币计量、复式记账等方法对经济业务进行连续、系统、全面的核算监督,综合反映企业的经营情况和经营成果,为企业外部利益关系人提供财务会计信息;为企业经营决策提供依据;促进企业加强经营管理,提高经济效益,实现价值不断增值。因此,商品流通企业会计是商品流通企业经营管理的一个重要组成部分。

1.1.2 商品流通企业会计的特点

商品流通企业是面向直接消费者或批发商的企业。其经济活动可以描述为从生产部门或其他商品流通企业购进各类商品,出售给下级商品流通企业或直接消费者的一种商品流通活动,是商品流通的中间或最终环节。批发经营的特点是经营品种多、规格复杂,交易量大;交易方式主要是现金交易与转账相结合。直接经营的特点是:经营品种多、规格复杂,直接为消费者服务,交易频繁,数量零星;交易方式主要是柜台的现金交易,成交时间短;顾客自助式服务的商业经营形式(即超市)已经成为直接经营的主要形式之一。

因此,商品流通企业会计与其他专门会计一样具有核算和监督的职能,这是与其他企业会计核算共同的特征。另外,从商品流通运行规律与会计的结合来看,商品流通企业主要是从事商品的购销活动,其会计核算主要是围绕商品流通业务进行,它也有其自己的某些特征。

1) 以商品的购销为中心进行核算和管理

商品流通企业商品的购销活动是其主要的经济业务。商品的购销活动从实物形态上,表现为商品的购进和商品销售两个阶段，它与工业企业有所不同；从价值形态上看，在商品购进过程中，商品流通企业用货币资金通过采购的形式变为商品资金的形态，商品采购回来后，又向消费者或其他企业销售出去，即从商品资金形态变为货币资金形态。随着商品购销业务活动的持续进行，两种形态不断地交替变化着。资金的这种随商品购销业务的往复循环、周而复始的运动，即为商品流通企业的资金周转，可用图 1.1 表示。

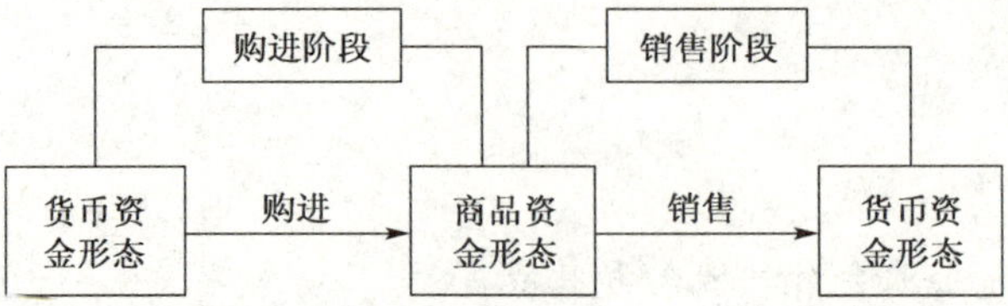

图 1.1　商品流通企业资金周转框图

从图 1.1 中可以看出，商品流通购销过程中，通过商品购买，支付货款及费用，使货币资金转化为商品资金；在销售过程中，通过商品销售，取得收入和盈余，使商品资金又转化为货币资金，并获得增值。商品流通企业会计主要是对商品资金的筹集和资金的循环进行核算和管理。所以，其核算的重点是商品的采购和商品的销售两个阶段，以商品购销为中心。

2）以市场为导向进行核算和管理

商品流通企业是典型的流通企业，其面对的是广大消费品市场。众所周知，商品流通最基本的规律是要从商品的价值规律及其供求关系中获得有利时机，实现增值，扩大经济效益。这就要求商品流通企业会计必须在企业商品的购销活动中，按照价值规律控制采购成本和管理费用，扩大收益，使本企业在市场竞争中处于不败之地。

1.2　商品流通企业的会计要素

会计要素是指财务会计报告的基本构成要素。由于商品流通企业财务会计报告中最主要的是资产负债表和利润表，因此，这里所说的会计要素主要就是构成这两张会计报表的要素。构成资产负债表的要素有资产、负债和所有者权益三项；构成利润表的要素有收入、费用和利润三项。

1.2.1　反映企业财务状况的会计要素

1）资产

企业从事生产经营活动必须具备一定的物质资源，或者说物质条件。在市场经济条件下，这些必要的物质条件表现为货币资金、厂房场地、机器设备、原材料等，称为资产，它们是企业从事生产经营活动的物质基础。除上述所提外，资产还包括不具有物质形态、但有助于生产经营活动进行的专利权、商标权等无形资产；此外，还包括对其他单位的投资等。

具体来说，资产，是指由过去的交易或事项形成并由企业拥有或者控制的资源，该资源预期会给企业带来经济利益。它具有以下特征：

(1) 资产能够直接或间接地给企业带来经济利益

所谓经济利益，是指直接或间接地流入企业的现金或现金等价物。资产导致经济利益流入企业的方式多种多样，比如，单独或与其他资产组合为企业带来经济利益；以资产交换

其他资产；以资产偿还债务等。资产之所以成为资产，就在于其能够为企业带来经济利益

（2）资产是为企业所拥有的，或者即使不为企业所拥有，也是企业所控制的

企业拥有资产，就能够排他性地从资产中获取经济利益。有些资产虽然不为企业所拥有，但是企业能够支配这些资产，因此同样能够排他性地从资产中获取经济利益。如果企业不能拥有或控制资产所能带来的经济利益，那么就不能作为企业的资产。例如，对于以融资租赁方式租入的固定资产来说，虽然企业并不拥有其所有权，但是由于租赁合同规定的租赁期相当长，接近于该资产的使用寿命；租赁期满，承租企业一般有优先购买该资产的选择权；在租赁期内，承租企业有权认定和支配该资产并从中受益。对于以经营租赁方式租入的固定资产来说，由于企业不能控制它，所以，以经营租赁方式租入的固定资产不应视为企业的资产。

（3）资产是由过去的交易或事项形成的

资产必须是现实的资产，而不能是预期的资产。只有过去发生的交易或事项才能增加或减少企业的资产，而不能根据谈判中的交易或计划中的经济业务来确认资产。例如，已经发生的固定资产购买交易会形成企业的资产，而计划中的固定资产购买交易则不会形成企业的资产。

资产可以按照不同的标准进行分类，比较常用的是按照流动性和按有无实物形态进行分类。按照流动性对资产进行分类，可以分为流动资产和非流动资产。流动资产是指可以在一年或者超过一年的一个营业周期内变现或耗用的资产，主要包括现金、银行存款、短期投资、应收及预付款、存货等。有些企业经营活动比较特殊，经营周期可能长于一年，此时，就不能以一年内变现作为流动资产的划分标准，而是将经营周期作为流动资产的划分标准。除流动资产以外的其他资产，都属于非流动资产，如长期股权投资、长期债权投资、固定资产、无形资产等。

2）负债

负债，是指过去的交易或事项形成的现时义务，履行该义务预期会导致经济利益流出企业。它具有以下特征：

（1）负债的清偿预期会导致经济利益流出企业

清偿负债导致经济利益流出企业的形式多种多样，如用现金偿还或以实物资产偿还；以提供劳务偿还；部分转移资产部分提供劳务偿还；将负债转为所有者权益，如国有企业债转股业务。对此，企业不能或很少可以回避；如果企业能够回避，则不能确认为企业的负债。

（2）负债是由过去的交易或事项形成的

作为现时义务，负债是过去已经发生的交易或事项所产生的结果，是现实的义务。只有过去发生的交易或事项才能增加或减少企业的负债，而不能根据谈判中的交易或事项，或者计划中的经济业务来确认负债。如银行借款是因为企业接受了银行贷款而形成的，如果企业没有接受贷款，则不会发生银行借款这项负债；应付账款是因为企业采用信用方式购买商品或接受劳务而形成的，在购买商品或接受劳务发生之前，相应的应付账款并不存在。

按照流动性对负债进行分类，可以分为流动负债和长期负债。流动负债，是指将在一年内（含一年）或者超过一年的一个营业周期内偿还的债务，包括短期借款、应付票据、应付账款、预收账款、应付工资、应付福利费、应付股利、应交税费、其他暂收应付款项和一年内到期的长期借款等。长期负债，是指偿还期在一年以上或者超过一年的一个营业周期以上的负

债，包括长期借款、应付债券、长期应付款等。

3）所有者权益

所有者权益，是指所有者在企业资产中享有的经济利益，其金额为资产减去负债后的余额。它具有以下特征：

(1) 除非发生减资、清算，企业不需要偿还所有者权益。

(2) 企业清算时，只有在清偿所有的负债后，所有者权益才返还给所有者。

(3) 所有者凭借所有者权益能够参与利润的分配。

所有者权益在性质上体现为所有者对企业资产的剩余权益，在数量上体现为资产减去负债后的余额。所有者权益包括实收资本（或者股本）、资本公积、盈余公积和未分配利润。其中，盈余公积和未分配利润又合称为留存收益。

1.2.2 反映企业经营成果的会计要素

1）收入

收入，是指企业在销售商品、提供劳务及让渡资产使用权等日常活动中所形成的经济利益的总流入。收入不包括为第三方或客户代收的款项。它具有以下特征：

(1) 收入是从企业的日常活动中产生的，而不是从偶发的交易或事项中产生的

所谓日常活动，是指企业为完成其经营目标而从事的所有活动以及与之相关的其他活动，例如，商业企业从事商品销售活动等。企业所进行的有些活动并不是经常发生的，但因与日常活动有关，也属于收入。有些交易或事项虽然也能为企业带来经济利益，但由于不属于企业的日常活动，所以，其流入的经济利益不属于收入，如企业出售固定资产净收益。

(2) 收入可能表现为企业资产的增加，或负债的减少，或二者兼而有之

收入为企业带来经济利益的形式多种多样，既可能表现为资产的增加，如增加银行存款、形成应收款项；也可能表现为负债的减少，如减少预收账款；还可能表现为二者的组合，如销售实现时，部分冲减预收的货款，部分增加银行存款。

(3) 收入能引起企业所有者权益的增加

由于收入是经济利益的总流入，所以收入能引起所有者权益的增加。但是，收入与相关的成本费用相配比后，则可能增加所有者权益，也可能减少所有者权益。

(4) 收入只包括本企业经济利益的流入，而不包括为第三方或客户代收的款项

企业为第三方或者客户代收的款项，如增值税、代收利息等，一方面增加企业的资产，另一方面增加企业的负债，因此，不增加企业的所有者权益，也不属于本企业的经济利益，不能作为本企业的收入。

按照企业所从事日常活动的性质，收入有三种来源，一是销售商品，取得现金或者形成应收款项；二是提供劳务；三是让渡资产使用权，主要表现为对外贷款、对外投资或者对外出租等。

按照日常活动在企业所处的地位，收入可分为主营业务收入和其他业务收入。主营业务是企业为完成其经营目标而从事的日常活动中的主要项目，如企业的销售商品等。其他业务是主营业务以外的其他日常活动。

2）费用

费用，是指企业销售商品、提供劳务等日常活动所发生的经济利益的流出。它具有以下

特征：

(1) 费用是企业在日常活动中发生的经济利益的流出，而不是从偶发的交易或事项中发生的经济利益的流出

商业企业以现金支付采购人员工资、以银行存款支付广告费等所发生的经济利益的流出，属于费用。有些交易或事项虽然也能使企业发生经济利益的流出，但由于不属于企业的日常活动，所以其经济利益的流出不属于费用，如企业出售固定资产净损失。

(2) 费用可能表现为资产的减少，或负债的增加，或二者兼而有之

费用的发生形式多种多样，既可能表现为资产的减少，如用现金支付管理人员工资、用银行存款支付广告费；也可能表现为负债的增加，如负担长期借款利息；还可能是二者的组合，如购买商品支付部分现金，同时承担债务。

(3) 费用将引起所有者权益的减少

按照费用与收入的关系，费用可以分为营业成本和期间费用。其中，营业成本是指所销售商品或提供劳务的成本。营业成本按照其所销售商品或提供劳务在企业日常活动中所处地位可以分为主营业务成本和其他业务成本。期间费用包括管理费用、销售费用和财务费用。管理费用是企业为组织和管理企业生产经营所发生的管理费用；销售费用是企业在销售商品过程中发生的费用；财务费用是企业为筹集生产经营所需资金等而发生的费用。

3) 利润

利润，是指企业在一定会计期间的经营成果，包括营业利润、利润总额和净利润。

营业利润是企业在销售商品、提供劳务等日常活动中所产生的利润，为主营业务收入减去主营业务成本和主营业务税金及附加，加上其他业务利润，减去销售费用、管理费用和财务费用后的金额。利润总额是指营业利润加上投资收益、补贴收入、营业外收入，减去营业外支出后的金额。其中，补贴收入是指企业按规定实际收到退还的增值税，或按销量或工作量等依据国家规定的补助定额计算并按期给予的定额补贴，以及属于国家财政扶持的领域而给予的其他形式的补贴；营业外收入是指企业发生的与其生产经营无直接关系的各项收入，如固定资产盘盈、处置固定资产净收益、非货币性交易收益、罚款净收入等；营业外支出是指企业发生的与其生产经营无直接关系的各项支出，如固定资产盘亏、处置固定资产净损失、出售无形资产损失、债务重组损失、计提的固定资产减值准备、计提的无形资产减值准备、计提的在建工程减值准备、罚款支出、捐赠支出、非常损失等。净利润是指利润总额减去所得税后的金额。

1.2.3 会计要素之间的关系

六大会计要素的数量关系存在内在的联系，把它们结合起来，会计等式可表示为：

资产＝负债＋所有者权益＋利润

资产＝负债＋所有者权益＋(收入－费用)

综合后的会计等式的含义是：在某一时点的资产、负债、所有者权益平衡的基础上，经过某一时期的经营，资产、负债、所有者权益的增减变动打破了旧的平衡关系，又建立了某一时点上新的平衡关系；而且，在此期间内，发生了收入和费用并取得了利润。

任何经济业务的发生，都不会破坏会计恒等式，在任何一个时点上观察资产、负债、所有者权益的静态状况，其数量关系总是保持平衡。因此，会计恒等式既能反映资本运动的起

点，又能反映资本运动的终点。它是设置账户、复式记账以及编制资产负债表的理论基础。

1.3 商品流通企业会计核算的基本前提和一般原则

1.3.1 商品流通企业会计核算的基本前提

会计核算的基本前提是指对会计核算所处的时间、空间环境作出的合理设定。

在市场经济条件下，会计工作所处的社会经济环境极为复杂，人们通过长期的会计实践，逐渐地认识和掌握了经济活动的规律，对各种变化不定的经济现象作出了合乎客观规律的科学判断，以保证会计核算正确地进行。我国会计核算的基本前提包括会计主体、持续经营、会计分期和货币计量等四项。

1）会计主体

会计主体，又称为会计实体、会计个体，是指会计信息所反映的特定单位或者组织，它规范了会计工作的空间范围。

会计工作的目的是反映一个单位的财务状况、经营成果和现金流量，为包括投资者在内的各个方面作出决策服务。会计所要反映的总是特定的对象，只有明确规定会计核算的对象，将会计所要反映的对象与包括所有者在内的其他经济实体区别开来，才能保证会计核算工作的正常开展，实现会计的目标。

在会计主体前提下，会计核算应当以企业发生的各项交易或事项为对象，记录和反映企业本身的各项生产经营活动。会计主体基本前提，为会计人员在日常的会计核算中对各项交易或事项作出正确判断、对会计处理方法和会计处理程序作出正确选择提供了依据。

(1) 明确会计主体，才能划定会计所要处理的各项交易或事项的范围

在会计核算工作中，只有那些影响企业本身经济利益的各项交易或事项才能加以确认和计量，那些不影响企业本身经济利益的各项交易或事项则不能加以确认和计量。会计核算工作中通常所讲的资产、负债的确认，收入的取得，费用的发生，都是针对特定会计主体而言的。

(2) 明确会计主体，才能把握会计处理的立场

企业作为一个会计主体，对外销售商品时（不涉及税金），形成一笔收入，同时增加一笔资产或者减少一笔负债，而不是相反；采购商品时，导致现金减少、存货增加，或者债务增加、存货增加，而不是相反。

(3) 明确会计主体，才能将会计主体的经济活动与会计主体所有者的经济活动区分开来

例如，由自然人所创办的独资企业或合伙企业，不具有法人资格，企业的资产和负债在法律上被视为业主或合伙人的资产和负债，但在会计核算上必须将企业作为一个会计主体，以便将会计主体的经济活动与会计主体所有者的经济活动区分开来。

会计主体不同于法律主体。一般来说，法律主体往往是一个会计主体。例如，一个企业作为一个法律主体，应当建立会计核算体系，独立地反映其财务状况、经营成果和现金流量。但是，会计主体不一定是法律主体。例如，在企业集团的情况下，一个母公司拥有若干个子

公司，企业集团在母公司的统一领导下开展生产经营活动。母子公司虽然是不同的法律主体，但是，为了全面反映企业集团的财务状况、经营成果和现金流量，就有必要将这个企业集团作为一个会计主体，编制合并会计报表。

2）持续经营

持续经营，是指在可以预见的将来，企业将会按当前的规模和状态继续经营下去，不会停业，也不会大规模削减业务。在持续经营前提下，会计核算应当以企业持续、正常的生产经营活动为前提。

企业是否持续经营，在会计原则、会计方法的选择上有很大差别。一般情况下，应当假定企业将会按当前的规模和状态继续经营下去，不会停业，也不会大规模削减业务。明确这个基本前提，就意味着会计主体将按照既定用途使用资产，按照既定的合约条件清偿债务，会计人员就可以在此基础上选择会计原则和会计方法。

由于持续经营是根据企业发展的一般情况所作的设定，而任何企业都存在破产、清算的风险，也就是说，企业不能持续经营的可能性总是存在的。为此，需要企业定期对其持续经营基本前提作出分析和判断。如果可以判断企业不会持续经营，就应当改变会计核算的原则和方法，并在企业财务报告中作相应披露。

3）会计分期

会计分期，又称会计期间，是指将一个企业持续经营的生产经营活动划分为一个个连续的、长短相同的期间。

会计分期的目的是将持续经营的生产经营活动划分成连续、相等的期间，据以结算盈亏，按期编报财务会计报告，从而及时向各方面提供有关企业财务状况、经营成果和现金流量的信息。

在会计分期前提下，会计核算应当划分会计期间，分期结算账目和编制财务会计报告。会计期间分为年度、半年度、季度和月度。在我国，年度、半年度、季度和月度均按公历起讫日期确定。半年度、季度和月度均称为会计中期。

明确会计分期基本前提对会计核算有着重要影响。由于会计分期，才产生了当期与其他期间的差别，从而出现权责发生制和收付实现制的区别，才使不同类型的会计主体有了记账的基准，进而出现了应收、应付、预提、待摊等会计处理方法。

最常见的会计期间是一年，以一年确定的会计期间称为会计年度，按年度编制的财务会计报告也称为年报。在我国，会计年度自公历每年的 1 月 1 日起至 12 月 31 日止。为满足人们对会计信息的需要，也要求企业按短于一个完整的会计年度的期间编制财务会计报告，如要求上市公司每个季度提供一次财务会计报告。

4）货币计量

货币计量，是指会计主体在会计核算过程中采用货币作为计量单位，计量、记录和报告会计主体的生产经营活动。

在货币计量前提下，企业的会计核算以人民币为记账本位币。业务收支以人民币以外的货币为主的企业，可以选定其中一种货币作为记账本位币，但是编报的财务会计报告应当折算为人民币。在境外设立的中国企业向国内报送的财务会计报告，应当折算为人民币。

在会计核算过程中之所以选择货币作为计量单位，是由货币本身的属性决定的。货币是商品的一般等价物，是衡量一般商品价值的共同尺度，具有价值尺度、流通手段、贮藏手段和支付手段等特点。其他的计量单位，如重量、长度、容积、台、件等，只能从一个侧面反映企业的生产经营情况，无法在量上进行汇总和比较，不便于管理和会计计量。所以，为全面反映企业的生产经营、业务收支等情况，会计核算就选择了货币作为计量单位。当然，统一采用货币尺度，也有不利之处，影响财务状况和经营成果的因素，并不是都能用货币来计量的，比如，企业经营战略、在消费者当中的信誉度、企业的地理位置、企业的技术开发能力等等。为了弥补货币计量的局限性，要求企业采用一些非货币指标作为会计报表的补充。

1.3.2 商品流通企业会计核算的一般原则

会计核算的一般原则是指会计核算中对会计对象进行确认、计量的科学规范。它是人们从会计实践中总结出来的经验。这些经验在得到会计界公认以后，就上升为会计核算的一般原则，成为各个会计主体进行会计核算的共同依据，从而保证了会计信息的质量和可比性，更好地为国家宏观调控服务，为投资者、债权人作出正确的决策服务。我国会计核算的一般原则有以下十三项。

1）客观性原则

客观性原则要求会计核算应当以实际发生的交易或事项为依据，如实反映企业的财务状况、经营成果和现金流量。

客观性是对会计工作的基本要求。会计工作提供信息的目的是为了满足会计信息使用者的决策需要，因此，就应做到内容真实、数字准确、资料可靠。在会计核算工作中坚持客观性原则，就应当在会计核算时客观地反映企业的财务状况、经营成果和现金流量，保证会计信息的真实性；会计工作应当正确运用会计原则和方法，准确反映企业的实际情况；会计信息应当能够经受验证，以核实其是否真实。

2）实质重于形式原则

实质重于形式原则，要求企业应当按照交易或事项的经济实质进行会计核算，而不应当仅仅以它们的法律形式作为会计核算的依据。

在实际工作中，交易或事项的外在法律形式并不总能完全反映其实质内容。所以，会计信息要想反映其所拟反映的交易或事项，就必须根据交易或事项的经济实质，而不能仅仅根据它们的法律形式进行核算和反映。

例如，以融资租赁方式租入的资产，虽然从法律形式来讲承租企业并不拥有其所有权，但是由于租赁合同中规定的租赁期相当长，接近于该资产的使用寿命；租赁期结束时承租企业有优先购买该资产的选择权；在租赁期内承租企业有权支配资产并从中受益，从其经济实质来看，企业能够控制其创造的未来经济利益，所以，会计核算上将以融资租赁方式租入的资产视为承租企业的资产。

3）相关性原则

相关性原则要求企业提供的会计信息应当能够反映企业的财务状况、经营成果和现金流量，以满足会计信息使用者的需要。

信息的价值在于其与决策相关，有助于决策。相关的会计信息能够有助于会计信息使用者评价过去的决策，证实或修正某些预测，从而具有反馈价值；有助于会计信息使用者作出预测，作出决策，从而具有预测价值。在会计核算工作中坚持相关性原则，就要求在收集、加工、处理和提供会计信息过程中，充分考虑会计信息使用者的信息需求。对于特定用途的会计信息，不一定都要通过财务会计报告来提供，而可以采用其他形式加以提供。

如果会计信息提供以后，没有满足会计信息使用者的需要，对会计信息使用者的决策没有什么作用,就不具有相关性。

4）一贯性原则

一贯性原则要求企业的会计核算方法前后各期应当保持一致,不得随意变更。如有必要变更,应当将变更的内容和理由、变更的累积影响数,以及累积影响数不能合理确定的理由等,在会计报表附注中予以说明。

在会计核算工作中要求企业的会计核算方法前后各期应当保持一致,不得随意变更,并不意味着所选择的会计核算方法不能作任何变更。在符合一定条件的情况下,企业也可以变更会计核算方法,并在企业财务会计报告中作相应披露。

5）可比性原则

可比性原则要求企业的会计核算应当按照规定的会计处理方法进行,会计指标应当口径一致、相互可比。

可比性原则要求企业的会计核算应当按照国家统一的会计制度的规定进行,使所有企业的会计核算都建立在相互可比的基础上。只要是相同的交易或事项,就应当采用相同的会计处理方法。会计处理方法的统一是保证会计信息可比的基础。不同的企业可能处于不同行业、不同地区,经济业务发生于不同时点,为了保证会计信息能够满足决策的需要,便于比较不同企业的财务状况、经营成果和现金流量,企业应当遵循可比性原则的要求。

6）及时性原则

及时性原则要求企业的会计核算应当及时进行,不得提前或延后。

会计信息的价值在于帮助所有者或其他方面作出经济决策,具有时效性。即使是客观、可比、相关的会计信息,如果不及时提供,对于会计信息使用者也没有任何意义,甚至可能误导会计信息使用者。在会计核算过程中坚持及时性原则,一是要求及时收集会计信息,即在经济业务发生后,及时收集整理各种原始单据;二是及时处理会计信息,即在国家统一的会计制度规定的时限内,及时编制出财务会计报告;三是及时传递会计信息,即在国家统一的会计制度规定的时限内,及时将编制出的财务会计报告传递给财务会计报告使用者。

7）明晰性原则

明晰性原则指会计记录和财务报告应当清晰明了,简明易懂地反映企业的财务状况和经营成果,以便于财务报告使用者理解财务报告和利用会计信息,同时也有利于审计人员进行查账验证。

8）权责发生制原则

权责发生制原则是指企业的收入和费用应当在实际发生时予以确认,不必等到实际收到现金或者支付现金时才确认。凡在本期内实际发生的收入或费用,不论其款项是否收到或付出,均应作为本期的收入或费用处理;反之,凡不在本期实际发生的收入或费用,即使其款项已收到或付出,均不能作为本期的收入和费用处理。只有将会计核算建立在权责发生制的基础上,才能正确地反映企业特定会计期间的财务状况和经营成果。

9）配比原则

配比原则要求企业在进行会计核算时,收入与其成本、费用应当相互配比,同一会计期间内的各项收入和与其相关的成本、费用,应当在该会计期间内确认。

配比原则根据收入与费用的内在联系,要求将一定时期内的收入与为取得收入所发生的费用在同一期间进行确认和计量。在会计核算工作中坚持配比原则有两层含义:一是因果配比，将收入与其对应的成本相配比，如将主营业务收入与主营业务成本相配比，将其他业务收入与其他业务成本相配比；二是时间配比，将一定时期的收入与同时期的费用相配比，如将当期的收入与管理费用、财务费用、销售费用等期间费用相配比等。

10）历史成本原则

历史成本原则要求企业的各项财产在取得时应当按照实际成本计量。这主要是因为历史成本是资产实际发生的成本，有客观依据，便于查核，也容易确定，比较可靠。其后，各项财产如果发生减值，应当按照规定计提相应的减值准备。除法律、行政法规和国家统一的会计制度另有规定者外，企业一律不得自行调整其账面价值。

需要注意的是，如果资产已经发生了减值，其账面价值已经不能反映其未来可收回金额，企业就应当按照规定计提相应的减值准备。

11）划分收益性支出与资本性支出原则

划分收益性支出与资本性支出原则，要求企业的会计核算应当合理划分收益性支出与资本性支出的界限。凡支出的效益仅及于本会计期间（或一个营业周期）的，应当作为收益性支出；凡支出的效益及于几个会计期间（或几个营业周期）的，应当作为资本性支出。

资本性支出的效益可在几个连续的会计期间发挥作用，而收益性支出的效益只在当期发挥作用。在会计核算工作中划分资本性支出与收益性支出，要求企业在会计核算工作中确认支出时，要区分两类不同性质的支出，将资本性支出计列于资产负债表中，作为资产反映，以真实地反映企业的财务状况；将收益性支出计列于利润表中，计入当期损益，以正确地计算企业当期的经营成果。如果企业在会计核算工作中没有正确划分资本性支出与收益性支出，将原本应计入资本性支出的计入收益性支出，就会低估资产和当期收益；将原本应计入收益性支出的计入资本性支出，就会高估资产和当期收益。所有这一切，都不利于会计信息使用者正确地理解企业的财务状况和经营成果，不利于会计信息使用者的决策。

12）谨慎性原则

谨慎性原则要求企业在进行会计核算时，应当遵循谨慎性原则的要求，不得多计资产或收益、少计负债或费用，不得设置秘密准备。

企业的经营活动充满着风险和不确定性，在会计核算工作中坚持谨慎性原则，要求企业在面临不确定因素的情况下作出职业判断时，应当保持必要的谨慎，充分估计到各种风险和损失，既不高估资产或收益，也不低估负债或费用。例如，要求企业定期或者至少于每年年度终了，对可能发生的各项资产损失计提资产减值准备等，就充分体现了谨慎性原则，这是对历史成本原则的修正。

需要注意的是，谨慎性原则并不意味着企业可以任意设置各种秘密准备，否则，就属于滥用谨慎性原则，将视为重大会计差错，应按重大会计差错更正的规定进行相应的会计处理。

13）重要性原则

重要性原则要求企业的会计核算应当遵循重要性原则的要求，在会计核算过程中对交易或事项应当区别其重要程度，采用不同的核算方式。对资产、负债、损益等有较大影响，并进而影响财务会计报告使用者据以作出合理判断的重要会计事项，必须按照规定的会计方法和程序进行处理，并在财务会计报告中予以充分、准确的披露；对于次要的会计事项，在不影响会计信息真实性和不至于误导财务会计报告使用者作出正确判断的前提下，可适当简化处理。

重要性原则与会计信息成本效益直接相关。坚持重要性原则，就能够使提供会计信息的收益大于成本。对于那些不重要的项目，如果也采用严格的会计程序，分别核算，分项反映，就会导致会计信息的成本大于收益。

1.4 商品流通企业会计核算的方法

1.4.1 设置会计科目和账户

设置账户是对会计对象的具体内容即会计要素进行更具体的科学分类、核算和监督的一种专门方法。会计要素是对会计对象具体内容的基本分类。由于经济活动的复杂多样，各个会计要素的存在和表现形式又是多种多样的，这就要求对会计要素做进一步的分类，并且分门别类地核算和监督每一类别的增减变动情况，以便生成各类别的会计指标。这一任务就是依靠设置账户的方法来完成的。

会计科目是指为记录各项经济业务而对会计要素按其经济内容所进行分类的项目。商品流通企业会计科目表，按照其反映的经济内容，可以划分为资产类科目、负债类科目、所有者权益类科目和损益类科目四个大类。损益类科目又可分为收入类科目和费用类科目两个小类。商品流通企业的会计科目如表 1.1 所示。

表 1.1 商品流通企业会计科目表

序号	编号	会计科目名称	序号	编号	会计科目名称
		一、资产类	16	1405	库存商品
1	1001	库存现金	17	1406	发出商品
2	1002	银行存款	18	1407	商品进销差价
3	1012	其他货币资金	19	1408	委托加工物质
4	1101	交易性金融资产	20	1411	周转材料
5	1121	应收票据	21	1471	存货跌价准备
6	1122	应收账款	22	1501	持有至到期投资
7	1123	预收账款	23	1502	持有至到期投资减值准备
8	1131	应收股利	24	1503	可供出售金融资产
9	1132	应收利息	25	1511	长期股权投资
10	1221	其他应收款	26	1512	长期股权投资减值准备
11	1231	坏账准备	27	1531	长期应收款
12	1401	材料采购	28	1601	固定资产
13	1402	在途物资	29	1602	累计折旧
14	1403	原材料	30	1603	固定资产减值准备
15	1404	材料成本差异	31	1604	在建工程

(续　表)

序号	编号	名　　称	序号	编号	名　　称
32	1605	工程物资			三、所有者权益类
33	1606	固定资产清理	57	4001	实收资本
34	1701	无形资产	58	4002	资本公积
35	1702	累计摊销	59	4101	盈余公积
36	1703	无形资产减值准备	60	4103	本年利润
37	1711	商誉	61	4104	利润分配
38	1801	长期待摊费用			四、成本类
39	1811	递延所得税资产	62	5201	劳务成本
40	1901	待处理财产损溢	63	5301	研发支出
		二、负债类			五、损益类
41	2001	短期借款	64	6001	主营业务收入
42	2201	应付票据	65	6051	其他业务收入
43	2202	应付账款	66	6101	公允价值变动损益
44	2203	预收账款	67	6111	投资收益
45	2211	应付职工薪酬	68	6301	营业外收入
46	2221	应交税费	69	6401	主营业务成本
47	2231	应付利息	70	6402	其他业务成本
48	2232	应付股利	71	6403	营业税金及附加
49	2241	其他应付款	72	6601	销售费用
50	2501	长期借款	73	6602	管理费用
51	2502	应付债券	74	6603	财务费用
52	2701	长期应付款	75	6701	资产减值损失
53	2702	未确认融资费用	76	6711	营业外支出
54	2711	专项应付款	77	6801	所得税费用
55	2801	预计负债	78	6901	以前年度损益调整
56	2901	递延所得税负债			

1.4.2 其他会计核算方法的运用

在实际工作中，商品价值有进价金额和售价金额两种标准。因此，商品流通核算方法一般有以下几种：

1）数量进价金额核算法

数量进价金额核算法是以实物数量和进价金额两种计量单位，反映商品进、销、存情况的一种方法。主要内容包括："库存商品"的总分类账和明细分类账统一按进价记账。总分类账反映库存商品进价总值；明细分类账反映各种商品的实物数量和进价金额。"库存商品"明细账按商品的编号、品名、规格、等级分户，按商品收、付、存分栏记载数量和金额，数量要求永续盘存。

数量进价金额核算法的优点是能全面反映各种商品进、销、存的数量和金额，便于从数量和金额两个方面进行控制。但由于每笔进、销、存货业务都要填制凭证，按商品品种逐笔登记明细分类账，核算工作量较大，手续较繁，一般适用于规模较大、经营金额较多而交易笔数不多的大中型批发企业。

2）数量售价金额核算法

数量售价金额核算法是以实物数量和售价金额两种计量单位，反映商品进、销、存情况的一种核算方法。主要内容基本与数量进价金额核算法相同，都是按商品品种设明细账，实行数量和金额双重控制。其不同的有两点："库存商品"总分类账和明细账均按售价记账。设置"商品进销差价"账户，记载售价金额和进价金额之间的差额，定期分摊已销商品进销差价，计算已销商品进价成本和结存商品的结存金额。

由于采用售价记账，商品售价变动，就要盘点库存商品，调整商品金额和差价，核算工作量较大，因此，数量售价金额法一般适用于小型批发企业、零售企业的仓库商品和贵重商品的核算。

3）售价金额核算法

这是在实物负责制的基础上，以售价记账，控制库存商品进、销、存情况的一种核算方法。其主要内容包括：

(1) 建立实物负责制

根据岗位责任制的要求，按商品经营的品种和地点，划分为若干柜组，确定实物负责人，对其经营的商品承担全部责任。

(2) 售价记账，金额控制

库存商品的进、销、存一律按销售价格入账，只记金额，不记数量，库存商品总分类账反映售价总金额，明细分类账按实物负责人分设，反映各实物负责人所经营的商品的售价金额，在总账控制下，随时反映各实物负责人的经济责任。

(3) 设置"商品进销差价"账户

由于"库存商品"账户按售价反映，而商品购进支付的货款是按进价计算的，因此，设置"商品进销差价"账户，以反映商品进价与售价之间的差额，正确计算销售商品的进价成本。

(4) 加强物价管理

商品按售价核算后，如遇售价变动，就会直接影响库存商品总额，因此，必须加强物价管理，明码标价。

(5) 健全商品盘点制度

"库存商品"明细分类账按售价记账，没有数量控制，只有通过盘点才能确定实际数量，因此，必须加强商品盘点，才能检查库存商品账实是否相等，考核实物负责人的工作质量和经济责任。

采用售价金额核算方法，可以简化核算手续，减少工作量，是零售企业商品核算的主要方法。其不足之处是由于只记金额，不记数量，库存商品账不能提供数量指标以控制商品进、销、存情况，一旦发生差错，难以查明原因。

4）进价金额核算法

这是以进价金额控制库存商品进、销、存的一种核算方法。其主要内容包括：

库存商品总分类账和明细分类账一律以进价入账，只记金额，不记数量。库存商品明细账按商品大类或柜组设置，对需要掌握数量的商品，可设置备查簿。平时销货账务处理，只核算销售收入，不核算销售成本。月末采取"以存计销"的方法，通过实地盘点库存商品，倒挤商品销售成本。其计算公式为：

本期商品销售成本＝期初库存商品＋本期进货总额－期末库存商品进价金额

采用进价金额核算方法，可以简化核算手续，节约人力、物力，但手续不够严密，平时不能掌握库存情况，且对商品损耗或差错事故不能控制，一般适用于鲜活商品的核算。

练习题

一、目的：练习借贷记账法。

二、资料：

1. 某商业企业7月份各资产、负债及所有者权益账户的期初余额如下：

金额单位：元

资产类账户	金　额	负债及所有者权益类账户	金　额
库存现金	1 000	负　债	
银行存款	35 000	短期借款	420 000
应收账款	10 000	应付账款	110 000
库存商品	1 260 000		
低值易耗品	40 000	负债合计	530 000
发出商品	20 000	所有者权益	
包装物	24 000	实收资本	1 300 000
固定资产	500 000	资本公积	60 000
		所有者权益合计	1 360 000
总　计	1 890 000	总　计	1 890 000

2. 7月份该企业发生下列经济业务：

(1) 购进商品一批，计价11 700元，商品验收入库，货款以银行存款支。

(2) 商场向仓库领用包装物一批，计价5 000元。

(3) 从银行存款户领取现金500元。

(4) 以银行存款购入新汽车一辆,计价 200 000 元。

(5) 用银行存款偿还应付供货单位货款 3 000 元。

(6) 其他单位投入资金 400 000 元,存入银行。

(7) 收到购货单位前欠货款 3 000 元,存入银行。

(8) 以银行存款 50 000 元,归还短期借款 40 000 元,归还应付供货单位货款 10 000 元。

(9) 以银行存款购入柜台 4 节,每节 200 元。

(10) 以银行存款支付修理用材料一批,价值 5 000 元。

三、要求:

1. 根据资料 2 的各项经济业务,用借贷记账法编制记账凭证(以会计分录代替)。

2. 计算 7 月份资产、负债及所有者权益各项目的增减变化并结出期末余额和总计数。

2 货币资金和应收款项核算

【本章学习目的】

(1) 掌握货币资金的含义，了解其持有动机及管理目的，理解货币资金内部控制的规定。

(2) 掌握现金的会计核算。

(3) 了解银行结算的种类，了解其他货币资金的内容，掌握银行存款的核算制度及方法。

(4) 了解外币业务常识，掌握外币业务核算。

(5) 掌握应收款项、应收票据的核算和应收票据贴现的计算。

(6) 掌握坏账损失的含义、确认方法及会计核算。

【引导案例】

S公司坏账核算采用备抵法，并按年末应收账款余额百分比法计提坏账准备。2011年12月31日"坏账准备"账户余额24 000元。2012年10月将已确认无法收回的应收账款12 500元作为坏账处理，当年末应收账款余额120万元，坏账准备提取率为3%；2013年6月收回以前年度已作为坏账注销的应收账款3 000元，当年末应收账款余额100万元，坏账准备提取率由原来的3%提高到5%。

要求：分别计算2012年年末、2013年年末应计提的坏账准备以及应补提或冲减坏账准备的金额。

2.1 货币资金核算

2.1.1 货币资金概述

1) 货币资金的含义

货币资金是指企业经营资金在周转过程中停留在货币形态的那部分资金。货币资金按其存放地点和用途的不同分为现金、银行存款和其他货币资金。现金是指存放在企业的货币资金，包括库存的人民币和外币。银行存款是企业存放在银行的货币资金。其他货币资金是指企业的外埠存款、银行汇票存款、银行本票存款和在途资金等各种货币资金。

2) 货币资金的持有动机

货币资金在商品流通企业经营活动中，是盈利能力最差的资产。商品流通企业保持适量的货币而牺牲这部分的盈利需求，是为了满足以下方面的需要：

(1) 支付的需要

由于商品流通企业每天的货币资金流入量与货币的流出量在时间和数额上，存在一定程度的差异，为满足支付的需要，商品流通企业保持适度的货币资金是十分必要的。因而，商品流通企业必须保持一定数额的货币资金，以维持营销活动正常运转所必须支付的需要。

（2）预防的需要

企业为应付意外情况的出现，必须保持一定数量的货币资金支付能力。由于市场经济条件下，财务环境千变万化，商品流通企业难于对未来货币流入量与流出量作出准确的估计和预期。一旦预期与实际情况发生了较大的偏差，必然对企业正常的营销活动产生不利的影响。因此，在正常货币资金需要量的基础上，保持一定数量的货币资金以应付未来货币资金流量的波动，是货币资金管理应考虑的因素。

（3）投机的需要

商品流通企业为了抓住有利的市场机会，以获得较大的利益，必须保持一定数额的货币资金支付能力。如有些商品以现款购买，能获得折扣的优惠，甚至是“跳楼价”的好处。再如，在证券市场大幅度跌落时购入有价证券，在价格反弹时出售证券获取高额价差收入。

3）货币资金管理的目的

商品流通企业货币资金管理的目的主要有以下两方面：

（1）保障货币资金的安全、完整

货币资金是商品流通企业在经济活动中流动性最强的资产，应当通过编制凭证、登记账簿等方法，如实记录货币资金的增减变化及结存情况，以保证账证相符、账账相符、账实相符。

（2）提高货币资金的使用效率

货币资金管理的目的就是在货币资金的流动性和盈利性之间进行合理的选择，既要保证企业正常经营活动的资金需要，又要尽量降低货币资金的储备量，利用暂时闲置的货币资金获取尽可能大的效益，不断提高货币资金的使用效率。

4）货币资金内部控制的规定

为了规范企业的内部会计控制，财政部于 2001 年 6 月 22 日发布了《内部会计控制规范——基本规范（试行）》和《内部会计控制规范——货币资金（试行）》。两个规范作为《中华人民共和国会计法》（以下简称《会计法》）的配套规章，是解决当前一些单位内部管理松弛、控制弱化的重要举措。这两个规范的发布实施，对于深入贯彻《会计法》，强化单位内部会计监督，整顿和规范社会主义市场经济秩序，必将产生重要的作用。该规范规定：

（1）单位应当建立货币资金业务的岗位责任制，明确相关部门和岗位的职责权限，确保办理货币资金业务的不相容岗位相互分离、制约和监督。出纳人员不得兼任稽核、会计档案保管和收入、支出、费用、债权债务账目的登记工作。单位不得由一人办理货币资金业务的全过程。

（2）办理货币资金业务，应当配备合格的人员，并根据单位具体情况进行岗位轮换。办理货币资金业务的人员应当具备良好的职业道德，忠于职守，廉洁奉公，遵纪守法，客观公正，不断提高会计业务素质和职业道德水平。

（3）单位应当对货币资金业务建立严格的授权批准制度，明确审批人对货币资金业务的授权批准方式、权限、程序、责任和相关控制措施，规定经办人办理货币资金业务的职责范围和工作要求。

（4）单位应当加强与货币资金相关的票据的管理，明确各种票据的购买、保管、领用、背书转让、注销等环节的职责权限和程序，并专设登记簿进行记录，防止空白票据的遗失和被盗用。

(5) 单位应当加强银行预留印鉴的管理。财务专用章应由专人保管，个人名章必须由本人或其授权人员保管。严禁一人保管支付款项所需的全部印章；按规定需要有关负责人签字或盖章的经济业务，必须严格履行签字或盖章手续。

(6) 单位应当建立对货币资金业务的监督检查制度，明确监督检查机构及人员的职责权限，定期和不定期地进行检查。货币资金监督检查的内容主要包括：

① 货币资金业务相关岗位及人员的设置情况。重点检查是否存在货币资金业务不相容职务混岗的现象。

② 货币资金授权批准制度的执行情况。重点检查货币资金支出的授权批准手续是否健全，是否存在越权审批行为。

③ 支付款项印章的保管情况。重点检查是否存在办理付款业务所需的全部印章交由一人保管的现象。

④ 票据的保管情况。重点检查票据的购买、领用、保管手续是否健全，票据保管是否存在漏洞。

对监督检查过程中发现的货币资金内部控制中的薄弱环节，应当及时采取措施，加以纠正和完善。

2.1.2 现金核算

现金，即库存现金，包括人民币和外币。在货币资金中，库存现金流动性最大，也最容易被盗窃，成为营私舞弊的对象。因此，现金是货币资金管理的重点，必须切实遵守现金管理制度，自觉接受银行的监督，以确保库存现金的安全。

1) *库存现金的管理*

商品流通企业的现金来源，主要有商品的销货款、从银行提取的现金和其他收入的现金。企业对现金的收付，必须严格执行《现金管理暂行条例》和《现金管理暂行条例实施细则》。现金管理的主要内容包括以下几个方面：

(1) 现金的使用范围

根据我国财经制度的规定，企业现金使用范围规定如下：

① 支付给职工个人的工资、奖金、补贴、福利、补助费、差旅费等款项。

② 支付给不能转账的单位或城乡居民个人的劳务报酬和购买物资的款项。

③ 在转账金额起点(一般为 1 000 元)以下的零星支出款项。

④ 确需现金支付的其他支出。

(2) 现金的库存限额

为了加强现金管理，减少闲置的现金，通常由开户银行核定企业库存现金的最高限额。根据我国的现行规定，企业日常零星开支所需要的库存现金数额由开户银行根据企业的实际情况来核定。一般不超过企业 3～5 天的日常零星开支的需要量，而离银行较远、交通不便的企业，虽可以放宽限额，但最长也不得超过 15 天的日常零星开支。库存限额一经核定，要求企业必须严格遵守，不能任意超出，超过限额的现金应及时存入银行。如若情况变化，企业需要增加或减少库存限额的，应向开户银行提出申请，由银行核定。

(3) 不准坐支现金

所谓坐支现金，是指企业用收入的现金直接支付自己的支出。坐支现金是国家所不允许的，企业在经营活动中收入的现金，应在当日就送存银行。为了加强银行的监督，企业在向银行送存现金时，应在解款单上注明款项的来源，支取现金时，应在现金支票上注明款项的用途。对于那些违反现金管理制度所规定的款项，银行有权拒绝支付。

总之，企业的货币资金，除了在规定限额以内可以保存少量现金以外，其余的都必须存入银行。企业的一切款项，只有在规定范围内可以采用现金结算，其余都必须通过银行办理转账结算。

2）*库存现金的核算*

企业现金的收入、支出和保管都应由出纳人员或指定的专门人员负责办理。企业的一切现金收支，都必须取得或填制原始凭证，作为收付款项的书面证明。所有这些作为现金收支的原始凭证，会计部门都要进行认真的审核。审核现金收支是否合理、合法，手续是否完备，所列项目内容是否齐全，数字是否准确等。在审核中，对于那些不合理的开支应予以拒付；对不真实、不合法的原始凭证，不予受理；对记载不准确、不完整的原始凭证，应当退回，要求更正补充。根据审核无误的原始凭证编制收款凭证和付款凭证，办理现金的收付。对于办完现金收付业务的凭证，出纳人员要加盖“现金收讫”或“现金付讫”的戳记，表示款项已经收付完毕，可据以登记有关账簿。

（1）库存现金的总分类核算

库存现金的总分类核算通过设置“库存现金”账户进行。“库存现金”账户是资产类账户，借方反映现金的收入，贷方反映现金的支出，余额在借方，表示库存现金的余额。

【例 1】 2012 年惠民商场发生与现金有关的经济业务如下：

Ⅰ. 3 月 1 日食品柜组销售商品取得现金收入 10 000 元，增值税率 17%，计 1 700 元。

借：库存现金　　11 700

　　贷：主营业务收入　　10 000

　　　　应交税费——应交增值税（销项税额）　　1 700

Ⅱ. 3 月 1 日企业收回应收账款（现金）12 000 元。

借：库存现金　　12 000

　　贷：应收账款　　12 000

Ⅲ. 3 月 5 日家电部采购员李凡预借差旅费 3 000 元。

借：其他应收款——李凡　　3 000

　　贷：库存现金　　3 000

Ⅳ. 3 月 5 日公司行政部报销市内交通费 2 000 元。

借：管理费用　　2 000

　　贷：库存现金　　2 000

（2）库存现金的明细分类核算

明细分类核算是通过设置现金日记账进行的。现金日记账是反映和监督现金收支结存的序时账，必须采用订本式账簿，并按账页顺序编号，防止账页丢失或随意抽换，也便于查阅。现金日记账一般采取收、付、存三栏式格式，由出纳人员根据审核后的原始凭证或现金收款凭证、付款凭证逐日逐笔序时登记；对于从银行提取现金的业务，一般编制银行存款的付款凭证，并据以登记现金日记账。每日终了应计算本日现金收入、支出的合计数和结存数，并同实存现金进行核对，做到日清月结，保证账款相符。不准挪用公款，也不准用“白条”

抵充现金库存。

所有的收付款凭证应由出纳人员送会计人员，作为登记总分类账和有关明细分类账的依据。总分类账中现金账户余额应与现金日记账的余额相等。

3）备用金的核算

备用金是指企业拨给各所属部门或报账单位收购商品、开支费用和销货找零用的款项以及其他业务上必需的周转资金。备用金具有指定的用途，必须单独核算，单独管理。备用金的管理有定额管理和非定额管理两种办法。

（1）定额管理

定额管理是指按用款部门的实际需要，核定备用金定额，按定额拨付现金的管理办法。用款部门按规定的开支范围支用备用金后，凭有关支出凭证向财会部门报销，财会部门如数付给备用金，使备用金仍与定额保持一致。一般对用于费用开支的小额备用金，实行定额管理的办法；对用于销售找零用的备用金，按营业柜组核定定额，并拨给现金。各柜组可从销货款中经常保留核定的找零款，不存在支出和报销的问题。

（2）非定额管理

非定额管理是指用款部门根据实际需要向财会部门领款的管理办法。在凭有关支出凭证向财会部门报销时，作为减少备用金管理，直到用完为止。如需补充备用金，再另行办理拨款和领款手续。对用于收购农副产品的备用金，在集中收购旺季时一般采用非定额管理的办法，在淡季零星收购时则采用定额管理的办法实行交货补款。

备用金的核算，可在"其他应收款"账户内核算，也可单独设置"备用金"账户。它属于资产类账户，借方登记增加数，贷方登记减少数，余额表示库存的备用金数额，并按照领用单位或个人设明细分类账户核算。

【例 2】 慧琳百货公司储运部发生有关备用金的经济业务如下：

Ⅰ. 从公司财务部领取备用金 5 000 元，以现金支付。会计分录如下：

借：其他应收款——备用金（储运部）　　5 000

　　贷：库存现金　　5 000

Ⅱ. 储运部门报销车辆油费、路桥费、途中车辆修理费 3 500 元，用现金支付。会计分录如下：

借：销售费用——运杂费　　3 500

　　贷：库存现金　　3 500

Ⅲ. 年末清理备用金业务，收回备用金余额。会计分录如下：

借：库存现金　　5 000

　　贷：其他应收款——备用金（储运部）　　5 000

如采用非定额管理备用金办法，则作如下会计分录：

Ⅰ. 领取备用金时：

借：其他应收款——备用金（储运部）　　5 000

　　贷：库存现金　　5 000

Ⅱ. 报销费用时：

借：销售费用——运杂费　　3 500

　　贷：其他应收款——备用金（储运部）　　3 500

Ⅲ. 备用金余额交回时：

借：库存现金　　　　　　　　　　　　　　　　　　　　　　1 500

　贷：其他应收款——备用金(储运部)　　　　　　　　　　　　　　1 500

4）商品流通企业收银员的操作实务

商品流通企业收银员的工作性质，具有会计部门出纳的性质，在实际工作中，财会部门应将其当作出纳员一样来培训和管理。收银员的工作繁杂而琐碎，不仅要负责具体的收款工作，有时还要回答顾客的有关问讯，以及出售收款台附近的一些小商品等。

由于收银工作在超级市场经营中的特殊作用，有必要将收银员的工作细化到每一个操作环节，乃至每一个动作，尽量使其规范化，以增加顾客的满意度，树立良好的店铺形象。

(1) 收银错误的处理技巧

收银员在收款过程中，发生收银错误是难免的，即便是使用 POS 系统进行结算，由于条形码的模糊、不平整以及系统故障等问题，也会发生收银错误。在具体经营过程中，关键应掌握发生收银错误时，采取何种措施进行补救。

① 为顾客结算发生收银错误时

a. 真诚地向顾客道歉，解释原因并立即予以纠正。

b. 如果收银单已经打出，应立即收回，并将正确的收银单递给顾客，并因耽误顾客时间而再次向顾客道歉。

c. 请顾客在作废的结算单上签字，并登记入册，请值班经理签字作证。

d. 向顾客的合作表示感谢。

② 顾客携带现金不足或临时退货的处理

a. 当顾客发现随身携带的现金不足以支付选购的商品时，应好语安慰，不要使顾客感到难堪，并建议顾客办理不足支付部分的商品退货。如果已经打好结算单，应将其收回，重新为顾客打一份减项的结算单。

b. 如果顾客临时决定退货，应热情、迅速地为顾客办理退款手续。

c. 作废结算单的处理程序与上相同。

③ 营业收付发生错误的处理

a. 收银员在下班之前，必须核对收银机内营业收入的总数，再与收银机结出的累计总货款进行核对，两者不符时，收银员应将差额部分写出书面报告，解释原因。

b. 如果货款短缺，应根据收银员的工作经验，分析是人为因素造成的还是非控制因素造成的，以决定收银员是部分赔偿还是全部赔偿。

c. 如果实收金额大于应收金额，说明收银员多收了顾客的货款，会在顾客中造成不良的影响，直接影响到超级市场的形象，应责令收银员承担一定的经济责任，以示惩戒。

为了减少收银工作中的舞弊行为，无论多收或少收，都应由收银员全面负责，以增强其责任心，作弊严重的，不仅要通报批评，而且要辞退。

(2) 收银员装袋服务的技巧

收银员在为顾客结算完货款之后，就要帮助顾客将商品装入袋中。这一过程看似简单，其实也要讲求一定的技巧。

① 质地比较硬的和重的商品应该垫底。

② 容易流出汁水的商品应单独另装袋。

③ 形体比较方正的商品应放两侧，起支撑作用。

④ 瓶装饮料应放中间。

⑤ 易碎商品或怕挤压商品应放最上层。

⑥ 每只提袋不应装入过多的商品，以便顾客轻松地携带。

⑦ 易碎商品、冷冻商品，要提醒顾客轻拿慢放。

⑧ 要将超级市场的促销广告或赠品放入袋中。

⑨ 要知道每个便携袋的最大承载量。

⑩ 装完袋以后，要用礼貌用语对顾客说："欢迎您再来！"

2.1.3 银行存款核算

银行存款就是企业存放在银行或其他金融机构的货币资金。按照国家有关规定，凡是独立核算的单位都必须在当地银行开设账户。企业在银行开设账户以后，除按核定的限额保留库存现金外，超过限额的现金必须存入银行；除了在规定的范围内可以用现金直接支付的款项外，在经营过程中所发生的一切货币收支业务，都必须通过银行存款账户进行结算。

1）银行结算的种类

根据中国人民银行有关支付结算办法规定，目前企业发生的货币资金收付业务可以采用以下几种方式，通过银行办理转账结算。

（1）银行汇票

银行汇票是汇款人将款项交存当地出票银行，由出票银行签发的，由其在见票时，按照实际结算金额无条件支付给收款人或持票人的票据。银行汇票具有使用灵活、票随人到、兑现性强等特点，适用于先收款后发货或钱货两清的商品交易。单位和个人各种款项结算，均可使用银行汇票。

银行汇票可以用于转账，填明"现金"字样的银行汇票也可以用于支取现金。银行汇票的付款期限为自出票日起 1 个月内。超过付款期限的汇票银行不予受理，持票人须在票据权利时效内向出票银行作出说明，并提供本人身份证件或单位证明、持银行汇票和解讫通知向出票银行请求付款。

（2）银行本票

银行本票是银行签发的，承诺自己在见票时无条件支付确定的金额给收款人或者持票人的票据。

银行本票由银行签发并保证兑付，而且见票即付，具有信誉高、支付功能强等特点。用银行本票购买材料物资，销货方可以见票付货，购货方可以凭票提货；债权债务双方可以凭票清偿；收款人将本票交存银行，银行即可为其入账。无论单位或个人，在同一票据交换区域支付各种款项，都可以使用银行本票。

银行本票分定额本票和不定额本票。定额本票面值分别为 1 000 元、5 000 元、10 000 元和 50 000 元。在票面划去转账字样的，为现金本票。

银行本票的付款期限为自出票日起最长不超过 2 个月，在付款期内银行本票见票即付。超过提示付款期限不获付款的，在票据权利时效内向出票银行作出说明，并提供本人身份证件或单位证明，可持银行本票向银行请求付款。

（3）商业汇票

商业汇票是出票人签发的，委托付款人在指定日期无条件支付确定的金额给收款人或者持票人的票据。在银行开立存款账户的法人以及其他组织之间须具有真实的交易关系或债权债务关系，才能使用商业汇票。商业汇票的付款期限由交易双方商定，但最长不得超过

6 个月。商业汇票的提示付款期限自汇票到期日起 10 日内。

存款人领购商业汇票，必须填写“票据和结算凭证领用单”并加盖预留银行印鉴，存款账户结清时，必须将剩余的空白商业汇票全部交回银行注销。

商业汇票可以由付款人签发并承兑，也可以由收款人签发交由付款人承兑。商业汇票可以背书转让，符合条件的商业承兑汇票的持票人可持未到期的商业承兑汇票连同贴现凭证，向银行申请贴现。商业汇票按承兑人不同分为商业承兑汇票和银行承兑汇票两种。

① 商业承兑汇票：商业承兑汇票是由银行以外的付款人承兑。商业承兑汇票按交易双方约定，由销货企业或购货企业签发，但由购货企业承兑。承兑时，购货企业应在汇票正面记载“承兑”字样和承兑日期并签章。承兑不得附有条件，否则视为拒绝承兑。汇票到期时，购货企业的开户银行凭票将票款划给销货企业或贴现银行。销货企业应在提示付款期限内通过开户银行委托收款或直接向付款人提示付款。对异地委托收款的，销货企业可匡算邮程，提前通过开户银行委托收款。汇票到期时，如果购货企业的存款不足支付票款，开户银行应将汇票退还销货企业，银行不负责付款，由购销双方自行处理。

② 银行承兑汇票：银行承兑汇票由银行承兑，由在承兑银行开立存款账户的存款人签发。承兑银行按票面金额向出票人收取万分之五的手续费。

购货企业应于汇票到期前将票款足额交存其开户银行，以备由承兑银行在汇票到期日或到期日后的见票当日支付票款。销货企业应在汇票到期时将汇票连同进账单送交开户银行以便转账收款。承兑银行凭汇票将承兑款项无条件转给销货企业，如果购货企业于汇票到期日未能足额交存票款时，承兑银行除凭票向持票人无条件付款外，对出票人尚未支付的汇票金额按照每天万分之五计收罚息。

(4) 支票

支票是单位或个人签发的，委托办理支票存款业务的银行在见票时无条件支付确定的金额给收款人或者持票人的票据。

支票结算方式是同城结算中应用比较广泛的一种结算方式。单位和个人在同一票据交换区域的各种款项结算，均可以使用支票。支票由银行统一印制，支票上印有“现金”字样的为现金支票。支票上印有“转账”字样的为转账支票，转账支票只能用于转账。未印有“现金”或“转账”字样的为普通支票，普通支票可以用于支取现金，也可以用于转账。在普通支票左上角划两条平行线的，为划线支票，划线支票只能用于转账，不得支取现金。

支票的提示付款期限为自出票日起 10 日内，中国人民银行另有规定的除外。超过提示付款期限的，持票人开户银行不予受理，付款人不予付款。转账支票可以根据需要在票据交换区域内背书转让。

存款人领购支票，必须填写“票据和结算凭证领用单”并加盖预留银行印鉴。存款账户结清时，必须将剩余的空白支票全部交回银行注销。

企业财会部门在签发支票之前，出纳人员应该认真查明银行存款的账面结余数额，防止签发超过存款余额的空头支票。签发空头支票，银行除退票外，还按票面金额处以 5%但不低于 1 000 元的罚款。持票人有权要求出票人赔偿支票金额 2%的赔偿金。签发支票时，应使用蓝黑墨水或碳素墨水，将支票上的各要素填写齐全，并在支票上加盖其预留银行印鉴。出票人预留银行的印鉴是银行审核支票付款的依据。银行也可以与出票人约定使用支付密码，作为银行审核支付支票金额的条件。

(5) 信用卡

信用卡是指商业银行向个人和单位发行的,凭以向特约单位购物、消费和向银行存取现金,且具有消费信用的特制载体卡片。

信用卡按使用对象分为单位卡和个人卡;按信誉等级可分为金卡和普通卡等。

凡在中国境内金融机构开立基本存款账户的单位可申领单位卡。单位卡可申领若干张,持卡人资格由申领单位法定代表人或其委托的代理人书面指定和注销,持卡人不得出租或转借信用卡。单位卡账户的资金一律从其基本存款账户转账存入,在使用过程中,需要向其账户续存资金的,也一律从其基本存款账户转账存入,不得交存现金,不得将销货收入的款项存入其账户。单位卡一律不得用于10万元以上的商品交易和劳务供应款项的结算,不得支取现金。

信用卡在规定的限额和期限内允许善意透支。透支期限最长为60天。透支利息,自签单日或银行记账日起15日内按日息万分之五计算,超过15日按日息万分之十计算,超过30日或透支金额超过规定限额的,按日息万分之十五计算。透支计算不分段,按最后期限或者最高透支额的最高利率档次计息。超过规定限额或规定期限,并且经发卡银行催收无效的透支行为称为恶意透支。持卡人使用信用卡不得发生恶意透支。严禁将单位的款项存入个人卡账户中。

单位申领信用卡,应按规定填制申请表,连同有关资料一并送交发卡银行。符合条件并按银行要求交存一定金额的备用金后,银行为申领人开立信用卡存款账户,并发给信用卡。

(6) 汇兑

汇兑是汇款人委托银行将其款项支付给收款人的结算方式。单位和个人的各种款项的结算,均可使用汇兑结算方式。

汇兑分为信汇、电汇两种。信汇是指汇款人委托银行通过邮寄方式将款项划转给收款人。电汇是指汇款人委托银行通过电报将款项划给收款人。这两种汇兑方式由汇款人根据需要选择使用。汇兑结算方式适用于异地之间的各种款项结算。这种结算方式划拨款项简便、灵活。

企业采用这一结算方式,付款单位汇出款项时,应填写银行印发的汇款凭证,列明收款单位名称、汇款金额及汇款的用途等项目,送达开户银行,委托银行将款项汇往收汇银行。收汇银行将汇款收进单位存款户后,向收款单位发出收款通知。

(7) 委托收款

委托收款是收款人委托银行向付款人收取款项的结算方式。无论单位还是个人都可凭已承兑商业汇票、债券、存单等付款人债务证明办理款项收取同城或异地款项。委托收款还适用于收取电费、电话费等付款人众多、分散的公用事业费等有关款项。

委托收款结算款项划回的方式分为邮寄和电报两种。

企业委托开户银行收款时,应填写银行印制的委托收款凭证和有关的债务证明。在委托收款凭证中写明付款单位名称、收款单位名称、账号及开户银行,委托收款金额的大小写,款项内容,委托收款凭据名称及附寄单证张数等。企业的开户银行受理委托收款后,将委托收款凭证寄交付款单位开户银行,由付款单位开户银行审核,并通知付款单位。

付款单位收到银行交给的委托收款凭证及债务证明,应签收并在3天之内审查债务证明是否真实,是否是本单位的债务,确认之后通知银行付款。

付款单位应在收到委托收款的通知次日起3日内,主动通知银行是否付款。如果不通知银行，银行视同企业同意付款并在第四日，从单位账户中付出此笔委托收款款项。

付款人在3日内审查有关债务证明后，认为债务证明或与此有关的事项符合拒绝付款的规定，应出具拒绝付款理由书和委托收款凭证第五联及持有的信用证明，向银行提出拒绝付款。

(8) 托收承付

托收承付是根据购销合同由收款人发货后委托银行向异地付款人收取款项，由付款人向银行承认付款的结算方式。使用托收承付结算方式的收款单位和付款单位，必须是经营管理较好，并经开户银行审查同意的企业。办理托收承付结算的款项，必须是商品交易，以及因商品交易而产生的劳务供应的款项。代销、寄销、赊销商品的款项，不得办理托收承付结算。

托收承付款项划回方式分为邮寄和电报两种，由收款人根据需要选择使用；收款单位办理托收承付，必须具有商品发出的证件或其他证明。托收承付结算每笔的金额起点为10 000元。新华书店系统每笔金额起点为1 000元。

采用托收承付结算方式时，购销双方必须签有符合《中华人民共和国合同法》(以下简称《合同法》)的购销合同，并在合同上写明使用托收承付结算方式。销货企业按照购货合同发货后，填写托收承付凭证，盖章后连同发运单证(包括铁路、航运、公路等运输部门签发运单、运单副本和邮局包裹回执)或其他符合托收承付结算的有关证明和交易单证送交开户银行办理托收手续。

(9) 信用证

信用证结算方式是国际结算的一种主要方式。经中国人民银行批准经营结算业务的商业银行总行以及经商业银行总行批准开办信用证结算业务的分支机构，可以办理国内企业之间商品交易的信用证结算业务。

采用信用证结算方式的，收款单位收到信用证后，即备货装运，签发有关发票账单，连同运输单据和信用证，送交银行，根据退还的信用证等有关凭证编制收款凭证；付款单位在接到开证行的通知时，根据付款的有关单据编制付款凭证。

2) 银行存款管理制度

按照国家《支付结算办法》的规定，企业应在银行开立账户，办理存款、取款和转账等结算。企业在银行开立人民币存款账户，必须遵守中国人民银行《银行账户管理办法》的各项规定。

(1) 银行存款开户的有关规定

银行存款账户分为基本存款账户、一般存款账户、临时存款账户和专用存款账户。

基本存款账户是企业办理日常结算和现金收付的账户。企业的工资、奖金等现金的支取，只能通过基本存款账户办理。一般存款账户是企业在基本存款账户以外的银行借款转存、与基本存款账户的企业不在同一地点的附属非独立核算单位的账户，企业可以通过本账户办理转账结算和现金缴存，但不能办理现金支取。临时存款账户是企业因临时经营活动需要开立的账户，企业可以通过本账户办理转账结算和根据国家现金管理的规定办理现金收付。专用存款账户是企业因特定用途需要开立的账户。一个企业只能选择一家银行的一个营业机构开立一个基本存款账户，不得在多家银行机构开立基本存款账户；不得在同一家银行的几个分支机构开立一般存款账户。

(2) 银行结算纪律

企业通过银行办理支付结算时，应当认真执行国家各项管理办法和结算制度。中国人民银行 1997 年 9 月 19 日颁布的《支付结算办法》规定：单位和个人办理支付结算，不准签发没有资金保证的票据或远期支票，套取银行信用，不准签发、取得和转让没有真实交易和债权债务的票据，套取银行和他人资金；不准无理拒绝付款，任意占用他人资金；不准违反规定开立和使用账户。

3）银行存款业务的会计处理

企业在不同的结算方式下，应当根据有关的原始凭证编制银行存款的收付款凭证，并进行相应的账务处理。

企业将款项存入银行等金融机构时，借记“银行存款”科目，贷记“现金”等有关科目；提取或支付在银行等金融机构中的存款时，借记“现金”等有关科目，贷记“银行存款”科目。

企业在银行的其他存款，如外埠存款、银行本票存款、银行汇票存款、信用证存款等，在“其他货币资金”科目核算，不通过“银行存款”科目进行会计处理。

企业应当设置“银行存款日记账”，按照银行存款收付业务发生的先后顺序逐笔序时登记，每日终了应结出余额。“银行存款日记账”应定期与“银行对账单”核对，至少每月核对一次。企业账面结余与银行对账单余额之间如有差额，必须逐笔查明原因，并按月编制“银行存款余额调节表”调节相符。月份终了，“银行存款日记账”的余额必须与“银行存款”总账科目的余额核对相符。

企业应加强对银行存款的管理，并定期对银行存款进行检查，如果有确凿证据表明存在银行或其他金融机构的款项已经部分不能收回，或者全部不能收回的，例如，吸收存款的单位已宣告破产，其破产财产不足以清偿的部分，或者全部不能清偿的，应当作为当期损失，冲减银行存款，借记“营业外支出”科目，贷记“银行存款”科目。

【例 3】 万家乐商业公司 2013 年 4 月 1 日发生与银行存款有关的经济业务如下：

Ⅰ．将当日的销货现金 15 万元送存银行，当即收到解款回单。

借：银行存款　　150 000

　　贷：库存现金　　150 000

Ⅱ．开出转账支票，支付商品运费 2 200 元。

借：销售费用——运费　　2 200

　　贷：银行存款　　2 200

Ⅲ．开出现金支票，提取现金 4 000 元。

借：库存现金　　4 000

　　贷：银行存款　　4 000

Ⅳ．购进商品 10 万元，增值税税率为 17%，计算的增值税进项税额为 1.7 万元，商品已验收入库，当即开出转账支票付讫。

借：库存商品　　100 000

　　应交税费——应交增值税（进项税额）　　17 000

　　贷：银行存款　　117 000

2.1.4 其他货币资金核算

其他货币资金包括外埠存款、银行汇票存款、银行本票存款、信用证存款和在途货币资金等，因其存放地点和用途都与库存现金和银行存款不同，在会计上称为“其他货币资金”。

1）外埠存款

外埠存款是指企业到外地进行临时或零星采购时，汇往采购地银行开立采购专户的款项。

企业将款项委托当地银行汇往采购地开立专户时，根据汇出款项凭证，编制付款凭证，进行账务处理，借记“其他货币资金——外埠存款”科目，贷记“银行存款”科目。

外出采购人员报销用外埠存款支付材料的采购货款等款项时，企业应根据供应单位发票账单等报销凭证，编制付款凭证，借记“材料采购”或“原材料”、“库存商品”、“应交税金——应交增值税（进项税额）”等科目，贷记“其他货币资金——外埠存款”科目。

采购员完成采购任务，将多余的外埠存款转回当地银行时，应根据银行的收款通知，编制收款凭证，借记“银行存款”科目，贷记“其他货币资金——外埠存款”科目。

2）银行汇票存款

银行汇票存款是指企业为取得银行汇票按规定存入银行的款项。银行汇票是由企业单位或个人将款项交存开户银行，由银行签发给其持往异地采购商品时办理结算或支取现金的票据。

企业向银行填送“银行汇票委托书”并将款项交存开户银行，取得汇票后，根据银行盖章退回的申请书存根联，编制付款凭证，借记“其他货币资金——银行汇票”科目，贷记“银行存款”科目。

企业使用银行汇票支付款项后，应根据发票账单等有关凭证，经核对无误后编制会计分录，借记“材料采购”或“原材料”、“库存商品”、“应交税费——应交增值税（进项税额）”等科目，贷记“其他货币资金——银行汇票”科目。银行汇票使用完毕，应转销“其他货币资金——银行汇票”账户。如实际采购支付后银行汇票有多余款或因汇票超过付款期等原因而退回款项时，应根据开户行转来的银行汇票第四联（多余款收账通知），借记“银行存款”科目，贷记“其他货币资金——银行汇票”科目。

3）银行本票存款

银行本票存款是指企业为取得银行本票按规定存入银行的款项。银行本票是银行签发的，承诺自己在见票时无条件支付确定的金额给收款人或者持票人的票据。

企业向银行提交“银行本票申请书”并将款项交存银行，取得银行本票后，应根据银行盖章退回的申请书存根联，编制付款凭证，借记“其他货币资金——银行本票”科目，贷记“银行存款”科目。企业使用银行本票支付购货款等款项后，应根据发票账单等有关凭证，借记“材料采购”或“原材料”、“库存商品”、“应交税费——应交增值税（进项税额）”等科目，贷记“其他货币资金——银行本票”科目。如企业因本票超过付款期等原因而要求银行退款时，应填制进账单一式两联，连同本票一并送交银行，根据银行收回本票时盖章退回的进账单第一联，借记“银行存款”科目，贷记“其他货币资金——银行本票”科目。

4）信用证保证金存款

信用证保证金存款，是指企业为取得信用证按规定存入银行的保证金。信用证结算方式是国际结算的一种主要方式。信用证是指开证行依照申请人的申请开出的，凭符合信用证条款的单据支付的付款承诺，并明确规定该信用证为不可撤销、不可转让的跟单信用证。

企业向银行申请开立信用证，应按规定向银行提交开证申请书、信用证申请人承诺书和购销合同。企业向银行交纳保证金。根据银行退回的进账单第一联，借记“其他货币资金——信用证保证金”科目，贷记“银行存款”科目。根据开证行交来的信用证来单通知书及有关单据列明的金额，借记“商品采购”、“应交税费——应交增值税（进项税额）”等科目，贷记“其他货币资金——信用证保证金”和“银行存款”科目。

5）存出投资款

存出投资款，是指企业已存入证券公司但尚未进行短期投资的现金。企业向证券公司划出资金时，应按实际划出的金额，借记“其他货币资金——存出投资款”科目，贷记“银行存款”科目；购买股票、债券时，按实际发生的金额，借记“交易性金融资产”科目，贷记“其他货币资金——存出投资款”科目。

2.2 外币业务核算

会计核算的一个基本特征是以货币作为主要计量单位，在经济业务涉及多种货币的情况下，就要确定一种货币来核算经济业务，这种核算使用的统一货币，就称为记账本位币。我国《企业会计准则》规定，会计核算以人民币为记账本位币。业务收支以外币为主的企业，也可以选定某种外币作为记账本位币，但在编制会计报表时应当折算为人民币反映。境外企业向国内有关部门呈报的会计报表，也应当折算为人民币反映。

2.2.1 外币业务的相关概念

1）外币与外汇

外币是指外国的货币。外汇是指以外国货币表示的，用于国际结算的支付手段，即在国际间债权、债务结算中，作为支付手段的外国货币的汇票、支票和以外国货币表示的债权凭证等。

① 国外货币：包括纸币、铸币。

② 外币有价证券：包括政府债券、国库券、公司债券、股票、息票等。

③ 外汇支付凭证：包括票据、银行存款凭证、邮政储蓄凭证等。

④ 其他外汇资金。

根据我国外汇管理的有关规定，外币在国内不能直接流通和使用。

商品流通企业的外币收支业务是指企业以记账本位币以外的货币进行的款项收付、往来结算等业务。

2）汇率

汇率是指以一国货币兑换成另一国货币的比率或比价。汇率的表示方法有直接标价法和间接标价法两种。

① 直接标价法：是指用一定单位的外国货币，折算成本国货币来表示的标价方式。例如：

100 美元＝人民币 614 元

100 港元＝人民币 79 元

② 间接标价法：是指用一定单位的本国货币，折算成外国货币表示的标价方式。例如：

100 元人民币＝16.28 美元

100 元人民币＝126.58 港元

这两种标价方法并无本质差别，只是计算方式不同而已。国际经济交往中，大多采用直接标价法，我国目前也采用直接标价法。

汇率按牌价可分为：

① 买入价：银行买进外汇的价格。

② 卖出价：银行卖出外汇的价格。

③ 中间价：买入价与卖出价的平均价格，即等于买入价和卖出价之和除以 2。

④ 现钞价：银行买入外币（现钞）的价格。

2.2.2 外币业务核算的内容和要求

1）外币结算办法的有关规定

（1）境内所有中资企业单位、机关和社会团体的外汇收入继续采用结汇制，按银行挂牌汇率卖给外汇指定银行。

（2）境外法人或自然人作为投资汇入的外汇，境外借款，发行债券、股票取得的外汇，劳务承包公司境外工程合同期内汇入境内的工程往来款项，经批准具有指定用途的捐赠收汇，国际组织及其他境外法人驻华机构的外汇收入，个人所有的外汇，可以在外汇指定银行开立现汇账户。

（3）企业的外汇全部结售后，一般贸易用汇，只要有进口合同和境外金融机构的支付通知，就可以到外汇指定银行购汇。对实行配额、许可证和登记制的贸易进口（用汇），只要持相应的合同和凭证，就能办理购汇。

（4）对于非贸易项下的经营性支付，凭支付协议或合同和境外机构的支付通知书办理购汇。

2）外币业务核算的主要内容

企业发生外币业务时，其会计核算的基本程序为：

（1）根据一定的折算汇率，将外币金额折算为记账本位币金额，按照折算后的记账本位币金额登记有关账户；在登记有关账户的同时，按照外币金额登记相应的外币账户。将外币金额折算为记账本位币金额时，应当采用外币业务发生时的汇率，也可以采用外币业务发生当期期初的市场汇率进行折算。

（2）月末、季末或年末时，对各种外币账户的期末余额，按照期末市场汇率折算为记账本位币金额，并将重新计算的本位币金额与账面记载的按历史汇率折算的本位币期末余额之间的差额，确认为汇兑损益，计入当期损益，属于筹建期间的，计入长期待摊费用；属于与购建固定资产有关的借款产生的汇兑损益，按照借款费用资本化的原则进行处理。

商品流通企业在营销业务的过程中，也会涉及外汇的收付。商品流通企业应对外币加强管理，商品流通企业会计人员也应了解和掌握外汇知识及外币收支业务的会计账务处理事项。从企业业务经营过程及资金周转来看，外币业务主要包括：外币债权的结算、外币债务的结算以及由此而引起的汇兑损益等业务。

3）外币业务核算的要求

商品流通企业的外币业务核算有多种处理办法，如逐笔折算法、月终折算法、原币记账法和月终余额调整法。我国商品流通企业现在主要采用月终余额调整法。核算的要求如下：

（1）企业发生外币业务时，应将有关外币金额折算为记账本位币金额。汇率采用外币业务发生时的国家外汇牌价（原则上为中间价），或者当月 1 日的国家外汇牌价。

（2）月份终了，企业应将外币债权、债务等各种外币账户的余额，按照月末国家外汇牌价折算为记账本位币余额。按照月末国家外汇牌价折算的记账本位币余额与账面记账本位币金额之间的差额，作为汇兑损益。

（3）设置“汇兑损益”账户。汇兑损益是指由于外汇的兑换而产生的损失和收益。“汇兑损益”账户属损益类账户，借方主要登记由于外汇债权、债务而产生的汇兑损失；贷方主要登记汇兑收益；借贷方的差额即为汇兑净损失（或净收益）。

（4）按规定可在外汇指定银行开立“银行存款”外币现汇户的企业和涉及外币业务的“应收账款”、“应付账款”、“短期借款”、“长期借款”等账户都应该设立外币明细账，进行明细核算。

4）外币业务核算举例

【例 4】 新民商业有限公司某年 11 月 1 日有关外币账户的期初余额如下：

应收账款——甲公司，借方余额 4 000 美元，汇率为 1 美元＝6.15 元人民币，计24 600 元人民币。

应付账款——乙公司，贷方余额 2 000 美元，汇率为 1 美元＝ 6.15 元人民币，计 12 300 元人民币。

该月发生两笔外币业务：

5 日，向某国乙公司购入商品，货款 5 500 美元，款项暂欠，当日汇率为 1 美元＝ 6.18 元人民币。以人民币银行存款支付进口商品的增值税 5 778.30 元。

12 日，收回某国甲公司的部分还款 1 500 美元，当日汇率为 1 美元＝6.16 元人民币。

要求用月终余额调整法核算该企业的外币业务，11 月末的汇率为 1 美元＝6.17 元人民币。

（1）该商品流通企业账务处理如下：

借：材料采购　　33 990

　　应交税费——应交增值税（进项税额）　　5 778.30

　　贷：应付账款——乙公司（US＄5 500×6.18）　　33 990

　　　　银行存款　　5 778.30

借：银行存款　　9 240

　　贷：应收账款——甲公司（US＄1 500×6.16）　　9 240

（2）月终，两个外币账户的明细资料如下：

Ⅰ.“应收账款——甲公司”借方余额美元数为：

4 000－1 500＝2 500（美元）

折合成相应的人民币数为：24 600－9 240＝15 360（元）

根据月末汇率应调整为：2 500×6.17＝15 425（元）

汇兑收益为：15 425－15 360＝65（元）

月终调整分录：

借：应收账款——甲公司　　65

　　贷：汇兑损益　　65

Ⅱ.“应付账款——乙公司”贷方余额美元数为：

2 000＋5 500＝7 500（美元）

折合成相应的人民币数为：12 300＋33 900＝46 290（元）

根据月末汇率应调整为：7 500×6.17＝46 275(元)

汇兑收益为：46 275－46 290＝－15(元)

月终调整分录：

借：应付账款——乙公司　　15

　贷：财务费用——汇兑损益　　15

(3) 该年 11 月 30 日，外币账户的期末余额如下：

"应收账款——甲公司"账户借方余额 2 500 美元，汇率为 1 美元＝6.17 元人民币，计 15 425元人民币。

"应付账款——乙公司"账户贷方余额 7 500 美元，汇率为 1 美元＝6.17 元人民币，计 46 275元人民币。

2.3 应收和预付款项核算

应收及预付款项是指企业在日常生产经营过程中发生的各项债权。应收及预付款项是企业变现能力较强的一项资产，也是企业流动资产的重要组成部分。应收及预付款项按其经济内容不同，可分为应收票据、应收账款、预付账款和其他应收款四种。

应收票据是指企业因销售商品、提供劳务等而收到的商业汇票。

应收账款是指企业因销售商品、提供劳务等应向购货单位或接受劳务单位收取的款项。

预付账款是指企业按照购货合同规定预付给供货单位的款项。

其他应收款是指企业除应收票据、应收账款、预付账款等以外的其他各种应收、暂付款项。

2.3.1 应收款项的核算要求和范围

商品流通企业的应收账款主要有销售商品的货款、增值税销项税额和代垫运杂费等组成。应收账款是由于赊销业务而产生的，因此确认应收账款中的货款和增值税销项税额的入账时间与赊销收入实现的时间是一致的，而代垫运杂费则应于发生时确认入账。

应收账款通常按实际发生额计价入账，即按增值税专用发票上列明的货款和增值税额以及代办商品运输的发票上列明的运杂费金额入账。计价时还应考虑商业折扣、现金折扣和销售折让等因素。

2.3.2 应收款项的核算

"应收账款"是资产类账户，用以核算企业销售商品、提供劳务等应向购货单位和接受劳务单位收取的款项。企业发生应收账款时，记入借方；企业收回应收账款、发生现金折扣、销售折让和坏账损失时，记入贷方；余额在借方，表示企业尚未收回应收账款的数额。

1) 商业折扣的核算

商业折扣是指企业根据市场供需情况，或针对不同的客户，在商品标价上给予的扣除。商业折扣是企业采用的一种销量越多、价格越低的促销策略。商业折扣通常在交易发生时已经确定，它仅仅是确定商品实际销售价格的手段，在销售发票上并不予以反映。因此，在存在商业折扣的情况下，应收账款的入账金额应按扣除商业折扣以后的实际售价确认，这样在会计核算上就不需要予以反映。

2）现金折扣的核算

现金折扣是指债权人为鼓励债务人在规定的期限内付款，而向债务人提供的债务扣除。企业赊销商品后，为了鼓励客户提前偿还货款，通常与债务人达成协议，债务人在不同期限内付款，可享受不同比例的折扣。现金折扣一般用符号“折扣/期限”表示。如买方在 10 天内付款可按售价给予 2%的折扣，用符号“2/10”表示；在 20 天内付款可按售价给予 1%的折扣，用符号“1/20”表示；在 30 天内付款，则不给折扣，用符号“n/30”表示。由于现金折扣在商品销售以后才发生，因此应收账款应按销售时发生的收入入账，企业实际发生现金折扣时，作为财务费用转销。

【例 5】 苏网进出口有限公司对赊销商品给予现金折扣优惠，其条件为：2/10、1/20、n/30。

Ⅰ. 4 月 10 日，销售给南方商厦进口电器一批，货款 30 000 元，增值税额 5 100 元，作分录如下：

借：应收账款——南方商厦　　35 100

　　贷：主营业务收入　　30 000

　　　　应交税费——应交增值税（销项税额）　　5 100

Ⅱ. 4 月 18 日，南方商厦交来赊购商品的货款及增值税额的转账支票一张，金额为 34 500元，作分录如下：

借：银行存款　　34 500

　　财务费用　　600

　　贷：应收账款——南方商厦　　35 100

3）销售折让的核算

销售折让是指企业在销售商品后，因商品的品种、规格、质量等原因而给予购货单位价格上的减让。企业在销售商品时，往往会由于工作上的疏忽而发错商品的品种、规格，或者由于生产或保管上的原因，在质量上存在问题，为了避免徒劳地往返运输，减少不必要的损失，供货单位可以采取给予购货单位销售折让的方式予以解决。由于销售折让在商品销售以后才发生，因此，应收账款应按销售时实际发生的收入入账，企业实际发生销售折让时，再冲减当期的商品销售收入。

【例 6】 苏网进出口有限公司发生下列有关的销售业务：

Ⅰ. 4 月 15 日，销售给天津商厦商品一批，货款 28 000 元，增值税额 4 760 元，以转账支票垫付运杂费 800 元，一并向银行办妥托收手续，作分录如下：

借：应收账款——天津商厦　　33 560

　　贷：主营业务收入　　28 000

　　　　应交税费——应交增值税（销项税额）　　4 760

　　　　银行存款　　800

Ⅱ. 4 月 25 日，天津商厦验收商品时，发现商品的规格不符合要求，予以拒付，经与对方协商后，决定给予 5%的销售折让，今收到对方汇来的账款，作分录如下：

借：银行存款　　31 922

　　主营业务收入　　1 400

　　贷：应收账款——天津商厦　　33 560

　　应交税费——应交增值税（销项税额）　　238

2.3.3 应收票据的核算

1）应收票据的特点及其分类

在我国，除商业汇票外，大部分票据都是即期票据，可以即刻收款或存入银行成为货币资金，不需要作为应收票据核算。因此，我国的应收票据即指商业汇票，它包括不带息商业汇票和带息商业汇票。

相对于应收账款来讲，应收票据（尤其是银行承兑汇票）发生坏账的风险比较小，因此，一般不对应收票据计提坏账准备，超过承兑期收不回的应收票据应转作应收账款，对应收账款计提坏账准备。

2）不带息应收票据

不带息票据的到期价值等于应收票据的面值。企业应当设立"应收票据"科目核算应收票据的票面金额，收到应收票据时，借记"应收票据"科目，贷记"应收账款"、"主营业务收入"等科目。应收票据到期收回的票面金额，借记"银行存款"科目，贷记"应收票据"科目。商业承兑汇票到期，承兑人违约拒付或无力偿还票款，收款企业应将到期票据的票面金额转入"应收账款"科目。

【例 7】 甲企业向乙企业销售产品一批，货款为 100 000 元，尚未收到，已经办妥托收手续，适用增值税税率为 17%，编制会计分录如下：

借：应收账款　　117 000

　　贷：主营业务收入　　100 000

　　　　应交税费——应交增值税（销项税额）　　17 000

10 天后，甲企业收到乙企业寄来一份 3 个月的商业承兑汇票，面值为 117 000 元，抵付产品货款和税金。甲企业编制会计分录如下：

借：应收票据　　117 000

　　贷：应收账款　　117 000

3 个月后，应收票据到期收回票面金额 117 000 元，存入银行。编制会计分录如下：

借：银行存款　　117 000

　　贷：应收票据　　117 000

如果该票据到期，乙企业无力偿还票款，甲企业应将到期票据的票面金额转入"应收账款"科目：

借：应收账款　　117 000

　　贷：应收票据　　117 000

3）带息应收票据

对于带息应收票据，到期应当计算票据利息。企业应于中期期末和年度终了，按规定计算票据利息，并增加应收票据的账面价值，同时，冲减财务费用。其计算公式如下：

$$应收票据利息=应收票据票面金额\times利率\times期限$$

上式中，利率一般以年利率表示；"期限"指签发日至到期日的时间间隔有效期。票据的期限则用月或日表示，在实际业务中，为了计算方便，常把一年定为 360 天。票据期限按月表示时，应以到期月份中与出票日相同的那一天为到期日。如 4 月 15 日签发的 1 个月票据，到期日应为 5 月 15 日。月末签发的票据，不论月份大小，以到期月份的月末那一天为到期日。与此同时，计算利息使用的利率要换算成月利率(年利率÷12)。

票据期限按日表示时，应从出票日起按实际经历天数计算。通常出票日和到期日，只能计算其中的一天，即“算头不算尾”或“算尾不算头”。例如，4月15日签发的90天票据，其到期日应为7月14日，即：90天－4月份剩余天数－5月份实有天数－6月份实有天数，[90－(30－15)－31－30＝14天]。同时计算利息使用的利率，要换算成日利率(年利率÷360)。

带息的应收票据到期收回款项时，应按收到的本息，借记“银行存款”科目，按账面价值，贷记“应收票据”科目，按其差额，贷记“财务费用”科目。

【例8】 某企业2012年9月1日销售一批产品给A公司，货已发出，发票上注明的销售收入为100 000元，增值税额17 000元。收到A公司交来的商业承兑汇票一张，期限为6个月，票面利率为10%。

Ⅰ. 收到票据时

借：应收票据　　117 000

　　贷：主营业务收入　　100 000

　　　　应交税费——应交增值税(销项税额)　　17 000

Ⅱ. 年度终了(2012年12月31日)，计提票据利息

票据利息＝117 000×10%÷12×4＝3 900(元)

借：应收票据　　3 900

　　贷：财务费用　　3 900

Ⅲ. 票据到期收回货款，收款金额：117 000×(1＋10%÷12×6)＝122 850(元)

2006年计提的票据利息＝117 000×10%÷12×2 ＝1 950(元)

借：银行存款　　122 850

　　贷：应收票据　　120 900

　　　　财务费用　　1 950

4) 应收票据转让

应收票据转让是指持票人因偿还前欠货款等原因，将未到期的商业汇票背书后转让给其他单位或个人的业务活动。

企业可以将自己持有的商业汇票背书转让。背书是指持票人在票据背面签字，签字人称为背书人，背书人对票据的到期付款负连带责任。

企业将持有的应收票据背书转让，以取得所需物资时，按购入物资成本的价值，借记“材料采购”等科目，按取得的专用发票上注明的增值税，借记“应交税费——应交增值税(进项税额)”科目，按应收票据的账面价值，贷记“应收票据”科目，如有差额，借记或贷记“银行存款”等科目。

5) 应收票据贴现

贴现是指持票人因急需资金，将未到期的商业汇票背书后转让给银行，银行受理后，从票面金额中扣除按银行的贴现率计算确定的贴现息后，将余额付给持票人，作为银行对企业的短期贷款。其实质是企业融通资金的一种形式。

(1) 票据贴现的计算

在贴现中，企业付给银行的利息称为贴现息，银行计算贴现息的利率称为贴现率，企业从银行获得的票据到期值扣除贴现利息后的贴现所得，称为票据贴现值。

票据贴现值＝票据到期值－贴现息

贴现息＝票据到期值×贴现率×贴现天数÷360

贴现天数＝贴现日至票据到期日实际天数－1

票据到期值＝票据面值×(1＋年利率×票据到期天数÷360)

＝票据面值×(1＋年利率×票据到期月数÷12)

不带息的应收票据的到期值就是其面值。

注意：

① 给出的贴现率一般是年利率，应根据需要折算，如需要月利率，除以12；需要日利率，除以360。

② 计入“财务费用”的金额不一定等于贴现息，计入“财务费用”的金额实际上等于票据尚未计提的利息与贴现息的差额。

③ 贴现所得可能大于应收票据面额，也可能小于应收票据面额。

④ 按照《中华人民共和国支付结算办法》的规定，实付贴现金额按票面金额扣除贴现日至到期前一日的利息计算。

⑤ 承兑人在异地的，贴现息的计算应另加3天的划款日期。

(2) 贴现的会计处理

企业将未到期的应收票据向银行贴现，应按扣除其贴现息后的净额，借记“银行存款”科目，按贴现息部分，借记“财务费用”科目，按应收票据的面值，贷记“应收票据”科目。如为带息应收票据，按实际收到金额，借记“银行存款”科目，按应收票据的账面价值，贷记“应收票据”科目，按其差额，借记或贷记“财务费用”科目。如贴现的商业汇票到期，承兑人的银行账户不足支付，银行即将已贴现的票据退回申请贴现的企业，同时从贴现企业的账户中将票据款划回，此时，贴现企业应按所付票据本息转作“应收账款”科目，借记“应收账款”科目，贷记“银行存款”科目。如果申请贴现的企业的银行存款账户余额不足，银行将作为逾期贷款处理。

【例9】 2013年5月2日，甲企业持所收取的出票日期为3月23日、期限为6个月、面值为110 000元的不带息商业承兑汇票一张到银行贴现，假设该企业与承兑企业(乙企业)在同一票据交换区域内，银行年贴现率为12%。

该票据到期日为9月23日，其贴现天数144天(30＋30＋31＋31＋23－1)。

贴现息＝1 100 00×12%×144÷360＝5 280(元)

贴现净额＝110 000－5 280＝104 720(元)

借：银行存款	104 720	
财务费用	5 280	
贷：应收票据		110 000

【例10】 承前例，假如贴现的票据为带息票据，年利率为10%。

票据到期值＝110 000×(1＋10%×6÷12)＝115 500(元)

贴现息＝115 500×12%×144÷360＝5 544(元)

贴现净额＝115 500－5 544＝109 956 (元)

借：银行存款	109 956	
财务费用		44
贷：应收票据		110 000

(3) 已贴现的承兑汇票到期的处理

如果贴现的商业承兑汇票到期，承兑人没有付款，则银行从贴现企业的账户中将相当于票据到期值的金额划出；如贴现企业的银行存款账户余额不足，则银行作逾期贷款处理。如果贴现的是银行承兑汇票，不会构成贴现企业的或有负债，不需处理。

【例 11】 依前例，该企业已贴现的商业承兑汇票到期，承兑人未能按期付款，贴现银行将票据退回并从甲企业的账户将票据款划出。

借：应收账款——乙企业　　110 000

　　贷：银行存款　　110 000

如果甲企业的账户余额不足，银行作逾期贷款通知企业。

借：应收账款——乙企业　　110 000

　　贷：短期借款　　110 000

2.3.4 预付账款及其他应收款的核算

1) 预付账款核算

商品流通企业为了满足市场的需求，在向供货企业订购特殊规格的商品时，往往需要预先支付定金或部分货款。通常由业务部门根据购货合同的规定，填制"预付账款审批单"，一式数联，经有关领导审批后，财会部门据以付款。

"预付账款"是资产类账户，用以核算企业按照购货合同规定预付给供货单位的款项。预付款项时，记入借方；收到商品转销时，记入贷方；余额在借方，表示企业预付给供货单位尚未收到商品的款项。业务处理时，借记"预付账款"账户；贷记"银行存款"账户。待收到供货单位专用发票和商品时，借记"材料采购"和"应交税费——应交增值税(进项税额)"账户；贷记"预付账款"账户和"银行存款"账户。

【例 12】 上海服装公司向精艺服装厂采购西服一批，货款 100 000 元，根据合同规定先预付货款 40%，30 天后交货时，再支付 60%。

Ⅰ. 4 月 5 日，签发转账支票预付精艺服装厂货款 40 000 元，作分录如下：

借：预付账款——精艺服装厂　　40 000

　　贷：银行存款　　40 000

Ⅱ. 5 月 5 日，收到精艺服装厂的西服和专用发票，开列货款 100 000 元，增值税额 17 000元，作分录如下：

借：材料采购——精艺服装厂　　100 000

　　应交税费——应交增值税(进项税额)　　17 000

　　贷：预付账款——精艺服装厂　　117 000

Ⅲ. 5 月 5 日，支付西服其余 60%的货款和增值税额，作分录如下：

借：预付账款——精艺服装厂　　77 000

　　贷：银行存款　　77 000

Ⅳ. 5 月 6 日，西服已全部验收入库，作分录如下：

借：库存商品　　100 000

　　贷：材料采购——精艺服装厂　　100 000

2) 其他应收款核算

(1) 其他应收款的核算内容

其他应收款，指除应收票据、应收账款、预付账款以外的其他各种应收、暂付款项。其主要内容包括：

① 应收的各种赔款。如因职工失职给企业造成一定经济损失而应收取的赔款，或因企业财产等遭受意外损失而应向保险公司收取的赔款。

② 应收的各种罚款。

③ 存出保证金，如租入包装物支付的押金。

④ 备用金、预借差旅费、小额采购商品款等。

⑤ 应向员工收回的各种垫付款项。

(2) 其他应收款核算的账务处理

为了反映其他应收款的增减变化及其结存情况，应设置“其他应收款”科目。企业发生其他应收款时，借记“其他应收款”，贷记“库存现金”、“银行存款”、“营业外收入”等科目；收回备用其他应收款时，借记“库存现金”“银行存款”，贷记“其他应收款”科目。

【例 13】 公司采购部李时荣预借差旅费 5 000 元。依据采购部经理批准的借款单，开具现金支票一张。会计分录为：

借：其他应收款——采购部李时荣　　5 000

　贷：银行存款　　5 000

【例 14】 公司采购回商品一批，租入包装物按期到出租方退还的押金 500 元，已存入银行。会计分录为：

借：银行存款　　500

　贷：其他应收款——存出保证金　　500

(3) 其他应收款坏账损失的核算

企业应当定期或者至少年终对其他应收款可能发生的坏账损失进行清查，并计提坏账准备。企业对不能收回的其他应收款，应当查明原因，追究责任。对确实无法收回的其他应收款，经公司股东大会或董事会，或企业负责人类似机构批准后，作为坏账损失，冲销计提的坏账准备。

经批准作为坏账的其他应收款，按其冲销金额，借记“坏账准备”科目，贷记“其他应收款”科目。

已确认并转销的坏账损失以后又予收回，按实际收回的金额，借记“其他应收款”科目，贷记“坏账准备”科目；同时，借记“银行存款”科目，贷记“其他应收款”科目。

2.3.5 坏账及其核算

1) 坏账损失的含义及确认

坏账是指企业无法收回或收回的可能性极小的应收账款。由于发生坏账而产生的经济损失，叫做坏账损失。

企业确认坏账时，应遵循财务报告的目标和会计核算的基本原则，具体分析各项应收款项的特性、金额的大小、信用期限、债务人的信誉和当时的经营情况等因素。一般来讲，企业的应收款项符合下列条件之一的，应确认为坏账：

(1) 债务人死亡，以其遗产清偿后仍然无法收回。

(2) 债务人破产，以其破产财产清偿后仍然无法收回。

(3) 债务人较长时期内未履行其偿债义务，并有足够的证据表明无法收回(或收回的可能性极小)。

企业应当在期末对应收款项进行检查,并预计可能产生的坏账损失。对估计可能发生的坏账损失,计提坏账准备。企业计提坏账准备的方法由企业自行确定。坏账准备的计提方法通常有账龄分析法、余额百分比法、个别认定法等。企业无论采用何种方法,或者根据情况分别采用不同的方法都应当在制定的有关会计政策和会计估计目录中明确,不得随意变更。如需变更,应当按会计政策、会计估计变更的程序和方法进行处理,并在会计报表附注中予以说明。

在确定坏账准备的计提比例时,企业应当根据以往的经验、债务单位的实际财务状况和现金流量等相关信息予以合理估计。除有确凿证据表明该项应收款项不能够收回或收回的可能性不大外(如债务单位已撤销、破产、资不抵债、现金流量严重不足、发生严重的自然灾害导致停产而在短时间内无法偿付债务等,以及3年以上的应收款项),下列情况不能全额提取坏账准备:

① 当年发生的应收款项。

② 计划对应收款项进行重组。

③ 与关联方发生的应收款项。

④ 其他已逾期,但无确凿证据表明不能收回的应收款项。

需要特别说明的是,上述规定并不意味着企业对与关联方之间发生的应收款项可以不计提坏账准备。企业与关联方之间发生的应收款项与其他应收款项一样,也应当在期末时分析其可收回性,并预计可能发生的坏账损失。对预计可能发生的坏账损失,计提相应的坏账准备。企业与关联方之间发生的应收款项一般不能全额计提坏账准备,但如果有确凿证据表明关联方(债务单位)已撤销、破产、资不抵债、现金流量严重不足等,并且不准备对应收款项进行重组或无其他收回方式的,则对预计无法收回的应收关联方的款项也可以全额计提坏账准备。

企业的预付账款如有确凿证据表明其不符合预付账款性质,或者因供货单位破产、撤销等原因已无望再收到所购货物的,应当将原计入预付账款的金额转入应收账款,并按规定计提坏账准备。

企业持有的未到期应收票据,如有确凿证据证明不能够收回或收回的可能性不大时,应将其账面余额转入应收账款,并计提相应的坏账准备。

应当指出,对已确认为坏账的应收账款,并不意味着企业放弃了追索权,一旦重新收回,应及时入账。

2) 坏账损失的会计处理

坏账的核算方法一般有两种:直接转销法和备抵法。我国企业会计制度规定,企业只能采用备抵法核算坏账损失。

备抵法是按期估计坏账损失,形成坏账准备,当某一应收款项全部或者部分被确认为坏账时,应根据其金额冲减坏账准备,同时转销相应的应收款项金额。

采用备抵法,一方面按期估计坏账损失计入资产减值损失——坏账损失;一方面设置“坏账准备”科目,待实际发生坏账时冲销坏账准备和应收款项金额,使资产负债表上的应收款项反映扣减估计坏账后的净值。

【例15】 某企业2012年估计坏账损失为6 800元,编制会计分录如下:

借:资产减值损失——坏账损失　　　　6 800

贷：坏账准备　　6 800

2013年确认某客户的坏账损失为5 000元，编制会计分录如下：

借：坏账准备　　5 000

贷：应收账款——××客户　　5 000

备抵法的优点是：预计不能收回的应收款项作为坏账损失及时计入费用，避免企业虚增利润；在报表上列示应收款项净额，使报表阅读者更能了解企业真实的财务情况；使应收款项实际占用资金接近实际，消除了虚列的应收款项，有利于加快企业资金周转，提高企业经济效益。

备抵法首先要按期估计坏账损失。估计坏账损失主要有四种方法，即应收款项余额百分比法、账龄分析法、赊销百分比法和个别认定法。

(1) 应收款项余额百分比法

采用应收款项余额百分比法，是根据会计期末应收款项的余额乘以估计坏账率即为当期应估计的坏账损失，据此提取坏账准备。估计坏账率可以按照以往的数据资料加以确定，也可根据规定的百分率计算。理论上讲，这一比例应按坏账占应收款项的概率计算，企业发生的坏账多，比例相应就高些；反之则低些。会计期末，企业应提取的坏账准备大于其账面余额的，按其差额提取；应提取的坏账准备小于其账面余额的，按其差额冲回坏账准备。

应计提的坏账准备＝年末应收账款的余额×计提比例

实际计提的坏账准备＝应计提的坏账准备＋"坏账准备"账户的借方期末余额

或－"坏账准备"账户的贷方期末余额

【例16】 某企业年末应收账款的余额为1 000 000元，提取坏账准备的比例为3‰；第二年发生了坏账损失6 000元，其中甲单位1 000元，乙单位5 000元，年末应收账款为1 200 000元；第三年，已冲销的上年乙单位应收账款5 000元又收回，期末应收账款1 300 000元。编制会计分录如下：

第一年提取坏账准备：

借：资产减值损失——坏账损失　　3 000

贷：坏账准备　　3 000

第二年冲销坏账：

借：坏账准备　　6 000

贷：应收账款——甲单位　　1 000

——乙单位　　5 000

第二年年末按应收账款的余额计算提取坏账准备：

应计提的坏账准备＝1 200 000×3‰＝3 600(元)

实际计提的坏账准备＝3 600＋3 000＝6 600(元)

注："坏账准备"科目余额应为3 600元，但在期末提取坏账准备前，"坏账准备"科目有借方余额3 000元，还应补提坏账准备3 000元，应提取的坏账准备合计为6 600元。

借：资产减值损失——坏账损失　　6 600

贷：坏账准备　　6 600

第三年，上年已冲销的乙单位应收账款5 000元又收回入账：

借：应收账款——乙单位　　5 000

贷：坏账准备　　5 000

同时，

借：银行存款　　5 000

贷：应收账款——乙单位　　5 000

第三年年末按应收账款的余额计算提取坏账准备：

应计提的坏账准备＝1 300 000×3‰＝3 900 元

实际计提的坏账准备＝3 900－8 600＝－4 700 元

注："坏账准备"科目余额应为 3 900 元，但在期末提取坏账准备前，"坏账准备"科目已有贷方余额 8 600 元，即期初贷方余额 3 600 元加上收回的已冲销坏账 5 000 元，超过了应提坏账准备数，所以，应冲回多提坏账准备 4 700 元。

借：坏账准备　　4 700

贷：资产减值损失——坏账损失　　4 700

在会计核算上应注意以下两个问题：

① 已确认并已转销的坏账损失，如果以后又收回，应及时借记和贷记该项应收账款等科目，而不应直接从银行存款科目转入坏账准备科目。这样处理，便于提供分析债务人财务状况的信息，便于确认将来是否与其进行财务往来，并能反映出债务人企图重新建立其信誉的愿望。

② 收回的已作为坏账核销的应收账款等，应贷记"坏账准备"科目，而不能直接冲减"资产减值损失——坏账损失"。虽然先贷记"坏账准备"科目，然后再在年末时少提或冲销坏账准备，以减少资产减值损失——坏账损失，最终结果是一样的，但采用贷记"坏账准备"科目的做法，能够使"资产减值损失——坏账损失"科目仅反映企业提取或冲回多提的坏账准备数额。而"坏账准备"科目则集中反映了坏账准备的提取、坏账损失的核销、收回的已作为坏账核销的应收账款等情况。这样处理，使得坏账准备的提取、核销、收回、结余，反映得更为清楚，便于分析利用。

(2) 账龄分析法

账龄分析法是根据应收款项入账时间的长短来估计坏账损失的方法。虽然应收款项能否收回以及能收回多少，不一定完全取决于时间的长短，但一般来说，账款拖欠的时间越长，发生坏账的可能性就越大。

【例 17】 某企业 2012 年 12 月 31 日应收账款账龄及估计坏账损失如表 2.2 所示。

表 2.2　应收账款账龄分析计算表

单位：元

应收账款账龄	应收账款金额	估计损失(%)	估计损失金额
未到期	30 000	0.5	150
过期 1 个月	20 000	1	200
过期 2 个月	15 000	2	300
过期 3 个月	10 000	3	300
过期 3 个月以上	5 000	5	250
合　计	80 000		1 200

如表 2.2 所示，企业 2012 年 12 月 31 日“坏账准备”科目的账面金额应为 1 200 元，企业需要根据前期“坏账准备”科目的账面余额，计算本期应入账的金额，编制调整分录，予以入账。由于调整分录的入账金额受调整前账面余额的影响，将会出现两种情况：

Ⅰ. 假设调整前“坏账准备”科目的账面余额为贷方 200 元，则本期调整分录的金额应为 1 200－200＝1 000 元。调整分录为：

借：资产减值损失——坏账损失　　　　1 000

　　贷：坏账准备　　　　1 000

Ⅱ. 假设调整前“坏账准备”科目的账面余额为借方 200 元，则本期调整分录的金额为 1 200 ＋200＝1 400 元。调整分录为：

借：资产减值损失——坏账损失　　　　1 400

　　贷：坏账准备　　　　1 400

需要指出的是，采用账龄分析法计提坏账准备时，收到债务单位当期偿还的部分债务后，剩余的应收账款，不应改变其账龄，仍应按原账龄加上本期应增加的账龄确定；在存在多笔应收账款、且各笔应收账款账龄不同的情况下收到债务单位当期偿还的部分债务，应当逐笔认定收到的是哪一笔应收账款。如果确实无法认定的，按照先发生先收回的原则确定，剩余应收账款的账龄按上述同一原则确定。

(3) 赊销百分比法

赊销百分比法，就是根据当期赊销金额的一定百分比估计坏账损失的方法。

【例 18】 某公司 2000 年全年赊销金额为 300 000 元，根据以往资料和经营估计坏账损失率为 1.5%。

年末估计坏账损失为：300 000×1.5%＝4 500(元)

会计分录为：

借：资产减值损失——坏账损失　　　　4 500

　　贷：坏账准备　　　　4 500

在采用赊销百分比法的情况下，估计坏账损失百分比可能由于企业生产经营情况的不断变化而不相适应，因此，需要经常检查百分比是否能足以反映企业坏账损失的实际情况，倘若发现过高或过低的情况，应及时调整百分比。

(4) 个别认定法

个别认定法，就是根据每一应收款项的情况来估计坏账损失的方法。在采用账龄分析法、余额百分比法等方法的同时，是否采用个别认定法，应当视具体情况而定。如果某项应收账款的可收回性与其他各项应收账款存在明显的差别(例如，债务单位所处的特定地区等)，导致该项应收账款如果按照与其他各项应收账款同样的方法计提坏账准备，将无法真实地反映其可收回金额的，可对该项应收账款采用个别认定法计提坏账准备。企业应根据应收账款的实际可收回情况，合理计提坏账准备，不得多提或少提，否则应视为滥用会计估计，按照重大会计差错更正的方法进行会计处理。在同一会计期间内运用个别认定法的应收账款应从用其他方法计提坏账准备的应收账款中剔除。

练习题

习 题 一

一、目的：练习应收票据业务的核算。

二、资料：M企业为一般纳税企业的上市公司，2012年10月1日取得应收票据，票据面值为100万元，票面利率为12%，6个月期限；2013年2月1日将该票据背书转让购进原材料，专用发票注明价款为120万元，进项税额为20.4万元，差额部分通过银行支付。

三、要求：编制上述业务的会计分录。

习 题 二

一、目的：练习外币业务的核算。

二、资料：五羊服装进出口公司9月份发生下列有关的经济业务：

1. 3日，销售给美国泰勒公司服装一批，发票金额为50 000美元，当日美元汇率的中间价为6.14元。

2. 10日，向香港九龙公司进口服装一批，发票金额为48 000美元，以外汇存款账户款项支付。外汇账户的记账汇率和当日市场汇率均为6.14元。

3. 12日，银行收妥美国泰勒公司款项50 000美元，送来收汇通知，当日美元汇率的中间价为6.14元。

4. 15日，销售给美国芝加哥公司服装一批，发票金额78 000美元，当日美元汇率的中间价为6.14元。

5. 18日，向法国巴黎公司进口服装一批，发票金额66 000美元，外汇账户金额不足，向银行购汇10 000美元。当日汇率卖出价为6.15元，购汇后付清全部款项。外汇账户原有金额的记账汇率和市场汇率均为6.14元。

6. 28日，银行收妥美国芝加哥公司款项78 000美元，送来收汇通知，当日美元汇率的中间价为6.14元。

7. 30日，因外币存款账户余额已超过限额18 000美元，今将18 000美元向银行办理结汇手续，当日汇率买入价为6.13元。

三、要求：编制上述业务的会计分录。

习 题 三

一、目的：练习应收账款的核算。

二、资料：亚明电器进出口公司对赊销商品给予现金折扣优惠，其折扣条件为2/10、1/20、n/30。3月份发生下列有关的经济业务：

1. 3日，赊销给东湖商厦进口电器一批，货款28 000元，增值税额4 760元。

2. 6日，赊销给华声公司进口电器一批，货款36 000元，增值税额6 120元。

3. 10日，赊销给浦江商厦进口电器一批，货款30 000元，增值税额5 100元。

4. 16日，华声公司付来本月6日赊购商品货款及增值税额的转账支票一张，已存入银行。

5. 20日，销售给南京商厦进口电器一批，货款25 000元，增值税额4 250元，以转账支票垫付运杂费900元，今一并向银行办妥托收手续。

6. 25日，东湖商厦付来本月3日赊购商品货款及增值税额的转账支票一张，已存入银行。

7. 27日，南京商厦因进口电器的规格不符要求而拒付货款。经联系协商后，决定给予对方6%的销售折让，今收到对方汇来的扣除折让后的全部款项。

8. 30日，浦江商厦付来本月10日赊购商品货款及增值税额的转账支票一张，已存入银行。

三、要求：编制上述业务的会计分录。

习 题 四

一、目的：练习坏账损失的核算。

二、资料：

（一）新华化工进出口公司11月1日"坏账准备"账户所属的"应收账款"、"应收外汇账款"和"其他应收款"明细账户的贷方余额分别为2 250元、2 700元和155元。接着又发生下列有关的经济业务：

1. 11月15日，应收美国某公司货款5 000美元，美元的记账汇率为8.26元，因该公司已破产而无法收回，经批准转作坏账损失。

2. 11月30日，"应收账款"和"其他应收款"账户余额分别为240 000元和17 000元，估计坏账率为1%，计提本月份坏账准备。

3. 12月20日，应收天马工厂货款6 600元，因该厂破产无法收回，经批准作坏账损失处理。

4. 12月31日，"应收账款"和"其他应收款"账户余额分别为270 000元和18 000元，估计坏账率为1%，计提本月份坏账准备。

（二）嘉华食品进出口公司11月30日"坏账准备——应收账款"账户为贷方余额338元，11月份和12月份应收账款余额分析的结果和各种账龄的估计坏账率如下表所示：

账　龄	估计坏账率	11月末应收账款余额	12月末应收账款余额
未到期	1‰	150 000元	160 000元
过期1～30天	5‰	92 000元	88 000元
过期31～60天	1%	48 000元	50 000元
过期61～90天	2%	22 000元	25 000元
过期91～180天	3%	12 000元	9 000元
过期180天以上	5%	8 000元	6 000元
合　计		332 000元	338 000元

三、要求：

1. 根据"资料(一)"，用应收款项余额百分比法编制会计分录。

2. 根据"资料(一)"，用直接转销法对第1、第3笔业务编制会计分录。

3. 根据"资料(二)"，用账龄分析法编制会计分录。

3 零售企业商品流通业务核算

【本章学习目的】

(1) 了解零售企业商品流通的概念及特点。

(2) 熟悉零售企业商品流通业务核算的方法及程序。

(3) 掌握零售企业商品流通业务的核算。

【引导案例】

红星商厦是一个零售企业,实行分柜组核算,为增值税一般纳税人,开户行:龙亭区支行,账号:61-1,纳税号:5574321,地址:新街办事处,法定代表人:张熹。12月31日发生以下经济业务:

(1) 从华丽服装厂购进服装一批,财会部门收到增值税专用发票(发票联),列明货款10 000元,税款1 700元。

(2) 财会部门收到储运部门交来的收货单,列明零售价15 000元,商品已全部验收入库,结转从华丽服装厂购进服装的采购成本。

(3) 财会部门收到各营业柜组交来的货款,其中:现金收入23 800元(百货柜10 000元,服装柜7 300元,食品柜6 500元),信用卡签购单3 000元(百货柜1 200元,服装柜1 800元),转账支票1 000元(食品柜540元,百货柜460元)。同时,结转库存商品成本。

(4) 从百货柜调入食品柜精盐2 000袋,零售价2 000元。

(5) 发现20件女装式样陈旧,原零售单价为150元,经批准调价为80元。

根据上述资料:

(1) 编制会计分录。

(2) 编制商品进、销、存日报表。

3.1 零售企业商品流通业务概述

3.1.1 零售企业商品流通的概念及特点

1) 零售企业商品流通的概念

零售企业商品流通处于商品流通的终点,是指零售企业从批发企业或生产企业购进商品,销售给个人消费,或销售给企事业单位等用于生产和非生产消费,是直接为人民生活服务的商品流通环节。

2) 零售企业商品流通的特点

零售企业商品流通与批发企业商品流通在业务经营和管理上不尽相同,它具有自己的特点，主要有：零售企业经营的商品品种繁多；交易次数频繁而数量零星，销售的对象主要是广大消费者；销售时一般是“一手交钱，一手交货”，并不一定都要填制销货凭证；售货部门对其所经销的商品负有物资保管责任。因此，一般零售企业在进行会计核算时，不具备按照商品的品名、规格、等级设置库存商品明细账的条件来控制每种商品的数量和金额。

3.1.2 零售企业商品流通业务核算的方法

零售企业商品流通业务核算的方法主要有进价金额核算、数量售价金额核算和售价金额核算。现以售价金额为例，阐述零售企业商品流通业务的核算。

售价金额核算，又称“售价核算，实物负责制”，其核算内容主要有：

(1) 建立实物负责制

企业为了加强对库存商品的管理和控制，将经营商品的柜组或门市部划分为若干实物负责小组，实物负责小组对其经管的全部商品承担经济责任。在实物负责小组内，要建立岗位责任制，明确每个成员的职责分工，对商品的购进、销售、调拨、调价、削价、溢缺等，都要建立必要的手续制度，这是实行售价金额核算的基础。

(2) 库存商品按售价记账

库存商品总分类账及其所属的明细分类账都必须按售价记账，并按实物负责小组设置库存商品明细分类账，以随时反映和掌握各实物负责小组对其经管商品所承担经济责任的情况，这是售价金额核算的核心。

零售企业售价记账的售价，从理论上讲应是商品的销售价格，然而在实际工作中，零售企业销售商品时在柜面上的标价却包括了销项税额。因此，售价记账的售价由销售价格和销项税额两部分组成，也就是说，售价是含税价格。

(3) 设置“商品进销差价”账户

由于库存商品按售价记账，在商品购进时，“库存商品”账户里反映的是商品的售价，这就与购进商品实际支付的价格不一致。因此，需要设置“商品进销差价”账户，以反映商品进价与售价之间的差额。在月末要分摊和结转已销商品所实现的商品进销差价。

(4) 设置“材料采购”账户

该账户用以核算企业购入商品的采购成本。企业购入商品支付货款，及发生应计入成本的收购费用时，记入借方；商品验收入库时，记入贷方；余额在借方，表示企业在途商品的成本。该账户应按供货单位名称进行明细分类核算。通过“材料采购”账户，可以掌握企业购进商品总额。

(5) 设置“库存商品”账户

该账户用以核算企业全部自有的库存商品。当购进、加工收回商品验收入库和发生盘盈时，记入借方；商品销售、发出加工和发生盘亏时，记入贷方；余额在借方，表示库存商品的结存数额。

(6) 加强商品盘点

由于库存商品明细分类账户只反映和控制库存商品的售价金额指标，不反映数量和进价金额指标，期末为了核实各实物负责小组库存商品的实有数额，每月必须进行一次全面盘点，计算出实际结存库存商品的售价金额，并与账面结存金额进行核对。发生不符时，要及时查明原因，进行处理，以达到账实相符，保护企业财产安全和完整的目的。对于有自然损耗的商品，应当核定损耗率作为考核的依据。此外，遇到实物负责人调动，必须进行临时盘点，以分清责任；遇到商品调价，必须通过商品盘点，才能确定调价金额，进行账面调整。

3.2 零售企业商品购进的核算

3.2.1 零售企业商品购进的程序

零售企业为了满足各层次消费者对商品多样化的需要，应做好商品预测和市场分析工作，有计划地从批发企业和生产企业购进商品。对于商品购进的交接方式，同城购进一般采用"提货制"或"送货制"方式，异地购进一般采用"发货制"方式。

同城商品购进的业务程序一般是：由零售企业的采购员到供货单位挑选商品，取得供货单位的专用发票，据以办理结算，以转账支票、商业汇票、银行本票支付货款和增值税额。如果采取"提货制"，采购员就可以提取商品，取回专用发票（发票联和抵扣联）交与业务部门，由其核对专用发票上开列的购进单价是否正确，以维护企业的利益，经核定零售单价后在发票联上加盖价格核讫章，并根据专用发票上列明的商品货号、品名、规格、等级、数量与实物进行核对，检查其质量是否符合要求。验收无误后，由业务部门在专用发票上签收后，转交财会部门入账。零售企业也可以根据管理上的需要，由业务部门另行填制收货单一式数联，其中一联连同供货单位的专用发票一并送交财会部门。收货单的格式见表3.1。如果采取"送货制"，则由采购员去供货单位储运部门办理送货手续。其核价和验收手续与"提货制"基本相同，不再重述。

表3.1 收货单

收货部门：针织柜　　　　2013年1月12日　　　　供货单位：上海针织品公司

商品名称	购进价格				零售价格				进售差价
	单位	数量	单价	金额	单位	数量	单价	金额	
彩条印花毛巾	10条	200	45.00	9 000.00	条	2 000	6.00	12 000.00	3 000.00
素色丝光毛巾	10条	150	55.00	8 250.00	条	1 500	7.40	11 100.00	2 850.00
牙边提花枕巾	10条	100	59.50	5 950.00	条	1 000	8.00	8 000.00	2 050.00
合　计				23 200.00				31 100.00	7 900.00

3.2.2 零售企业商品购进一般业务的核算

财会部门根据采购员交来的结算凭证和核价人员送来的专用发票（发票联），复核无误后，按其所列明的货款借记"材料采购"账户；按其所列明的增值税额，借记"应交税费"账户；按价税合计贷记"银行存款"或"应付票据"、"其他货币资金"等账户。根据实物负责小组送来的商品验收入库凭证复核无误后，按售价金额借记"库存商品"账户，按进价金额贷记"材料采购"账户，售价金额与进价金额之间的差额，则贷记"商品进销差价"账户。本书为计算方便，购进货物支付的运费按10%计入进项税。

【例1】 上海百货商店向上海针织品公司购进毛巾一批，根据上海针织品公司的专用发票填制收货单如表3.1所示。

Ⅰ. 财会部门收到专用发票（发票联），列明货款23 200元，增值税额3 944元，当即签发转账支票付讫，作分录如下：

借：材料采购——上海针织品公司	23 200	
应交税费——应交增值税（进项税额）	3 944	
贷：银行存款		27 144

Ⅱ. 财会部门收到针织柜转来的收货单，列明售价金额 31 100 元，商品已全部验收入库，结转商品采购成本，作分录如下：

借：库存商品——针织柜	31 100	
贷：材料采购——上海针织品公司		23 200
商品进销差价——针织柜		7 900

"商品进销差价"账户是资产类账户，它是"库存商品"账户的抵减账户，用以反映库存商品售价金额与进价金额之间的差额。商品购进、溢余及调价增值发生差价时，记入贷方；结转已销商品进销差价、商品短缺、削价及调价减值等而注销差价时，记入借方；余额在贷方，表示期末库存商品的进销差价。期末"库存商品"账户余额，减去"商品进销差价"账户余额，就是库存商品的进价金额。

3.2.3 零售企业商品购进特殊业务的核算

1）进货退出的核算

零售企业购进商品，一般是整件整箱地验收入库的，事后发现商品的品种、规格与专用发票所列不符，或质量不符要求等情况，应及时与供货单位联系，经其同意后，由供货单位开出退货的红字专用发票，办理退货手续，然后将商品退还供货单位，作进货退出处理。

【例 2】 上海百货商店发现日前购进的素色丝光毛巾中有 100 条质量不符要求，与上海针织品公司联系，对方同意退货。该毛巾每条进价 5.50 元，售价 7.40 元。

Ⅰ. 商品退出后，根据针织柜转来的红字收货单，作分录如下：

借：材料采购——上海针织品公司	550.00	
商品进销差价——针织柜	190.00	
贷：库存商品——针织柜		740.00

Ⅱ. 收到对方开来退货的红字专用发票，应退货款 550 元，增值税 93.50 元，款项均未收到，作分录如下：

借：应收账款——上海针织品公司	643.50	
应交税费——应交增值税（进项税额）	[93.50]	
贷：材料采购——上海针织品公司		550.00

2）购进商品退补价的核算

零售企业购进商品后，有时会收到供货单位开来的更正发票，更正其开错的商品货款。更正商品货款有两种情况：一种是只更正购进价格；另一种是既更正购进价格，又更正零售价格，以下分别讲述这两种情况的核算方法。

（1）只更正购进价格的核算

当供货单位开来更正发票时，由于只更正购进价格，没有影响到商品的零售价格，因此，核算时应调整"商品进销差价"账户，而不能调整"库存商品"账户。若是供货单位退还货款，应根据其红字专用发票冲减商品采购额和进项税额，借记"应收账款"账户，贷记"材料采购"账户和"应交税费"账户；同时还要增加商品的进销差价，借记"材料采购"账户，贷记"商品进销差价”账户。若是供货单位补收货款，则应根据专用发票增加商品采购额和进项税额，借记“材料采购”账户和“应交税费”账户，贷记“应付账款”账户；同时还要减少商品的进销差价，借记“商品进销差价”账户，贷记“材料采购”账户。

【例 3】 光明商厦日前从上海五金公司购进钢丝钳 1 000 把，每把购进单价 9.60 元，零售单价 12.50 元，商品已由五金柜验收入库，现收到供货单位更正专用发票，钢丝钳每把批发单价应为 9.40 元，应退货款 200 元，增值税额 34 元。

Ⅰ. 冲减商品采购额和进项税额，作分录如下：

借：应收账款——上海五金公司　　234
　　应交税费——应交增值税(进项税额)　　34（红字）
　　贷：材料采购——上海五金公司　　200

Ⅱ. 同时调整商品进销差价，作分录如下：

借：材料采购——上海五金公司　　200
　　贷：商品进销差价——五金柜　　200

(2) 购进价格和零售价格同时更正的核算

当供货单位由于商品品种、等级搞错等原因而开错价格，事后开来更正发票需要更正批发价和零售价，如因更正价格而使供货单位应退还货款时，应根据更正专用发票冲减商品采购额和进项税额，其核算方法与只更正购进价格的核算方法相同；同时，还要冲减库存商品的售价金额和进价成本，应按应退货款的数额，借记“材料采购”账户，并按照更正后进销差价与原入账进销差价的差额，借记“商品进销差价”账户；按更正后售价金额与原入账售价金额的差额贷记“库存商品”账户。如因更正价格而供货单位应补收货款时，应根据其开来的更正发票增加商品采购额和进项税额，其核算方法与只更正购进价格的核算方法相同；同时，还要增加库存商品的售价金额和进价成本。按更正后售价金额与原入账售价金额的差额借记“库存商品”账户；按补收货款数额贷记“材料采购”账户；按更正后进销差价与原入账进销差价的差额，贷记“商品进销差价”账户。

【例 4】 中兴商厦日前从上海百货公司购进尼龙自开伞 400 把，每把购进单价 15.00 元，零售单价 20.00 元。商品已由百货柜验收入库，现收到供货单位更正专用发票，每把尼龙自开伞购进单价为 14.00 元，零售单价为 18.80 元，应退货款 400 元，增值税额 68 元。

Ⅰ. 冲减商品采购额和进项税额，作分录如下：

借：应收账款——上海百货公司　　468
　　应交税费——应交增值税(进项税额)　　68（红字）
　　贷：材料采购——上海百货公司　　400

Ⅱ. 同时冲减库存商品的售价金额和进价成本，作分录如下：

借：材料采购——上海百货公司　　400
　　商品进销差价——百货柜　　80
　　贷：库存商品——百货柜　　480

3) 购进商品发生短缺和溢余的核算

零售企业在购进商品时，必须严格坚持商品验收制度，认真负责地验收商品的数量和质量。营业柜组在验收过程中，发现商品数量有短缺或溢余时，若是同城购进的商品即可与供货单位联系，或从对方补回其少发的商品，或将对方多发的商品退还，这样在会计核算上就不反映商品的短缺或溢余；若是从异地购进的商品，一时难以查明原因，应由验收柜组填制“商品购进短缺溢余报告单”，财会部门据以按进价将短缺或溢余的商品先记入“待处理财产损溢”账户，并按实收商品数量的售价金额借记“库存商品”账户。查明原因后，区别各种不同的原因从“待处理财产损溢”账户，转入各有关的账户。

【例 5】 冠生园食品公司向南京食品厂购入咖喱牛肉干 1 000 千克，每千克进价 54 元，售价 72 元，采用托收承付结算。

Ⅰ．3 月 2 日，收到银行转来托收凭证，内附专用发票（发票联）计货款 54 000 元，增值税额 9 180 元，运费凭证 400 元，查验与合同相符，予以承付，作分录如下：

借：材料采购——南京食品厂　54 000
　　应交税费——应交增值税（进项税额）　9 220
　　销售费用——运杂费　360
　　贷：银行存款　63 580

Ⅱ．3 月 5 日，咖喱牛肉干已运到，由零食柜验收，实收 949 千克，短缺 51 千克，原因待查。

a. 根据验收入库的收货单，结转商品采购成本，作分录如下：

借：库存商品——零食柜　68 328
　　贷：材料采购——南京食品厂　51 246
　　　　商品进销差价——零食柜　17 082

b. 根据商品购进短缺溢余报告单，作分录如下：

借：待处理财产损溢——待处理流动资产损溢　2 754
　　贷：材料采购——南京食品厂　2 754

c. 3 月 10 日，查明短缺的牛肉干中有 1 千克是自然损耗，经领导批准予以转销，作分录如下：

借：销售费用——商品损耗　54
　　贷：待处理财产损溢——待处理流动资产损溢　54

Ⅲ．3 月 12 日，经查明短缺的牛肉干中有 50 千克是对方少发，经联系后，对方决定不再补发商品，开来红字专用发票，并汇来退货款 2 700 元，增值税额 459 元，已存入银行。

a. 根据红字专用发票冲销商品采购额和进项税额，作分录如下：

借：应收账款——南京食品厂　3 159
　　应交税费——应交增值税（进项税额）　459
　　贷：待处理财产损溢——待处理流动资产损溢　2 700

b. 根据银行收账通知，作分录如下：

借：银行存款　3 159
　　贷：应收账款——南京食品厂　3 159

3.3　零售企业商品销售的核算

零售企业商品销售的过程是商品从流通领域进入消费领域的过程，也是商品价值实现的过程，这一过程是实现社会再生产的前提。而零售企业的销售对象，除少量销售给企事业单位外，绝大多数是销售给广大的个人消费者，零售企业的工作直接影响到人民的生活。因此，零售企业必须积极地组织货源，以满足市场需求。

3.3.1 零售企业商品销售的程序

零售企业的商品销售业务，一般按营业柜组或门市部组织进行。商品销售的业务程序，根据企业的规模、经营商品的特点以及经营管理的需要而有所不同。

零售企业的商品销售收入，除少数企事业单位采取转账结算外，主要是收取现金。收款的方式有分散收款和集中收款两种。分散收款，是指营业员直接收款，除了企事业单位外，一般不填制销售凭证，手续简便，交易迅速，但销货与收款由营业员一人经手，容易发生差错与弊端。集中收款是指设立收款台，由营业员填制销货凭证，消费者据以向收款台交款，然后由消费者凭盖有收款台"现金收讫"印章的销货凭证向营业员领取商品，或者由营业员收款后连同填制的销货凭证由内部传递给收款台，收款员收款盖章后退回销货凭证，营业员据以向消费者交付商品。采用集中收款，每日营业结束后，营业员应根据销货凭证计算出销货总金额，并与收款台实收金额进行核对，以检查收款是否正确。这种方式由于钱货分管，职责分明，制度严密，因此不易发生差错，但手续烦琐。

零售企业销货除了采用现金结算外，也有少量采用转账支票、银行本票和商业汇票结算的。

不论采用哪一种收款方式，均应在当天解缴销货款。解缴的方式有分散解缴和集中解缴两种。分散解缴就是在每天营业结束后，若采取分散收款的，由各营业柜组或门市部安排专人负责；若采取集中收款的，则由收款员负责，都按其所收的销货款，填制解款单，将现金直接解存银行，取得解款单回单后，将其送交财会部门。集中解缴是每天营业结束后，若采取分散收款的，由各营业柜组或门市部安排专人负责；若采取集中收款的，则由收款员负责，都按其所收的销货款填制"商品销售收入缴款单"，其格式见表 3.2。

表 3.2 商品销售收入缴款单

缴款部门：百货柜　　　　2013 年 3 月 10 日

货款种类	张数	金额	货款种类	张数	金额
现金		5 651.84	信用卡签购单	3	2 000.00
其中：票面 100 元	22	2 200.00	转账支票	3	1 640.00
票面 50 元	21	1 050.00	银行本票	1	400.00
票面 20 元	32	640.00	银行汇票		
票面 10 元	76	760.00			
票面 5 元	140	700.00			
票面 2 元	125	250.00			
票面 1 元	46	46.00			
角币		5.50			
分币		0.34			
缴款金额人民币（大写）玖仟陆佰玖拾壹元捌角肆分　　¥9 691.84					

商品销售收入缴款单一式两联，连同销货款一并送交财会部门，财会部门应当面点收，

加盖“收讫”戳记，一联退还缴款部门，作为其缴款的依据；一联留在财会部门，作为收款的入账凭证。财会部门将各营业柜组或门市部的销货款集中汇总后填制解款单，将销货收入的现金全部解存银行。

3.3.2 零售企业商品销售一般业务的核算

零售企业商品销售业务通过“主营业务收入”和“主营业务成本”账户进行核算。为了简化核算手续，平时在“主营业务收入”账户中反映含税的销售收入，期末再将其调整为真正的商品销售额，即不含税的销售额。商品销售后，财会部门要反映商品销售收入和收入货款的情况，同时为了能及时反映商品实物负责小组库存商品的购销动态和结存情况，便于各实物负责小组随时掌握其经管商品的价值，明确其所承担的经济责任，需要随时转销已销库存商品的成本。由于零售企业库存商品是按售价反映的，因此，转销库存商品的金额同反映商品销售收入增加的金额是一致的。而商品进价与售价之间的差价，在“商品进销差价”账户内反映，所以，当已销商品按售价从“库存商品”账户内转销时，从理论上讲，应该同时将这部分已销商品的进销差价也从“商品进销差价”账户内转销，将已销商品的成本调整为进价，即在“主营业务成本”账户内用进价反映。但是，每天计算已销商品进销差价的工作量很大，因此，在实际工作中，平时把已销商品按售价转入“主营业务成本”账户，月末一次计算出当月已销商品的进销差价，再将商品销售成本调整成为进价。

【例 6】 上海商厦为信用卡特约单位，信用卡结算手续费率为 5‰，2 月 15 日各营业柜组商品销售及货款收入情况如表 3.3 所示。

表 3.3 各营业柜组商品销售及货款收入情况表

柜 别	销售金额	现金收入	信用卡签购单	转账支票	现金溢缺
百货柜	9 040.00	7 940.00	1 100.00		
服装柜	9 870.00	7 770.00	900.00	1 200.00	
食品柜	9 350.00	8 150.00	1 200.00		
合 计	28 260.00	23 860.00	3 200.00	1 200.00	

Ⅰ. 财会部门根据各营业柜组交来的商品销售收入缴款单及现金、签购单和转账支票，根据签购单编制计汇单，并与转账支票一并存入银行，作分录如下：

借：库存现金 23 860
　　银行存款 4 384
　　财务费用 16
　　贷：主营业务收入——百货柜 9 040
　　　　主营业务收入——服装柜 9 870
　　　　主营业务收入——食品柜 9 350

Ⅱ. 将现金集中解存银行，取得解款单回单，作分录如下：

借：银行存款 23 860
　　贷：库存现金 23 860

同时转销库存商品，作分录如下：

借：主营业务成本——百货柜 9 040

主营业务成本——服装柜　　9 870

主营业务成本——食品柜　　9 350

贷：库存商品——百货柜　　9 040

库存商品——服装柜　　9 870

库存商品——食品柜　　9 350

通过转销库存商品，可以及时反映各营业柜组经管商品的库存额和经济责任。

采取集中收款方式的企业，每日营业结束后，收款员应将销货凭证或销货计数卡与收入现金进行核对，如有不符，应填制"销货款短缺溢余报告单"，其格式如表 3.4 所示。

表 3.4　销货款短缺溢余报告单

部门：百货柜　　2013 年 5 月 10 日

销售金额	9 321.60	溢缺原因	工作疏忽少收款
实收金额	9 319.60		
溢 余 款			
短 缺 款	2.00		
领导审批		部门意见	同意报销

收款员：张瑜

销货款短缺溢余报告单一式数联，其中一联送交财会部门，财会部门对于短缺或溢余款，先列入"待处理财产损溢"账户。待查清情况，并经领导批准后，再转入"管理费用"账户，如果确定应由责任人赔偿时，则转入"其他应收款"账户。

3.3.3　零售企业商品销售特殊业务的核算

零售企业进行受托代销业务，事先由业务部门与供货单位订立"受托代销合同"，合同上注明货款的结算方式和时间及商品的质量和保管的责任等。

1）商品购销方式受托代销商品的核算

企业收到受托代销商品时，并没有取得商品的所有权，为了加强对受托代销商品的管理，在受托代销商品验收入库时，应按售价金额借记"受托代销商品"账户；按进价金额贷记"代销商品款"账户，售价金额与进价金额之间的差价，则贷记"商品进销差价"账户。

代销商品销售后，借记"库存现金"账户；贷记"主营业务收入"账户；并按售价金额借记"主营业务成本"账户，贷记"受托代销商品"账户；同时结转代销商品款，借记"代销商品款"账户，贷记"应付账款"账户。当按合同规定的日期收到已售代销商品的专用发票，支付其货款和增值税额时，借记"应付账款"账户和"应交税费"账户；贷记"银行存款"账户。

【例 7】　卢湾商厦根据受托代销合同，接受湖州服装厂 100 件羊牌男式皮夹克的代销业务。该皮夹克购进单价 654 元，零售单价 900 元，合同规定每个月末结算一次货款。

Ⅰ. 12 月 5 日，收到 100 件皮夹克，由服装柜验收入库，作分录如下：

借：受托代销商品——服装柜　　90 000

贷：代销商品款——湖州服装厂　　65 400

商品进销差价——服装柜　　24 600

Ⅱ. 12月21日，服装柜销售羊牌男式皮夹克50件，收到现金45 000元。

a. 反映主营业务收入，作分录如下：

借：库存现金　　45 000

　　贷：主营业务收入——服装柜　　45 000

b. 同时注销受托代销商品，作分录如下：

借：主营业务成本——服装柜　　45 000

　　贷：受托代销商品——湖州服装厂　　45 000

c. 结转代销商品款，并将进项税额入账，作分录如下：

借：代销商品款——湖州服装厂　　32 700

　　应交税费——应交增值税（进项税额）　　5 559

　　贷：应付账款——湖州服装厂　　38 259

Ⅲ. 12月31日，开出代销商品清单，并汇付对方已售50件代销的羊牌男式皮夹克货款及增值税额38 259元，作分录如下：

借：应付账款——湖州服装厂　　38 529

　　贷：银行存款　　38 529

2）收取代销手续费方式受托代销商品的核算

采用收取代销手续费方式的零售企业，在收到代销商品时，按代销商品的售价借记"受托代销商品"账户；贷记"代销商品款"账户。

【例8】 海天商厦根据受托代销合同代销上海服装厂100件女大衣，每件进价100元，零售价180元，增值税率17%，合同规定每月末结算一次。

Ⅰ. 1月15日，销售大衣100件，计货款18 000元，增值税额3 060元，收到支票存入银行，作分录如下：

a. 收到受托代销商品，作分录如下：

借：受托代销商品　　18 000

　　贷：代销商品款　　18 000

b. 反映商品销售收入和销项税额，作分录如下：

借：银行存款　　21 060

　　贷：应付账款——上海服装厂　　18 000

　　　　应交税费——应交增值税——销项税额　　3 060

c. 将已售商品进项税额入账，作分录如下：

借：应交税费——应交增值税——进项税额　　3 060

　　贷：应付账款——上海服装厂　　3 060

同时注销代销商品，作分录如下：

借：代销商品款——上海服装厂　　10 000

　　贷：受托代销商品——上海服装厂　　10 000

Ⅱ. 1月31日，开出代销商品清单，销售女大衣100件。今扣除代销手续费900元后，签发转账支票20 160元，支付上海服装厂已售代销商品货款及增值税额，作分录如下：

借：应付账款——上海服装厂　　21 060

贷：其他业务收入　　　　　　　　　　900

银行存款　　　　　　　　　　20 160

3.3.4　零售企业商品销售成本的调整

零售企业由于平时按商品售价结转商品销售成本，月末为了核算商品销售业务的经营成果，就需要通过计算和结转已销商品的进销差价，将商品销售成本由售价调整为进价。正确计算已销商品进销差价是正确核算商品销售成本和期末库存商品价值的基础。

零售企业计算已销商品进销差价的方法有综合差价率推算法、分柜组差价率推算法和实际进销差价计算法三种。

1）综合差价率推算法

综合差价率推算法是按全部商品的存销比例，推算本期销售商品应分摊进销差价的一种方法。具体的计算方法是先将期末结转前的"商品进销差价"账户余额，除以期末"库存商品"账户余额加上"受托代销商品"账户余额与本期商品销售收入之和，计算出本期商品的综合差价率，再乘以本期商品销售收入，计算出已销商品的进销差价，其计算公式如下：

$$\text{综合差价率}=\frac{\text{结转前商品进销差价账户余额}}{\text{期末库存商品账户余额}+\text{期末受托代销商品账户余额}+\text{本期商品销售收入}}\times 100\%$$

$$\text{本期已销商品进销差价}=\text{本期商品销售收入}\times\text{综合差价率}$$

【例9】 浦江商厦12月31日有关账户的资料如下：

结转前商品进销差价账户余额	198 608元
库存商品账户余额	338 800元
受托代销商品账户余额	56 000元
主营业务收入账户余额	396 200元

用综合差价率推算法计算并结转已销商品进销差价：

$$\text{综合差价率}=\frac{198\ 608}{338\ 800+56\ 000+396\ 200}\times 100\%=25.11\%$$

$$\text{本期已销售商品进销差价}=396\ 200\times 25.11\%=99\ 485.82(\text{元})$$

根据计算的结果，作分录如下：

借：商品进销差价　　　　　　　　99 485.82

贷：主营业务成本　　　　　　　　99 485.82

2）分柜组差价率推算法

分柜组差价率推算法是按各营业柜组或门市部商品的存销比例，推算本期销售商品应分摊进销差价的一种方法。这种方法要求按营业柜组分别进行计算，其计算方法与综合差价率推算法相同，财会部门可编制"已销商品进销差价计算表"进行计算。

【例10】 浦江商厦采用分柜组差价率推算法，在7月31日有关各明细账户的资料如表3.5所示。

表 3.5 各明细账户的资料表

单位:元

营业柜组	结转前商品进销差价账户余额	库存商品账户余额	受托代销商品账户余额	主营业务收入账户余额
百货柜	72 601.00	119 400.00	32 000.00	149 600.00
服装柜	70 672.00	118 000.00	24 000.00	138 000.00
食品柜	55 335.00	101 400.00		108 600.00
合　计	198 608.00	338 800.00	56 000.00	396 200.00

根据资料编制“已销商品进销差价计算表”,如表 3.6 所示。

表 3.6 已销商品进销差价计算表

2013 年 7 月 31 日

营业柜组	期末库存商品账户余额	期末受托代销商品账户余额	主营业务收入账户余额	本期存销商品合计额
(1)	(2)	(3)	(4)	(5)=(2)+(3)+(4)
百货柜	119 400.00	32 000.00	149 600.00	301 000.00
服装柜	118 000.00	24 000.00	138 000.00	280 000.00
食品柜	101 400.00		108 600.00	210 000.00
合　计	338 800.00	56 000.00	396 200.00	791 000.00
营业柜组	结转前商品进销差价账户余额	差价率	已销商品进销差价	期末商品进销差价
(1)	(6)	$(7)=\frac{(6)}{(5)}$	(8)=(4)×(7)	(9)=(6)−(8)
百货柜	72 601.00	24.12%	36 083.52	36 517.48
服装柜	70 672.00	25.24%	34 831.20	35 840.80
食品柜	55 335.00	26.35%	28 616.10	26 718.90
合　计	198 608.00	—	99 530.82	99 077.18

根据计算的结果,作分录如下:

借:商品进销差价——百货柜　　36 083.52
　　商品进销差价——服装柜　　34 831.20
　　商品进销差价——食品柜　　28 616.10
　贷:主营业务成本——百货柜　　36 083.52
　　　主营业务成本——服装柜　　34 831.20
　　　主营业务成本——食品柜　　28 616.10

3) 实际进销差价计算法

实际进销差价计算法是先计算出期末商品的进销差价,进而逆算已销商品进销差价的一种方法。这种方法的具体做法是:期末由各营业柜组或门市部通过商品盘点,编制“库存商品盘存表”和“受托代销商品盘存表”,根据各种商品的实存数量,分别乘以销售单价和购进单价，计算出期末库存商品的售价金额和进价金额及期末受托代销商品的售价金额和进价金额。“库存商品盘存表”和“受托代销商品盘存表”一式数联，其中一联送交财会部门，复核无误后，据以编制“商品盘存汇总表”。期末商品和已销商品进销差价的计算公式如下：

$$\text{期末商品进销差价}=\text{期末库存商品售价金额}-\text{期末库存商品进价金额}+\text{期末受托代销商品售价金额}-\text{期末受托代销商品进价金额}$$

$$\text{已销商品进销差价}=\text{结账前商品进销差价账户余额}-\text{期末商品进销差价}$$

【例 11】 浦江商厦采用实际进销差价计算法，7 月 31 日各有关资料如表 3.7 所示。

表 3.7 库存商品盘存表

部门：百货柜　　2013 年 7 月 31 日

品名	规格	计量单位	盘存数量	销售价格		购进价格	
				单价	金额	单价	金额
童棉毛内衣	70 cm	套	96	18.00	1 728.00	13.50	1 296.00
女棉毛内衣	90 cm	套	120	20.00	2 400.00	15.00	1 800.00
男棉毛内衣	110 cm	套	104	22.00	2 288.00	16.50	1 716.00
小计					6 416.00		4 812.00
合计					119 400.00		90 588.78

服装柜和食品柜库存商品盘存表与百货柜和服装柜的受托代销商品盘存表均从略。

根据各营业柜组的库存商品盘存表和受托代销商品盘存表编制商品盘存汇总表，如表 3.8 所示。

表 3.8 商品盘存汇总表

2013 年 7 月 31 日

部门	库存商品售价金额	库存商品进价金额	受托代销商品售价金额	受托代销商品进价金额	商品进销差价
百货柜	119 400.00	90 588.78	32 000.00	24 278.40	36 532.82
服装柜	118 000.00	88 205.98	24 000.00	17 942.60	35 851.42
食品柜	101 400.00	74 801.30			26 598.70
合计	338 800.00	253 596.06	56 000.00	42 221.00	98 982.94

各营业柜组结转前商品进销差价账户余额同前例，计算本期已销商品进销差价如下：

百货柜已销商品进销差价＝72 601.00－36 532.82＝36 068.18(元)

服装柜已销商品进销差价＝70 672.00－35 851.42＝34 820.58(元)

食品柜已销商品进销差价＝55 335.00－26 598.70＝28 736.30(元)

根据计算的结果，作分录如下：

借：商品进销差价——百货柜　　36 068.18
　　商品进销差价——服装柜　　34 820.58
　　商品进销差价——食品柜　　28 736.30
　　贷：主营业务成本——百货柜　　36 068.18
　　　　主营业务成本——服装柜　　34 820.58
　　　　主营业务成本——食品柜　　28 736.30

从上列实例中可以看出，采用三种不同的计算方法计算已销商品的进销差价，产生了三种不同的结果。这是因为各营业柜组之间商品的差价率不同，在营业柜组内所经营的各种商品之间差价率也不同，而且各种商品之间的存销比例也不可能相同，因此，计算的结果是不相同的。三种计算方法的适用范围及优缺点总结如表3.9所示。

表3.9　三种计算方法的适用范围及优缺点

项　目	综合差价率推算法	分柜组差价率推算法	实际进销差价计算法
适用范围	适用于经营商品的差价率较为均衡的企业；或企业规模小，分柜组计算差价率确有困难的企业	适用于经营柜组间差价率不太均衡的企业；或需要分柜组核算其经营成果的企业	适用于经营商品品种较少的企业，或在企业需要反映其期末库存商品实际价值时采用
优 缺 点	计算与核算的手续最为简便，但计算的结果不够准确	计算较为简便，计算的结果较为准确，但与实际相比较，仍有一定偏差	计算的结果最为准确，但计算起来工作量较大

在实际工作中，为了既简化计算手续，又准确地计算已销商品进销差价，往往在平时采取分柜组差价率推算法，到年终采用实际进销差价计算法，以保证整个会计年度核算资料的准确性。

3.3.5　零售企业商品销售收入的调整

由于零售企业平时在“主营业务收入”账户中反映的是含税收入，因此至月末就需要进行调整，将含税收入中的销项税额分离出来，使“主营业务收入”账户反映企业真正的销售额。含税收入的调整公式如下：

$$销售额=\frac{含税收入}{1+增值税率}$$

$$销项税额=含税收入-销售额$$

【例12】　申城商厦月末“主营业务收入”账户余额为351 000元，增值税率为17%，调整商品销售收入，计算的结果如下：

$$销售额=\frac{351\,000}{1+17\%}=300\,000(元)$$

$$销项税额=351\,000-300\,000=51\,000$$

根据计算的结果，作分录如下：

借：主营业务收入　　51 000
　　贷：应交税费——应交增值税——销项税额　　51 000

采取分柜组核算库存商品的企业，对于商品销售收入也要分柜组进行调整。

3.4 零售企业商品储存的核算

商品储存与商品购进及商品销售是相互联系、相互制约的三个环节。零售企业为了使商品流通正常进行，满足市场的需求，就需要保持适当的商品储存。由于采用售价金额核算，因此平时应特别加强对库存商品的管理和监督，以保护企业财产的安全与完整。

商品储存的核算，包括商品的盘点溢缺、调价、削价、内部调拨以及库存商品明细分类核算等内容。

3.4.1 零售企业商品盘点溢缺的核算

零售企业对库存商品采取售价金额核算时，库存商品明细分类账一般按营业柜组或门市部设置，平时只反映和掌握各营业柜组或门市部商品进、销、存的售价金额，而不反映和掌握各种商品的结存数量。因此，只有通过商品盘点，逐项计算出各种商品的售价金额及售价总金额，再与当天"库存商品"账户余额进行核对，才能了解和控制各种商品的实存数量，确保账实相符。

库存商品发生账实不符的原因很多，有的是购进商品时验收制度执行不严，收错商品；有的是销售商品时疏忽大意，发错商品或收错货款；有的是在商品储存过程中，发生自然升溢或损耗，以及在商品进、销、存各个环节中，因管理制度不严密而发生的贪污盗窃等，这些因素都会引起商品盘点短缺或溢余。因此，在发生账实不符时，财会部门应会同有关部门及领导，分析研究造成不符的原因，查明问题的症结所在，以明确经济责任，堵塞漏洞，提高企业经营管理水平。

商品盘点发生账实不符时，营业柜组或门市部应填制"商品盘点短缺溢余报告单"一式数联，其中一联报送领导审批，另一联送交财会部门作为记账的依据。

商品盘点短缺或溢余是以商品的售价金额来反映的，在"商品盘点短缺溢余报告单"中，还需要将其调整为进价金额。财会部门在商品短缺或溢余原因尚未查明前，应将短缺或溢余商品的进价金额先转入"待处理财产损溢"账户，以确保账实相符，等原因查明后，再根据具体情况转入各有关账户。对于商品短缺，如属自然损耗，应转入"销售费用"账户；如属责任事故，则应根据领导的批复，若由企业负担，转入"管理费用"账户；若由当事人负责赔偿，则转入"其他应收款"账户。对于商品溢余，如属供货单位多发商品，应作为商品购进补付货款，如属自然升溢，则应冲减"销售费用"账户。

"待处理财产损溢"是资产类账户，用以核算企业已发生而尚未查明原因或虽已查明原因而尚需等待批准处理的各项财产物资的盘亏、盘盈、短缺、溢余、收益和损失。发生盘亏、短缺、损失以及转销盘盈、溢余、收益时，记入借方；发生盘盈、溢余、收益以及转销盘亏、短缺、损失时，记入贷方；若余额在借方，表示尚未处理的各种财产物资的净损失；若余额在贷方，则表示尚未处理的各种财产物资的净溢余。该账户下应分别设置待处理流动资产损溢和待处理固定资产损溢明细分类账户。

【例 13】 永新日用陶瓷商店杂货柜 3 月 25 日盘点商品，发现短缺 30 元，填制商品盘点短缺溢余报告单如表 3.10 所示。

表 3.10　商品盘点短缺溢余报告单

部门：百货柜　　　　　　　　　　　　　　　　　　　　　　　　2013 年 3 月 25 日

<table>
<tr><td>账存金额</td><td>89 780.00</td><td>溢余金额</td><td></td><td rowspan="5">短缺或
溢余原因</td><td rowspan="5">销货错发商品</td></tr>
<tr><td>实存金额</td><td>89 750.00</td><td>短缺金额</td><td>30.00</td></tr>
<tr><td colspan="3">上月本柜组差价率</td><td>25%</td></tr>
<tr><td>溢余商品差价</td><td></td><td>溢余商品进价</td><td></td></tr>
<tr><td>短缺商品差价</td><td>7.50</td><td>短缺商品进价</td><td>22.50</td></tr>
<tr><td>领导批复</td><td></td><td></td><td>部门意见</td><td colspan="2">要求作企业损失处理</td></tr>
</table>

Ⅰ. 财会部门根据商品盘点短缺溢余报告单，作分录如下：

借：待处理财产损溢——待处理流动资产损溢　　　　22.50

　　商品进销差价——杂货柜　　　　　　　　　　　7.50

　　贷：库存商品——杂货　　　　　　　　　　　　　　30.00

Ⅱ. 30 日领导批复，将 25 日盘缺商品 22.50 元作企业损失处理，作分录如下：

借：管理费用　　　　　　　　　　　　　　　　　22.50

　　贷：待处理财产损溢——待处理流动资产损溢　　　　22.50

零售企业在期末或年度终了时，应对商品进行全面的清查盘点，当发现商品成本低于其可变现净值时，应计提存货跌价准备。

3.4.2　零售企业商品调价的核算

商品调价是指商品流通企业根据国家物价政策或市场情况，对某些正常商品的价格进行适当地调高或调低。

由于售价金额核算的企业平时不核算商品的数量，因此，在规定调价日期的前一天营业结束后，应由核价人员、财会人员会同营业柜组对调价商品进行盘点，按照实际库存数量由营业柜组填制"商品调价差额调整单"一式数联，其中一联送交财会部门。财会部门复核无误后，将调价差额全部体现在商品经营损益内。发生调高售价金额时，借记"库存商品"账户，贷记"商品进销差价"账户；发生调低售价金额时，则借记"商品进销差价"账户，贷记"库存商品"账户。

【例 14】　黄浦百货商店根据市场情况将部分荧光灯管从 4 月 5 日起调整零售价格，电器柜经过盘点后，编制商品调价差额调整单如表 3.11 所示。

表 3.11　商品调价差额调整单

填报部门：电器柜　　　　　　　2013 年 4 月 5 日　　　　　　　调价通知：调字第 11

品名	规格	计量单位	盘存数量	零售价格		调整单价差额		调高金额
				新价	原价	增加	减少	
荧光灯管	30W	支	180	6.5	5.2	1.3		234
荧光灯管	40W	支	212	7.5	6.0	1.5		318
合　计								552

财会部门收到商品调价差额调整单，复核无误，作分录如下：

借：库存商品——电器柜 552

　　贷：商品进销差价——电器柜 552

3.4.3 零售企业商品削价的核算

商品削价是对库存中呆滞、冷背、残损、变质的商品作一次性降价出售的措施。

零售企业由于盲目采购造成商品呆滞积压，或运输不慎、保管不妥等因素，而发生了商品残损变质等情况，影响了商品内在与外观的质量。为了减少商品损失，应根据商品呆滞积压情况或残损变质的程度，按照规定的审批权限，报经批准后进行削价处理。

残损变质商品削价时，一般由有关营业柜组盘点数量后，填制"商品削价报告单"一式数联，报经有关领导批准后，进行削价处理。

商品削价后，可变现净值(可变现净值由不含税新售价减去预计销售费用后求得)高于成本时，根据削价减值金额借记"商品进销差价"账户；贷记"库存商品"账户，以调整其账面价值。商品削价后，可变现净值低于成本时，除了根据削价减值金额借记"商品进销差价"账户；贷记"库存商品"账户，以调整其账面价值外，还应计提存货跌价准备。

【例 15】 静安商厦服装柜发现 10 件女时装的式样已陈旧，其原零售单价为 135 元，经批准削价为 105.30 元，该女时装每件进价为 100 元。估计销售费用为 2 元，增值税税率为 17%，计算其可变现净值如下：

女时装削价后不含增值税售价＝105.30 ×10÷1.17＝900(元)

女时装可变现净值＝900 －(2×10)＝880(元)

女时装可变现净值低于成本的差额＝100×10－880＝120(元)

Ⅰ. 根据削价减少的售价金额调整其账面价值，作分录如下：

借：商品进销差价——服装柜 297

　　贷：库存商品——服装柜 297

Ⅱ. 同时，根据可变现净值低于存货成本的差额计提存货跌价准备，作分录如下：

借：资产减值损失——计提的存货跌价准备 120

　　贷：存货跌价准备 120

Ⅲ. 销售削价的 10 件女时装，收入现金 1 053 元，作分录如下；

借：库存现金 1 053

　　贷：主营业务收入——服装柜 1 053

Ⅳ. 同时，结转其销售成本，作分录如下：

借：主营业务成本——服装柜 1 053

　　贷：库存商品——服装柜 1 053

Ⅴ. 本月份未发生存货跌价的情况，调整存货跌价准备，作分录如下：

借：存货跌价准备 120

　　贷：资产减值损失——计提的存货跌价准备 120

3.4.4 零售企业商品内部调拨的核算

商品内部调拨是指零售企业在同一独立核算单位内部各实物负责小组之间的商品转移。具体表现为各营业柜组或门市部之间为了调剂商品余缺所发生的商品转移；或设有专职仓库保管员，对在库商品单独进行核算和管理的企业，当营业柜组或门市部向仓库提取商品时，所发生的商品调拨转移。

商品内部调拨不作为商品销售处理，也不进行结算，而只是转移各实物负责小组所承担的经济责任。在调拨商品时，一般由调出部门填制商品内部调拨单一式数联，调出部门在各联上签章后，连同商品一并转交调入部门。调入部门验收无误后，在调入部门签章处签章，表示商品已收讫，然后调入与调出部门各留一联，作为商品转移的依据，另一联转交财会部门入账。商品内部调拨，在核算时借记调入部门库存商品的明细分类账户，贷记调出部门库存商品的明细分类账户，"库存商品"账户的总额保持不变。采取分柜组差价率推算法分摊已销商品进销差价的企业，还要相应调整"商品进销差价"账户。

【例 16】 城南商厦新设立早晚服务部，从百货柜调入商品，百货柜填制商品内部调拨单如表 3.12 所示。

表 3.12 商品内部调拨单

调入部门:早晚服务柜　　　　2013 年 5 月 4 日　　　　调出部门:百货柜

品　　名	规格	计量单位	盘存数量	零售价格		购进价格	
				单价	金额	单价	金额
上海特效牙膏	90 克	支	400	1.47	588.00	1.1	440.00
裕华浴皂	100 克	块	150	0.90	135.00	0.67	100.50
家美洗衣粉	500 克	袋	500	2.34	1 170.00	1.76	880.00
合　　计					1 893.00		1 420.50

调入部门签章:　　　　调出部门签章　　　　经手人:

财会部门复核无误后，作分录如下：

借：库存商品——早晚服务部　　　　1 893

　　贷：库存商品——百货柜　　　　1 893

采取分柜组差价率推算法分摊已销商品进销差价的企业，还要将商品进销差价转账，作分录如下：

借：商品进销差价——百货柜　　　　472.50

　　贷：商品进销差价——早晚服务部　　　　472.50

3.4.5 零售企业库存商品明细分类核算

实行售价金额核算的零售企业，库存商品明细分类账是按营业柜组或门市部设置的，在账户中反映按售价计算的总金额，用以控制各营业柜组或门市部的库存商品数额。采取分柜组差价率推算法调整商品销售成本的企业，还必须按营业柜组或门市部设置"商品进销差价"明细账户，由于"商品进销差价"是"库存商品"账户的抵减账户，在发生经济业务时，这两个账户往往同时发生变动，为了便于记账，可以将"库存商品"与"商品进销差价"账户的明细账合在一起，设置"库存商品和商品进销差价联合明细分类账"，其格式如表 3.13 所示。

表 3.13　库存商品和进销差价联合明细账

部门:百货柜

摘要	库存商品									商品进销差价			
	借方				贷方			借或贷	余额	借方	贷方	借或贷	余额
	购进	调入	调价增值	溢余	销售	调出	调价减值						
余额								借	36 400			贷	8 378
购入	4 800										1 152		
进货退出	[200]										[48]		
调入		1 000									240		
调价增值			100								100		
销售					2 240								
调出						750				180			
调价减值							40			40			
期末余额								借	39 070			贷	9 602

各营业柜组或门市部为了掌握本部门商品进、销、存的动态和销售计划的完成情况，便于向财会部门报账，每天营业结束后，应根据商品经营的各种原始凭证，编制“商品进销存日报表”一式数联，营业柜组或门市部自留一联，一联连同有关的原始凭证一并送交财会部门。财会部门复核无误后，据以入账。

例如，精艺陶瓷用品商店 2 月 25 日编制“商品进销存日报表”如表 3.14 所示。

表 3.14　商品进销存日报表

部门:瓷器柜　　　　2013 年 2 月 25 日　　　　编号:360

项目		金额	项目		金额
昨日结存		75 345.60	今日发出	销售	4 240.00
今日收入	购进	8 050.00		调出	
	调入			发出委托加工	
	加工成品收回			调价减值	
	调价增值	3 210.20		削价	224.00
	溢余			短缺	20.00
				今日结存	82 121.80
本月销售计划		90 000.00	本月销售累计		78 054.00

由于“商品进销存日报表”反映的是各营业柜组或门市部库存商品每天的收发变动和结存情况，其反映的内容与库存商品明细分类账核算的内容是一致的，因此，可以将该表分营业柜组或门市部按时间顺序装订成册，代替库存商品明细分类账，以简化核算手续。

3.5 经营鲜活商品零售企业的核算

3.5.1 鲜活商品的特点

鲜活商品包括鱼、肉、禽、蛋、蔬菜和水果等。鲜活商品有以下特点：首先，鲜活商品在经营过程中，一般需要经过清选整理，分等分级，按质论价。其次，随着商品鲜活程度的变化，随时需要调整零售价格，由此而产生早晚不同的时价。第三，鲜活商品交易频繁，且数量零星。第四，鲜活商品容易干耗、腐烂变质，损耗数量难以掌握。因此，在会计核算时难以控制其数量，一般只核算其金额。

3.5.2 经营鲜活商品零售企业的核算方法

经营鲜活商品的零售企业一般采用进价金额核算法。

进价金额核算又称"进价记账、盘存计销"，是以进价总金额控制实物负责人（或柜组）经营商品进、销、存情况的一种核算方法。它的核算特点是：商品购进后，登记按实物负责人设置的库存商品明细账，只记进价金额，不记数量；商品销售后，按实际取得的销售收入，贷记"主营业务收入"账户，平时不结转商品销售成本，定期进行实地盘点，查明实存数量，用最后进价法计算并结转商品销售成本。

1）商品购进的核算

经营鲜活商品的零售企业，主要是向批发企业购进商品，也可以直接向农村专业户采购商品。商品的交接方式，一般采用"提货制"或"送货制"。货款结算方式主要采用转账支票结算。

商品购进的业务程序一般是：由购货单位委派采购员到供货单位采购商品，由供货单位填制专用发票。在采用"提货制"的情况下，采购员取得专用发票后，当场据以验收商品。商品运回后，由实物负责人（或柜组）根据采购员带回的专用发票，对商品进行复验。在采用"送货制"的情况下，则由采购员取回专用发票，直接交与实物负责人（或柜组），由其负责验收。

不论采用何种商品交接方式，实物负责人（或柜组）验收商品后，都要填制"收货单"一式数联，其中一联连同供货单位的专用发票一并送交财会部门。财会部门审核无误后，根据专用发票和转账支票存根联，借记"材料采购"账户和"应交税费"账户，贷记"银行存款"账户；根据"收货单"，借记"库存商品"账户，贷记"材料采购"账户。库存商品一般按经营类别进行明细分类核算。

【例 17】 光华副食品商店向上海肉类加工厂购入各种肉类一批，计货款 74 000 元、增值税额 9 620 元，当即签发转账支票付讫，肉类由营业部门验收后，填制"收货单"如表 3.15 所示。

表 3.15 收 货 单

收货部门：肉食品类　　　　　　　　　　　　　　　　　　2013 年 2 月 1 日

品名	单位	应收数量	实收数量	单价	应收金额	实收金额	溢余金额	短缺金额	处理意见
鸡肉	千克	2 000	2 000	20	40 000.00	40 000.00			
牛肉	千克	400	400	50	20 000.00	20 000.00			
羊肉	千克	200	200	70	14 000.00	14 000.00			
合计	千克	—	—	—	74 000.00	74 000.00			

Ⅰ. 根据供货单位的专用发票和转账支票存根审核无误，作分录如下：

借：材料采购——上海肉类加工厂　　　74 000

　　应交税费——应交增值税(进项税额)　　　9 620

　　贷：银行存款　　　83 620

Ⅱ. 根据营业部门转来的“收货单”审核无误，作分录如下：

借：库存商品——肉食品类　　　74 000

　　贷：材料采购——上海肉类加工厂　　　74 000

另外，按照商品类别，以进价金额登记库存商品明细分类账。

企业验收商品时，如发生实收数量与应收数量不符，要及时查明原因。对于短缺商品，若确属供货单位少发，可以要求其补发商品或退回多收货款；若属途中损耗，则作为销售费用列支。对于溢余商品，若确属供货单位多发，应补作进货，并补付供货单位货款，或者将其多发商品如数退回；若属途中升溢，则冲减“销售费用”账户。

2) 商品销售的核算

经营鲜活商品的零售企业，其销售方式主要是采用现金交易。当天营业结束后，由各营业部门根据实收销货款填制“商品销售收入缴款单”一式数联，连同当天的销货款一并送交财会部门。财会部门当面点收无误后，应由出纳员在“商品销售收入缴款单”上签收，并加盖现金收讫章，其中一联退回缴款部门留存备查，财会部门自留一联。然后将各营业部门交来的销售款汇总后，全部解存银行。然而，企业取得的销货款是含税收入，其中包含了销项税额，因此，需要将含税收入调整为销售额。其计算公式如下：

$$销售额=\frac{含税收入}{1+增值税率}$$

然后，根据“商品销售收入缴款单”及计算的结果，借记“现金”账户，贷记“主营业务收入”账户和“应交税费”账户；根据银行解款单回单，借记“银行存款”账户，贷记“现金”账户。

【例 18】 2月15日，光华副食品商店财会部门收到各营业部门缴来销货现金及商品销售收入缴款单。其中，肉食品类为8 658元，水产类为5 616元，禽蛋类为7 722元，增值税率为13%，计算各类商品的销售额如下：

$$销售额=\frac{8\,658}{1+13\%}=7\,661.95(元)$$

$$销售额=\frac{5\,616}{1+13\%}=4\,969.91(元)$$

$$销售额=\frac{7\,722}{1+13\%}=6\,833.63(元)$$

根据计算的结果，作分录如下：

借：库存现金　　　21 996

　　贷：主营业务收入——肉食品类　　　7 661.95

　　　　主营业务收入——水产类　　　4 969.91

　　　　主营业务收入——禽蛋类　　　6 833.63

　　　　应交税费——应交增值税(进项税额)　　　2 530.51

将上列现金全部解存银行，取得解款单回单，作分录如下：

借：银行存款　　　　　　　　　　　　　　　　　　21 996

　　贷：库存现金　　　　　　　　　　　　　　　　　　21 996

3）商品储存的核算

鲜活商品在储存过程中发生损耗、调价、削价等情况，不进行账务处理，月末体现在商品销售成本内。但发生责任事故时，应及时查明原因，以分清责任，在报经领导批准后，根据不同情况，若作为企业损失时，应列入"管理费用"账户；若由当事人承担经济责任时，则列入"其他应收款"账户。

【例 19】 光华副食品商店有 20 千克带鱼，每千克 8 元，全部变质报废。现查明是保管员失职，报经领导批准，其中 60%作为企业损失处理，其余 40%由保管员负责赔偿，作分录如下：

借：管理费用　　　　　　　　　　　　　　　　　　96

　　其他应收款——保管员　　　　　　　　　　　　64

　　贷：库存商品——水产类　　　　　　　　　　　　160

"其他应收款"是资产类账户，用以核算企业除应收、预付账款以外的其他各种应收、暂付款项，发生时，记入借方；收回时，记入贷方；余额在借方，表示尚未收回的其他应收、暂付款项。该账户应按债务人进行明细分类核算。

至期末，由各营业部门对实存商品进行盘点，将盘存商品的数量填入"商品盘存表"，以最后一次进货单价作为期末库存商品的单价，计算出各种商品的结存金额，进而计算出期末库存商品结存金额，然后采取逆算的方法计算商品销售成本。其计算公式如下：

$$\text{本期商品销售成本}=\text{期初结存商品金额}+\text{本期收入商品金额}-\text{本期非销售发出商品金额}-\text{期末结存商品金额}$$

【例 20】 光华副食品商店 2 月 28 日编制商品销售成本计算表如表 3.16 所示。

表 3.16　商品销售成本计算表

2013 年 2 月份

项目 部门	期初结存商品金额	本期收入商品金额	本期非销售发出商品金额	期末商品结存金额	本期商品销售成本
(1)	(2)	(3)	(4)	(5)	(6)＝(2)＋(3)－(4)－(5)
肉食品类	9 200.00	126 000.00	8 000.00	9 400.00	117 800.00
水产类	6 000.00	74 000.00	—	5 800.00	74 200.00
禽蛋类	8 000.00	85 000.00	2 000.00	8 200.00	82 800.00
合计	23 200.00	285 000.00	10 000.00	23 400.00	274 800.00

财会部门据以结转商品销售成本，作分录如下：

借：主营业务成本——肉食品类　　　　　　　　　117 800

　　主营业务成本——水产类　　　　　　　　　　74 200

　　主营业务成本——禽蛋类　　　　　　　　　　82 800

　　贷：库存商品——肉食品类　　　　　　　　　　117 800

　　　　库存商品——水产类　　　　　　　　　　　74 200

库存商品——禽蛋类　　　　　　　　　　　82 800

进价金额核算虽然核算手续简便，便利开展商品销售业务，但是由于平时不能反映出商品的实际库存，月末采用“盘存计销”的方法逆算商品销售成本，将差错事故和商品损耗均计入了商品销售成本，不易发现企业在经营管理中存在的问题，因此，必须加强进货验收制度和严格销货款管理制度。

练习题

习　题　一

一、目的：练习商品购进的核算。

二、资料：黄埔商厦 2012 年 3 月份发生下列经济业务：

(1) 2 日，业务部门转来北京百货公司的专用发票，开列梅花牌保温杯 1 000 只，每只 20 元，计货款 20 000 元，增值税额 3 400 元，经审核无误，当即签发转账支票付讫。

(2) 5 日，百货柜转来收货单，2 日购进的 1 000 只梅花牌保温杯已验收入库，结转其采购成本。该保温杯零售单价为 24.80 元。

(3) 12 日，银行转来广州金蝶电器有限公司托收凭证，附来专用发票(发票联)，开列长城牌 VCD 100 台。VCD 每台 500 元，计货款50 000 元，增值税额 8 500 元，运费凭证 1 000 元，经审核无误，当即承付。

(4) 18 日，广州金蝶电器有限公司发来长城牌 VCD100 台，附来专用发票(发货联)，开列 VCD 货款 50 000 元，商品由电器柜验收。该 VCD 每台零售价为 650 元。

(5) 22 日，向北京五金公司购进商品一批，五金柜验收后转来收货单，结转商品采购成本，商品零售价合计 21 450.00 元，进价合计 15 896.00 元。

(6) 25 日，收到北京五金公司专用发票，开列货款 15 896 元、增值税额 2 702.32 元，查商品已验收入库，款项以商业汇票付讫。

要求：编制会计分录。

习　题　二

一、目的：练习进货退出及购进商品退补价的核算。

二、资料：中兴百货商店 3 月份发生下列经济业务：

1. 1 日，业务部门转来上海百货公司专用发票，购进各种牙膏香皂等商品一批，计货款 11 100 元、增值税额 1 887 元，当即签发转账支票付讫。

2. 2 日，百货柜转来收货单，牙膏香皂等的零售价合计金额为 14 800 元。1 日向上海百货公司购进的商品全部验收入库，结转商品采购成本。

3. 4 日，上海百货公司开来专用发票，更正本月 1 日所售牙膏的单价，应退货款 60 元，增值税额 1.2 元。

4. 12 日，玩具厂开来更正专用发票，更正本月 10 日所售轨道火车货款，应补收货款 500 元、增值税额 85 元。

5. 16 日，业务部门转来上海交电公司专用发票，开列 30 W 荧光灯管 1 000 支。荧光灯管每支 4.80 元，计货款 4 800 元，增值税额 816 元，经审核无误，当即以转账支票付讫。

6. 17 日，电器柜转来收货单，16 日向交电公司购进的荧光灯管 1 000 支全部验收入库，结转其采购成本，该商品零售单价为 6.50 元。

7. 20 日，复验 17 日入库的 30 W 荧光灯管，发现其中有 50 支质量不符合要求，经联系后，对方同意原货退回。现收到退货的专用发票，今退出 50 支 30 W 荧光灯管，应退货款及增值税额尚未收到。

三、要求：编制会计分录。

习 题 三

一、目的：练习商品销售的核算。

二、资料：宏伟商厦为信用卡特约单位，信用卡手续费率为5‰。2月份发生下列经济业务：

1. 5日，各营业柜组商品销售收入的情况如下表：

项目 柜别	销售金额	现金收入	信用卡签购单	应收货款
百货柜	42 750.00	40 210.00	2 000.00	540.00
服装柜	51 630.00	49 130.00	2 500.00	0
食品柜	40 980.00	39 980.00	1 000.00	0
合计	135 360.00	129 320.00	5 500.00	540.00

实收现金和根据签约单编制的计汇单当天已解存银行，应收货款540元的客户是第八中学。

2. 6日，第八中学付来转账支票一张，金额540元，系付前欠货款。

3. 20日，各营业柜组商品销售收入情况如下表所示：

项目 柜别	销售金额	现金收入	信用卡签购单	应收货款	现金溢缺
百货柜	39 110.00	36 530.00	1 800.00		0
服装柜	43 760.00	41 745.00	2 000.00	780.00	－15.00
食品柜	37 250.00	36 260.00	1 000.00		＋10.00
合计	120 120.00	114 535.00	4 800.00	780.00	－5.00

实收现金和根据签约单编制的计汇单当天已解存银行，现金溢缺的原因待查，应收货款780元的客户是新沪工厂。

4. 25日，新沪工厂交来转账支票一张，金额为780元，系偿还前欠货款。

5. 28日，本月发生的销货溢缺款，查明系工作中的差错，经领导批准予以转账。

三、要求：编制会计分录。

习 题 四

一、目的：练习商品销售成本和商品销售收入的调整。

二、资料：

（一）新昌商厦12月31有关账户余额如下：

库存商品账户余额	329 600.00	受托代销商品账户余额	61 400.00
其中：百货柜	123 400.00	其中：百货柜	25 400.00
服装柜	88 500.00	服装柜	36 000.00
食品柜	117 700.00		
主营业务成本和主营业务收入账户余额	634 800	商品进销差价账户余额	192 030.00
其中：百货柜	374 000.00	其中：百货柜	69 620.00
服装柜	139 600.00	服装柜	61 868.00
食品柜	121 200.00	食品柜	60 542.00

（二）各柜组商品的增值税率均为17%。

（三）年末各营业柜组编制商品盘存表，分别计算出实际结存商品的购进金额，百货柜为112 752元，服装柜为93 045元，食品柜为86 918元。

三、要求：

1. 根据资料(一)，分别用综合差价率推算法和分柜组差价率推算法调整商品销售成本。

2. 根据"资料(一)"、"资料(二)"，调整本月份商品销售收入。

3. 根据"资料(一)"、"资料(三)"，用实际进销差价计算法调整商品销售成本。

4. 比较用三种调整方法的结果，并说明它们为何不同。

习 题 五

一、目的：练习进价金额核算。

二、资料：上海副食品商店1月份发生下列经济业务：

1. 3日，向肉食品公司购进各种肉类一批，计货款57 600元，增值税额7 488元，当即签发转账支票付讫。

2. 3日，业务部门转来收货单，向肉食品公司购进猪肉5 000千克，每千克40元；牛肉800千克，每千克50元；羊肉500千克，每千克70元，商品全部验收入库。

3. 7日，业务部门转来收货单，向水产公司购进鲳鱼3 000千克，每千克45元。验收时发现短少2千克，系途中损耗，货款尚未支付。

4. 8日，签发转账支票支付前欠水产公司货款36 000元、增值税额4 680元。

5. 11日，业务部门转来收货单，从水产公司购进带鱼2 000千克，每千克20元。商品全部验收入库。

6. 12日，签发转账支票支付水产公司货款16 000元、增值税额2 080元。

三、要求：编制会计分录。

4 批发企业商品流通业务核算

【本章学习目的】

(1) 了解批发企业商品流通业务的特点。

(2) 熟悉批发企业商品流通业务核算的方法和业务程序、批发企业商品购销的入账时间和入账价格。

(3) 掌握批发企业商品购进、销售、储存的核算以及成本的计算和结转。

【引导案例】

向阳纺织品公司是一个批发企业,主要经营纺织品的批发业务,为增值税一般纳税人,开户行:红杉区支行,账户号:77—86,纳税号:9985764367,法定代表人:徐东,地址:上海市幸福路32号。该公司2013年3月发生以下业务:

(1) 1日,从福建新兴纱厂购进生纱一批,财会部门收到增值税专用发票(发票联),货款共计20 000元,增值税款3 400元,当即签发转账支票支付。

(2) 5日,1日购进货物验收入库,结转其采购成本。

(3) 12日,向上海东建服装厂销售棉布一批,货款10 000元,增值税款1 700元,取得上海东建服装厂开来的商业承兑汇票一张。

(4) 16日,从欣欣服装厂购进袜子一批,货款30 000元,增值税款5 100元,以转账支票付讫。

(5) 20日,将从欣欣服装厂购进的袜子直运销售给东京商厦,货款32 000元,增值税款5 440元,代垫运费300元,一并向银行办理托收。

(6) 24日,销售给兴国纺织品站呢绒布一批,货款共计90 000元,增值税款15 300元,合同规定,货款自本月起,月末结账,分三次付清。

(7) 31日,财会部门收到储运部门交来的"商品盘点短缺溢余报告单"一份,溢余棉布10匹,单价200元,短缺呢大衣3件,单价400元,原因待查。

(8) 31日,收到欣欣服装厂交来16日购货的专用发票,货款30 000元,增值税款5 100元。

根据上述资料:(1) 编制会计分录。

(2) 比较批发企业与零售企业的业务核算有何不同。

4.1 批发企业商品流通业务概述

4.1.1 批发企业商品流通业务的特点

批发企业商品流通业务是指批发企业从生产企业或其他企业购进商品,供应给零售企业或其他批发企业用以转售，或供应给其他企业用以进一步加工。它处于商品流通的起点或中间环节，是组织城乡之间、地区之间商品流通的桥梁。

批发企业大批地向工农业生产部门采购商品，又成批地供应出去，将社会产品从生产领域转入流通领域和再生产领域，它是工业与农业、地区与地区、生产企业与零售企业之间的纽带。批发企业需要储备一定数量的商品，随时掌握各种商品进、销、存的数量和结存金额；同时，批发企业是经营大宗的商品购销活动，交易次数较少，而每次的成交额却较大，且每次交易都必须填制各种有关凭证，以反映和控制商品的交易活动。

4.1.2 批发企业商品流通业务的核算方法

批发企业商品流通业务的核算方法可分为数量进价金额核算和数量售价金额核算。

数量进价金额核算指库存商品的总分类账户和明细分类账户除均按进价反映外，同时明细分类账户还必须反映商品实物数量的一种核算方法。采用这种核算方法，可以根据已销商品的数量按进价结转商品销售成本。

这种核算方法的优点是能够按品名、规格来反映和监督每种商品进、销、存的数量和进价金额的变动情况，有利于加强对库存商品的管理与控制。缺点是每笔销售业务都必须填制销售凭证，并按商品的品名、规格登记商品明细账，记账工作量较大。这种方法适用于批发企业和部分专业性零售企业。

为了适应一般零售企业的经营特点，有利于其开展商品经营业务，批发企业一般采用数量进价金额核算。

4.1.3 批发企业商品购销的入账时间和入账价格

1）商品购销的入账时间

商品购进和商品销售是商品流通企业重要的经济指标，为了统一核算口径，以保证经过汇总后商品购销指标的正确性，需要明确规定商品购销的入账时间。

在市场经济条件下，商品购销的过程，也就是商品所有权的转移过程，因此，商品购销的入账时间应以商品所有权转移的时间为依据。也就是说，购货方以取得商品所有权的时间为商品购进的入账时间，销货方以失去商品所有权的时间为商品销售的入账时间。

商品购进以支付货款或收到商品的时间为入账时间。在商品先到，货款尚未支付的情况下，以收到商品的时间作为购进的入账时间。因为商品到达，并经验收入库，购货方即有权安排商品，同时供货方也取得了向购货方索取货款的权利。在货款先付、商品后到的情况下，以支付货款的时间作为商品购进的入账时间。因为购货方收到供货方发货凭证后，支付了货款，说明购货方已取得商品的所有权。企业正确确定商品购进的入账时间是正确核算商品购进总额和监督检查商品采购计划完成情况的前提条件，它对正确掌握商品储备力量，合理组织商品供应具有重要作用。

商品销售是以发出商品收取货款的时间，或以发出商品、取得收取货款权利的时间作为入账时间。企业正确确定商品销售的入账时间，是正确核算商品总销售额和监督检查商品销售指标完成情况的基础，它对正确核算企业的经营利润有着重要的意义。

2）商品购销的入账价格

商品购进的入账价格为购进商品时实际支付的买价以及在购进过程中发生的费用，其中运费按7%记入进项税（本书为计算方便，仍采用10%记入进项税），其余的记入销售费用。

商品销售时，应按实际取得的销售额确认销售收入，同时按已销商品的进价结转销售成本。

4.2 批发企业商品购进的核算

4.2.1 批发企业商品购进的程序及其核算

批发企业商品购进的主要业务过程是由企业内部的业务、储运和财会等部门共同完成的。因此，企业除了要合理组织商品购进的业务外，还要求各职能部门密切配合、相互合作，以加速商品的流通。商品购进按照地区不同，可分为同城购进和异地购进两种。

1）同城商品购进的业务程序及其核算

我国对销售货物要征收增值税。增值税是价外税，不包括在商品货款之中。因此，企业在购进商品时除了要支付货款外还要为消费者垫支增值税。这部分垫支的增值税，在企业转售商品后，于按期交纳增值税时，予以抵扣。因此，企业在购进商品时，必须取得增值税专用发票（简称专用发票），其格式见表 4.1。

表 4.1 北京市增值税专用发票

北京市增值税专用发票

开票日期：2012年12月 日　　　　No 0758589520

购货单位	名　　称：北京永鑫股份有限公司 纳税人识别号：123478906789876 地址、电话：北京市天津路100号 开户行及账号：工商银行北京分行				密码区	（略）	
货物或应税劳务名称	规格型号	计量单位	数量	单价	金　额	税率	税额
洗衣机		台	150	1 200	18 0000	17%	30 600
空调		台	100	2 300	23 0000		39 100
合　计					41 0000		69 700
价税合计	（大写）人民币肆拾柒万玖仟柒佰元整				￥479700.00		
销货单位	名　　称：黄河家电股份有限公司 纳税人识别号：112366005015585 地址、电话：朝阳市中山路29号 开户行及账号：工商银行朝阳市分行				备注		

第三联记账联

收款人：×××　　复核：×××　　开票人：×××　　销货单位（章）

同城商品购进，主要是批发企业从当地的生产企业或其他批发企业购进商品。商品的交接方式一般采用“送货制”或“提货制”。货款的结算方式通常采用转账支票和商业汇票结算，也有采用银行本票结算的。

同城商品购进的业务程序，一般由业务部门根据事先制定的进货计划，与供货单位签订购销合同组织进货。如果采取送货制，业务部门根据供货单位开来的专用发票，与合同核对相符后，即填制“收货单”一式数联，将专用发票和“收货单”（结算联）送交财会部门，其余各联收货单送交储运部门。财会部门将购货凭证审核无误后，作为付款依据，根据专用发票（发票联）上列明的货款，借记“材料采购”账户；根据列明的增值税额借记“应交税费”账户；根据列明的价税合计额贷记“银行存款”账户。储运部门根据“收货单”验收商品，如商品的数量、质量全部相符，应在“收货单”各联上加盖“收讫”印章，其中一联退回业务部门，由其注销合同，储运部门自留一联，登记商品保管账，将“收货单”（入库联）送交财会部门，经审核无误后，据以借记“库存商品”账户，贷记“材料采购”账户。

如果采取“提货制”，当业务部门收到供货单位的专用发票，并将其与合同核对相符后，填制“收货单”一式数联，连同专用发票（提货联）一并送交储运部门提货，并将专用发票（发票联）和“收货单”（结算联）送交财会部门，经审核无误后，据以支付货款。储运部门提回商品验收入库后，自留一联收货单登记商品保管账，将一联退回业务部门，由其注销合同，将“收货单”（入库联）送交财会部门，审核无误后，据以借记“库存商品”账户，贷记“材料采购”账户。

【例 1】 2 月 1 日，上海交电批发公司向上海自行车厂购进 28 吋永久牌自行车 200 辆，每辆 250 元，计货款 50 000 元，增值税额 8 500 元，业务部门根据供货单位的专用发票填制收货单如表 4.2 所示。

表 4.2　收　货　单

编号：3071

供货单位：上海自行车厂　　　　2013 年 2 月 1 日　　　　存放地点：甲库

货号	品　　名	规格	单位	应收数量	实收数量	单价	金　额
121	永久牌自行车	28 吋	辆	200	200	250.00	50 000.00

Ⅰ. 财会部门根据业务部门转来的专用发票（发票联）和自行填制的“收货单”（结算联），经审核无误后，签发转账支票支付货款和增值税额，共计 58 500 元，作分录如下：

借：材料采购——上海自行车厂　　　　50 000
　　应交税费——应交增值税（进项税额）　　8 500
　　贷：银行存款　　　　58 500

如果以商业汇票支付货款，则贷记“应付票据”账户。

Ⅱ. 财会部门根据储运部门转来的“收货单”，如表 4.2 经审核无误后，结转商品采购成本，作分录如下：

借：库存商品——自行车类　　　　50 000
　　贷：材料采购——上海自行车厂　　　　50 000

2) 异地商品购进的业务程序及其核算

异地商品购进主要是批发企业从其他地区的生产企业或批发企业购进商品，以充实本地区的货源。商品的交接方式，一般采用“发货制”。货款的结算方式采用托收承付结算。

异地商品购进的业务程序一般是：供货单位根据购销合同发运商品后，由于商品所有权已经转移，供货单位就可以委托银行向购货单位收取货款。从供货单位所在地的运输单位到购货单位所在地的商品运费，一般由购货单位负担，供货单位先予垫付，然后同货款一并委托银行收回。购货单位的财会部门收到银行转来的“托收凭证”及附来的专用发票（发票联）和“运单”时，应先送交业务部门，经查对购销合同无误后，填制“收货单”一式数联，送交储运部门，并将“托收凭证”及其附件退还财会部门，经审核无误后，即支付货款。当商品到达时，由储运部门根据“收货单”，将其与供货单位随货同行的专用发票（发货联）核对无误后将商品验收入库，并在“收货单”各联上加盖“收讫”印章，自留一联据以登记商品保管账；一联退回业务部门，由其注销合同；另一联连同专用发票（发货联）一并转交财会部门，经审核后，据以进行库存商品的总分类核算和明细分类核算。

异地商品购进发生的运费中，有 7% 作为进项税额，其余 93% 列入“销售费用”账户，支付货款和商品验收入库的核算方法与同城购进基本相同。本书为学生学习计算方便，异地购进商品运费按 10%计入进项税。

【例 2】 上海木材经营公司向伊春林业局购进东北松原木 80 立方米，每立方米 500 元，计货款 40 000 元，增值税额 5 200 元，运费 3 200 元，采用托收承付结算方式。

Ⅰ. 银行转来伊春林业局托收凭证，并附来专用发票（发票联）及运费凭证，经审核无误后，当即承付，作分录如下：

借：材料采购——伊春林业局	40 000	
应交税费——应交增值税（进项税额）	5 520	
销售费用——运杂费	2 880	
贷：银行存款		48 400

Ⅱ. 上项商品运到，储运部门验收入库后，送来"收货单"及随货同行的专用发票（发货联），审核无误后，作分录如下：

借：库存商品——原木类	40 000	
贷：材料采购——伊春林业局		40 000

4.2.2 批发企业商品购进特殊业务的核算方法

1）预付货款购进商品的核算

采用预付货款的方式购进商品，应由业务部门根据购货合同、协议的规定，填制"预付货款审批单"，一式数联，经有关领导审批同意后，财会部门据以预付货款，由于预付货款后并没有取得商品的所有权，因此，应借记"预付账款"账户，贷记"银行存款"账户；收到供货方专用发票和商品时，借记"材料采购"账户和"应交税费"账户，贷记"预付账款"账户；待商品验收入库时，再借记"库存商品"账户，贷记"材料采购"账户。

【例 3】 上海黑色金属公司向上海钢铁厂采购圆钢 300 吨，每吨 2 400 元，根据合同规定先预付货款 30%，15 天后交货时，再支付 70%。

Ⅰ. 2 月 1 日，签发转账支票 216 000 元，预付上海钢铁厂 300 吨圆钢 30%的货款，作分录如下：

借：预付账款——上海钢铁厂	216 000	
贷：银行存款		216 000

Ⅱ. 2 月 16 日，业务部门转来上海钢铁厂开来的专用发票和自行填制的"收货单"（结算联）114 号，开列圆钢 300 吨，每吨 2 400 元，计货款 720 000 元，增值税额 122 400 元。扣除预付货款后，签发转账支票一张，金额为 626 400 元，以支付其余 70%的货款和全部增值税额，作分录如下：

借：材料采购——上海钢铁厂	720 000	
应交税费——应交增值税（进项税额）	122 400	
贷：银行存款		626 400
预付账款		216 000

Ⅲ. 2 月 17 日，储运部门转来"收货单"（入库联）114 号，16 日发来的圆钢 300 吨已全部验收入库，结转商品采购成本，作分录如下：

借：库存商品——圆钢类	720 000	
贷：材料采购——上海钢铁厂		720 000

“预付账款”是资产类账户，用以核算企业按照购货合同规定，预付给供货单位的货款及定金。企业按规定预付货款或定金时，记入借方；收到商品转销时，记入贷方；余额在借方，表示企业预付给供货单位的款项。该账户一般按供货单位名称进行明细分类核算。

2）进货退出的核算

进货退出是指商品购进验收入库后，因质量、品种、规格不符，再将商品退回原供货单位。

批发企业由于进货量大，一般对于原箱整件包装的商品，在验收时只作抽样检查，因此，在入库后复验商品时，往往会发现商品的数量、质量、品种、规格不符，为此，批发企业应及时与供货单位联系，调换或补回商品，或者作进货退出处理。在发生进货退出业务时，由供货单位开出红字专用发票，企业收到后由业务部门据以填制“进货退出单”，通知储运部门发运商品；财会部门根据储运部门转来的“进货退出单”，进行进货退出的核算。

【例 4】 上海百货公司日前向上海保温桶厂购进海豹牌保温桶 500 只，每只 100 元，货款已付讫。今复验发现其中 50 只质量不符要求，经联系后同意退货。

Ⅰ. 3 月 5 日，收到上海保温桶厂退货的红字专用发票，开列退货款 5 000 元，退增值税额 850 元，并收到业务部门转来的“进货退出单”，作分录如下：

借：应收账款——上海保温桶厂　　5 850

　　应交税费——应交增值税（进项税额）　　[850]

　　贷：库存商品——保温桶类　　5 000

Ⅱ. 3 月 6 日，收到对方退来货款及增值税额的转账支票 5 850 元，存入银行，作分录如下：

借：银行存款　　5 850

　　贷：应收账款——上海保温桶厂　　5 850

3）购进商品退补价的核算

有时批发企业购进的商品，由于供货单位疏忽，发生单价开错、价格计算错误，或者发货时是试销，按暂定价结算，后又正式定价等情况，需要调整商品货款，因此就发生了商品退补价的核算。在发生商品退补价时，应由供货单位填制更正发票交给购货单位，由业务部门审核后，送交财会部门，经复核无误，据以进行退补价款的核算。

（1）购进商品退价的核算

购进商品退价是指原先结算货款的进价高于实际进价，应由供货单位将高于实际进价的差额退还给购货单位。

【例 5】 上海百货公司向上海洗涤剂厂购进白猫洗衣粉 1 000 箱，每箱 34.30 元，已钱货两讫。今收到上海洗涤剂厂开来红字更正发票，列明每箱应为 33.40 元，应退货款 900 元，增值税额 153 元，退价和退税款尚未收到。

冲减商品采购额和增值税额，作分录如下：

借：应收账款——上海洗涤剂厂　　1 053

　　应交税费——应交增值税（进项税额）　　[153]

　　贷：库存商品——洗衣粉类　　900

（2）购进商品补价的核算

购进商品补价是指原先结算货款的进价低于实际进价，应由购货单位将低于实际进价的差额补付给供货单位。

【例 6】 上海百货公司日前向上海洗涤剂厂购进五洲洗衣粉 1 200 箱，每箱 30 元，已钱货两讫。今收到上海洗涤剂厂更正发票，列明每箱应为 31 元，应补付货款 1 200 元，增值税额 204 元。

增加商品采购额和增值税额，作分录如下；

借：库存商品——洗衣粉类　　　　　　　　　　1 200

　　应交税费——应交增值税(进项税额)　　　　　204

　　贷：应付账款——上海洗涤剂厂　　　　　　　　1 404

4）购进商品发生短缺和溢余的核算

储运部门在验收商品时，如发现实收商品与供货单位专用发票(发货联)上所列数量不符时，必须会同运输单位进行核对，做好鉴定证明，以便查明原因后进行处理，并在“收货单”上注明实收数量，填制“商品购进短缺溢余报告单”一式数联。其中一联连同鉴定证明送业务部门，由其负责处理；另一联送交财会部门，审核后作为记账的依据。

(1) 购进商品发生短缺的核算

购进商品发生短缺时，在查明原因前，应通过“待处理财产损溢”账户进行核算。查明原因后，如果是供货单位少发商品，经联系后，可由其补发商品或作进货退出处理；如果是运输途中的自然损耗，则应作为“销售费用”账户列支；如果是责任事故，应由运输单位或责任人承担经济责任的，则作为“其他应收款”处理；如由本企业承担损失的，报经批准后，在“管理费用”账户列支。

【例 7】 上海烟糖公司向哈尔滨烟糖批发公司购进绵白糖 8 000 千克，每千克 3.50 元，计货款 28 000 元，增值税额 4 760 元，运费 600 元，采用托收承付结算方式。

Ⅰ. 10 月 15 日接到银行转来的托收凭证及附来专用发票(发票联)、运费凭证，经审核无误后，予以承付，作分录如下：

借：材料采购——哈尔滨烟糖批发公司　　　　　28 000

　　应交税费——应交增值税(进项税额)　　　　4 820

　　销售费用——运杂费　　　　　　　　　　　　540

　　贷：银行存款　　　　　　　　　　　　　　　33 360

Ⅱ. 商品到达后，储运部门验收时，实收 7 956 千克，发现短缺 44 千克，计货款 154 元，填制“商品购进短缺溢余报告单”如表 4.3 所示。

表 4.3　商品购进短缺溢余报告单

2013 年 8 月 15 日

货号	品名	单位	应收数量	实收数量	单价	短缺		溢余	
						数量	金额	数量	金额
5 167	绵白糖	千克	8 000	7 956	3.50	44	154.00		
合　计							154.00		
供货单位：哈尔滨烟糖批发公司 专用发票号码：30114			处理 意见：			溢余或 短缺原因：	待查		

财会部门根据储运部门转来的“收货单”及“商品购进短缺溢余报告单”，复核无误后，结转已入库的商品采购成本，并对短缺商品进行核算，作分录如下：

借：库存商品——食糖类　　　　　　　　　　27 846

待处理财产损溢——待处理流动资产损溢　　154

贷：材料采购——哈尔滨烟糖批发公司　　28 000

Ⅲ. 经联系后，查明短缺的绵白糖中，有 40 千克是对方少发商品，已开来退货的红字专用发票，应退货款 140 元，增值税额 23.80 元；另外 4 千克为正常损耗。作分录如下：

借：应收账款——哈尔滨烟糖批发公司　　163.80

应交税费——应交增值税（进项税额）　　23.80

销售费用　　14.00

贷：待处理财产损溢——待处理流动资产损溢　　154.00

（2）购进商品发生溢余的核算

购进商品发生溢余，在查明原因前，应通过"待处理财产损溢"账户进行核算。查明原因后，如果是运输途中的自然升溢，应冲减"销售费用"账户，如果是供货单位多发商品，可与对方联系，由其补来专用发票后，作为商品购进处理。

【例 8】 上海烟糖公司向广州烟糖公司购进白砂糖 12 000 千克，每千克 3 元，计货款 36 000 元，增值税额 6 120 元，运费 800 元，采用托收承付结算方式。

Ⅰ. 接到银行转来的托收凭证及附来专用发票（发票联）和运费凭证，经审核无误后，予以承付，作分录如下：

借：材料采购——广州烟糖公司　　36 000

应交税费——应交增值税（进项税额）　　6 200

销售费用——运杂费　　720

贷：银行存款　　42 920

Ⅱ. 商品到达后，验收时实收 12 110 千克，溢余 110 千克，计货款 330 元，财会部门根据储运部门转来的"收货单"及"商品购进短缺溢余报告单"，经复核无误后，结转入库商品采购成本，并对溢余商品进行核算，作分录如下：

借：库存商品——食糖类　　36 330

贷：材料采购——广州烟糖公司　　36 000

待处理财产损溢——待处理流动资产损溢　　330

Ⅲ. 经联系后查明溢余的白砂糖中，有 100 千克是对方多发商品，已补来专用发票，开列货款 300 元，增值税额 51 元，现作为商品购进，汇付广州烟糖公司价税合计 351 元，其余 10 千克系自然升溢，作分录如下：

借：待处理财产损溢——待处理流动资产损溢　　330

应交税费——应交增值税（进项税额）　　51

贷：银行存款　　351

销售费用——商品损耗　　30

5）购进商品发生拒付货款和拒收商品的核算

批发企业从异地购进商品，对于银行转来供货单位的托收凭证及其所附的专用发票（发票联）、运费凭证等，必须认真地与合同进行核对，如发现与购销合同不符、重复托收以及货款或运费多计等情况，应在银行规定的承付期内填制"拒绝承付理由书"，拒付货款。对于与购销合同不符或重复托收的，应拒付全部托收款；对于部分与购销合同不符的，应拒付不符部分的托收款；对于货款或运费多计的，则应拒付多计的数额。企业在提出拒付款项时，应实事求是，不能因供货单位的部分差错而拒付全部货款，更不能借故无理拒付货款，从而损害供货单位的利益。

对于供货单位发来的商品及随货同行的专用发票(发货联),同样要与购销合同进行核对,并要认真检验商品的品种、规格、数量和质量,如有不符,可以拒收商品。在拒收商品时,应由业务部门填制“拒收商品通知单”,尽快通知供货单位,并需填制“代管商品收货单”一式数联,其中两联送交储运部门。储运部门验收后,加盖“收讫”戳记,将其数量做账外记录,并将拒收商品妥善保管,与库存商品分别存放,不能动用。一联由储运部门转交财会部门,据以记入“代管商品物资”账户的借方。

“代管商品物资”是表外账户,用以核算企业受托代管的各项商品、物资及借入的包装物等。收进时,记入借方;发出时,记入贷方。该账户可只记数量,不记金额。“代管商品物资”账户不与其他账户发生对应关系,只作单式记录。

异地商品购进,由于托收凭证的传递与商品运送的渠道不同,因此,支付货款与商品验收入库的时间往往不一致,从而引起拒付货款与拒收商品有先有后,这样将会出现下列三种情况:

(1) 先拒付货款,后拒收商品。

企业收到银行转来的托收凭证,发现内附的专用发票与购销合同不符,拒付货款。等商品到达后,再拒收商品。由于没有发生结算与购销关系,只需在拒收商品时,将拒收商品记入“代管商品物资”账户。

(2) 先拒收商品,后拒付货款。

企业收到商品时,发现商品与购销合同不符,可拒收商品,将拒收商品记入“代管商品物资”账户的借方,等银行转来托收凭证时,再拒付货款。

(3) 先承付货款,后拒收商品。

企业收到银行转来的托收凭证,将内附的专用发票与购销合同核对相符后,承付了货款。等商品到达验收时,发现商品与购销合同不符,除了将拒收商品记入“代管商品物资”账户的借方外,还应将拒收商品的货款、增值税额及运杂费,分别从“材料采购”账户、“应交税费”账户和“销售费用”账户一并转入“应收账款”账户。待业务部门与供货单位协商解决后,再进一步作出账务处理。

对于拒收商品运费中所含的增值税额,在实际工作中,倘若购进的商品全部拒收,应从进项税额中予以冲转;倘若少量商品拒收,由于冲转的手续麻烦,且进项税额可以从销项税额中抵扣,为了简化手续,因此,一般不予冲转。

【例 9】 上海纺织品公司向天津纺织品公司购进毛涤花呢 2 000 米,每米 30 元,计货款 60 000 元,增值税额 10 200 元,运费 300 元,采用托收承付结算方式。

Ⅰ. 银行转来天津纺织品公司托收凭证,内附专用发票(发票联)、运费凭证等,经审核无误,予以承付,作分录如下:

借:材料采购——天津纺织品公司	60 000	
应交税费——应交增值税(进项税额)	10 230	
销售费用——运杂费	270	
贷:银行存款		70 500

Ⅱ. 商品到达后,验收时发现其中有 200 米毛涤花呢质量不符合同规定,予以拒收,由业务部门与对方联系解决,拒收商品代为保管,合格的 1 800 米毛涤花呢已验收入库。

a. 1 800 米毛涤花呢验收入库,结转商品采购成本,作分录如下:

借：库存商品——呢绒类　　54 000
　　贷：材料采购——天津纺织品公司　　54 000

b. 将拒收200米毛涤花呢的货款、增值税额及该部分商品应承担的运费转入“应收账款”账户，作分录如下：

借：应收账款——天津纺织品公司　　7 050
　　贷：材料采购——天津纺织品公司　　6 000
　　　　应交税费——应交增值税（进项税额）　　1 020
　　　　销售费用——运杂费　　30

并在“代管商品物资”账户内借记6 000元。

Ⅲ. 经联系后，天津纺织品公司同意将拒收的200米毛涤花呢退回。

a. 以现金垫付退回200米毛涤花呢的运费32元，作分录如下：

借：应收账款——代垫运费　　32
　　贷：库存现金　　32

b. 天津纺织品公司汇来退货款、增值税额及垫付的运费计7 089元，存入银行，作分录如下：

借：银行存款　　7 089
　　贷：应收账款——天津纺织品公司　　7 050
　　　　应收账款——代垫运费　　32

并在“代管商品物资”账户内贷记6 000元。

6）购货折扣和购货折让的核算

(1) 购货折扣的核算

商品流通企业在赊购商品时，赊销方为了促使赊购方尽快清偿账款而给予一定的折扣优惠，从而产生了购货折扣。购货折扣是指赊购方在赊购商品后，因迅速清偿赊购账款而从赊销方取得的折扣优惠。

商品流通企业赊购商品，当出现以付款日期为条件而发生购货折扣时，应采用总价法。总价法是以商品的发票价格作为其买价入账，当企业取得购货折扣时，再冲减当期的财务费用。

【例10】 上海百货公司向东海皂厂赊购洗衣皂，厂方给予的付款条件为：10天内付清货款，购货折扣为1%，超过10天支付的为全价。

Ⅰ. 4月1日，赊购洗衣皂一批，货款为20 000元，增值税额为3 400元，洗衣皂已验收入库。

根据增值税专用发票，作分录如下：

借：库存商品——皂类　　20 000
　　应交税费——应交增值税（进项税额）　　3 400
　　贷：应付账款——东海皂厂　　23 400

Ⅱ. 4月11日，签发转账支票23 200元，支付洗衣皂货款和增值税额，作分录如下：

借：应付账款——东海皂厂　　23 400
　　贷：银行存款　　23 200
　　　　财务费用　　200

(2) 购货折让的核算

购货折让是指企业购进的商品，因品种、规格和质量等原因，从销货单位所取得的价格上的减让。

商品流通企业在发生购货折让时，应以商品的买价扣除购货折让后的净额入账，而且增值税额与货款同步，享有购货折让。

【例 11】 上海纺织品公司向上海毛纺厂购进毛涤花呢 1 000 米，每米 36 元，计货款 36 000元，增值税额 6 120 元。

Ⅰ. 签发转账支票 42 120 元支付货款及增值税额，作分录如下：

借：材料采购——上海毛纺厂　　36 000

　　应交税费——应交增值税(进项税额)　　6 120

　　贷：银行存款　　42 120

Ⅱ. 验收商品时，发现质量不符要求，与对方联系后，同意给予 5%的购货折让。

a. 收到厂方的销货折让发票，并收到对方退回的折让款 1 800 元及增值税额 306 元，存入银行，作分录如下：

借：银行存款　　2 106

　　贷：材料采购——上海毛纺厂　　1 800

　　　　应交税费——应交增值税(进项税额)　　306

b. 将商品验收入库，作分录如下：

借：库存商品——呢绒类　　34 200

　　贷：材料采购——上海毛纺厂　　34 200

4.3 批发企业商品销售的核算

4.3.1 批发企业商品销售的程序

商品销售是商品流通的重要环节，由此将采购的商品及时供应给购货单位。批发企业的销售业务一般是根据批准的销货计划，与购货单位订立购销合同，或由购货单位提出要货计划，然后有计划地组织供应的业务。

商品销售按照地区不同，可分为同城销售和异地销售。

1) 同城商品销售的业务程序

同城商品销售的业务程序，一般是由购货单位提出要货计划，派采购员来批发企业看样，由批发企业业务部门根据购货单位选定的商品品种和数量，填制专用发票一式数联，业务部门自留一联外，将其余各联交与采购员，据以向财会部门结算组办理结算。结算组根据销售业务的需要，收取转账支票或商业汇票、银行本票、现金。办好结算后，结算组在专用发票各联上加盖"货款收讫"戳记，留下记账联，将其余各联退还给采购员。采购员凭"提货联"和"出库联"向储运部门提运商品或委托其送货，"发票联"和"抵扣联"由采购员带回入账，储运部门发出商品后，根据"提货联"登记商品保管账，将"出库联"转交财会部门据以登记库存商品账户。

2) 异地商品销售的业务程序

异地商品销售的业务程序一般是：由业务部门根据购销合同填制专用发票一式数联，业务部门留下存根联备查外，将其余各联转交储运部门。储运部门根据专用发票提货、包装，并委托运输单位发运商品，发货联随货同行，留下提货联登记商品保管账，将发票联、出库联转交财会部门。运输单位在发运商品后，送来运单，向财会部门结算运费。财会部门收到发票联、出库联及运单后，一方面支付运输单位运费；另一方面填制托收凭证，附上发票联和运单，向银行办理托收手续，银行受理后，取回托收回单，据以作商品销售的核算，并根据出库联登记"库存商品"账户。

4.3.2 批发企业商品销售一般业务的核算方法

批发企业在销售商品后，应按专用发票列明的价税合计数收款，若收取转账支票、银行本票的，在存入银行时，借记"银行存款"账户；若收取的是商业汇票，则借记"应收票据"账户；若收取的是现金，则借记"库存现金"账户；若尚未收取货款的，则借记"应收账款"账户，按专用发票列明的货款贷记"主营业务收入"账户，按列明的增值税额贷记"应交税费"账户。

【例 12】 上海百货公司销售白猫洗衣粉 500 箱，每箱 40 元，计货款 20 000 元，增值税额 3 400 元，价税合计 23 400 元，收到转账支票存入银行，作分录如下：

借：银行存款	23 400	
贷：主营业务收入——洗衣粉类		20 000
应交税费——应交增值税(销项税额)		3 400

当计算出销售商品的进价成本，予以结转时，借记"主营业务成本"账户，贷记"库存商品"账户。

【例 13】 上海百货公司销售的白猫洗衣粉，每箱进价成本为 36 元，计金额 18 000 元，予以结转，作分录如下：

借：主营业务成本——洗衣粉类	18 000	
贷：库存商品——洗衣粉类		18 000

"主营业务收入"是损益类账户，用以核算商品销售收入。取得收入时，记入贷方；期末转入本年利润账户时，记入借方。

"主营业务成本"是损益类账户，用以核算商品销售成本。当结转商品销售成本时，记入借方；期末转入本年利润账户时，记入贷方。

在实际工作中，由于商品种类繁多，每天计算商品销售成本工作量很大，为了简化核算手续，主营业务成本一般在期末结转。

异地商品的销售业务，商品要委托运输单位运往购货单位，至于支付给运输单位的运费，根据购销合同规定，一般由购货单位负担。销货单位在垫支时，通过"应收账款"账户进行核算，然后连同销货款、增值税额一并通过银行向购货单位办理托收。

【例 14】 上海百货公司根据购销合同开出专用发票，销售给福州百货公司达尔美洗洁精 300 桶，每桶 60 元，计货款 18 000 元，增值税额 3 060 元，商品委托上海铁路局运送。

Ⅰ. 7 月 10 日，上海铁路局开来运费凭证 200 元，当即开出转账支票支付，作分录如下：

借：应收账款——代垫运费	200	
贷：银行存款		200

Ⅱ. 7 月 11 日，上海百货公司凭专用发票(发票联)及运费凭证，共计 21 260 元，一并向福州百货公司收取。根据银行给予的托收凭证回单联，作商品销售处理，作分录如下：

借：应收账款——福州百货公司	21 260	
贷：主营业务收入——洗洁精类		18 000

应交税费——应交增值税(销项税额)　　3 060
应收账款——代垫运费　　200

Ⅲ. 7月20日,接到银行转来福州百货公司承付21 260元货款、增值税额及运费的收款通知,作分录如下:

借: 银行存款　　21 260
　贷: 应收账款——福州百货公司　　21 260

4.3.3 批发企业商品销售特殊业务的核算方法

1) 直运商品销售的业务程序及其核算

直运商品销售是指批发企业购进商品后,不经过本企业仓库储备,直接从供货单位发运给购货单位的一种销售方式。

直运商品销售涉及批发企业、供货单位和购货单位三方,并且三方不在同一地点。因此,批发企业一般派有采购员驻在供货单位,当供货单位根据购销合同发运商品时,由派驻采购员填制专用发票一式数联,其中发货联随货同行,作为购货单位的收货凭证,其余各联寄回批发企业。供货单位在商品发运后,即可向批发企业收取货款,批发企业支付货款后,反映为商品购进。批发企业凭采购员寄回的专用发票(发票联),向购货单位收取货款,反映为商品销售。批发企业为了尽快收回结算资金,在征得银行同意后,采购员可以在供货单位所在地委托银行向购货单位办理托收,由购货单位开户银行将货款直接划拨给批发企业。采购员在办妥托收后,将托收凭证回单联寄回批发企业,据以作商品销售处理。在这种情况下,批发企业的购销业务几乎同时发生。

采用直运商品销售,商品不通过批发企业仓库的储存环节,这样就可以不通过"库存商品"账户,直接在"材料采购"账户进行核算。由于直运商品购进和销售的专用发票上已经列明商品的购进金额和销售金额,因此商品销售成本可以按照实际进价成本,分销售批次随时进行结转。

【例15】 上海五金公司向杭州刀剪厂订购剪刀10 000把,每把1.88元,直运给福州五金公司,供应价每把2元,购进、销售的增值税率均为17%,杭州刀剪厂代垫由杭州到福州的运费200元,购销合同规定运费由福州五金公司负担。

Ⅰ. 根据银行转来杭州刀剪厂的托收凭证,内附专用发票,开列剪刀货款18 800元,增值税额3 196元,运费凭证200元,经审核无误,当即承付,作分录如下:

借: 材料采购——杭州刀剪厂　　18 800
　应交税费——应交增值税(进项税额)　　3 196
　应收账款——代垫运费　　200
　贷: 银行存款　　22 196

Ⅱ. 直运销售剪刀10 000把,每把2元,货款20 000元,增值税额3 400元,连同代垫运费200元,一并向福州五金公司托收,根据专用发票(记账联)及托收凭证(回单联),作分录如下:

借: 应收账款——福州五金公司　　23 600
　贷: 主营业务收入——刀类　　20 000
　　应交税费——应交增值税(销项税额)　　3 400
　　应收账款——代垫运费　　200

同时结转商品销售成本，作分录如下：

借：主营业务成本——刀类　　18 800

　　贷：材料采购——杭州刀剪厂　　18 800

在以上直运商品销售核算中，商品的运费是全部由购货单位负担的。若合同规定运费由购销双方各负担一部分，那么，批发企业在支付供货单位垫付的运费时，对应由购货单位负担的部分，仍通过“应收账款”账户核算，对应由批发企业负担的部分，则列入“销售费用”账户。

批发企业采用直运商品销售，可以将商品及时供应给工农业生产部门和城乡消费市场，防止迂回运输，加速商品流通，降低商品损耗，节约销售费用，增加企业利润，加快流动资产的周转速度。

2）预收货款销售商品的核算

批发企业采用预收货款的方式销售商品，事先应订立预收货款的销售合同或协议。企业根据合同规定预收货款时，并没有转移商品所有权，因此，应借记“银行存款”账户，贷记“预收账款”账户。当企业根据合同规定的日期，开出专用发票交付对方商品时，借记“预收账款”账户，贷记“主营业务收入”账户。

【例 16】 上海黑色金属公司采用预收货款的方式向上海自行车飞轮厂销售圆钢 100 吨，每吨 2 580 元，合同规定先预收货款 30%，在 15 天后交货时，再收取 70%的货款余额。

Ⅰ. 2 月 2 日，收到上海自行车飞轮厂签发的转账支票一张，金额 77 400 元，系预收 100 吨圆钢 30%的货款，作分录如下：

借：银行存款　　77 400

　　贷：预收账款——上海自行车飞轮厂　　77 400

Ⅱ. 2 月 17 日，发给上海自行车飞轮厂圆钢 100 吨，每吨 2 580 元，计货款 258 000 元、增值税额 43 860 元。收到厂方签发的转账支票一张，金额为 224 460 元，系支付其余 70%的货款及全部增值税额，作分录如下：

借：银行存款　　224 460

　　预收账款——上海自行车飞轮厂　　77 400

　　贷：主营业务收入——圆钢类　　258 000

　　　　应交税费——应交增值税（销项税额）　　43 860

“预收账款”是负债类账户，用以核算企业按照合同规定向购货单位或个人预收的货款或定金。企业按规定预收货款或定金时，记入贷方；发付对方商品，销售实现时，记入借方；余额在贷方，表示企业预收购货单位或个人的款项。该账户应按购货单位名称进行明细分类核算。

3）代销商品销售的核算

代销商品是销售商品的一种方式，牵涉委托方和受托方两个方面，处在委托方立场上的商品称为委托代销商品，处在受托方立场上的商品称为受托代销商品。

代销商品销售后有两种不同的处理方法。一种是受托方和委托方分别作商品购销处理；另一种是受托方根据销售额向委托方结算代销手续费，委托方作商品销售处理。

（1）作商品购销业务的核算

① 委托方的核算：批发企业对于新产试销商品、季节性商品、呆滞积压商品等，为了加速商品周转，推销新产品和呆滞积压商品，合理地使用仓位和节约仓储费用，可以将商品先发往购货单位，委托其代销，等商品销售后，再定期结算货款。

采取委托代销方式销售商品，一般先由业务部门确定委托代销商品的品种、规格、数量和金额，经领导批准后，由业务部门与各购货单位订立“商品委托代销购销合同”。合同上注明结算方式、货款清偿时间、商品保管的要求及双方承担的责任等。

委托代销商品的业务程序一般是：由业务部门根据“商品委托代销购销合同”，填制“委托代销商品发货单”；然后由储运部门将商品发运给受托单位，不转移商品所有权，根据合同规定，定期进行结算；到结算届期时，由受托单位将已售代销商品的清单交付委托方，委托方据以填制专用发票，向受托单位收取货款；委托单位收到货款时，将收到货款部分的委托代销商品作为商品销售处理。

【例 17】 上海交电公司根据商品委托代销合同，将红星牌电风扇 100 只委托人民商厦代销，其购进单价为 500 元，销售单价为 540 元，增值税率为 17%，合同规定每个月末结算一次货款。

Ⅰ. 7 月 5 日，发运商品时，作分录如下：

借：委托代销商品——人民商厦　　50 000

　　贷：库存商品——电风扇类　　50 000

Ⅱ. 7 月 31 日，收到人民商厦转账支票一张，金额 31 590 元，支付已售代销的 50 只红星牌电风扇货款 27 000 元、增值税额 4 590 元，支票已存入银行，作分录如下：

借：银行存款　　31 590

　　贷：主营业务收入——电风扇类　　27 000

　　　　应交税费——应交增值税(销项税额)　　4 590

同时结转已售委托代销商品的销售成本 25 000 元，作分录如下：

借：主营业务成本　　25 000

　　贷：委托代销商品——人民商厦　　25 000

“委托代销商品”是资产类账户，用以核算企业委托其他单位代销的商品。企业将商品交付受托单位代销时，记入借方；企业收到受托单位已售代销商品清单时，记入贷方；余额在借方，表示企业尚有委托代销商品的数额。该账户应按受托单位进行明细分类核算。

② 受托方的核算：接受代销商品的批发企业在收到代销商品并已验收入库时，虽然企业尚未取得商品的所有权，但是企业对代销商品有支配权，可以开展商品销售业务，以有效地利用供货单位的资金开展经营业务。受托单位为了加强对代销商品的管理和核算，在收到商品时，应借记“受托代销商品”账户；贷记“代销商品款”账户。

代销商品在销售后，应填制专用发票，据以借记“银行存款”或“应收账款”账户；贷记“主营业务收入”账户和“应交税费”账户。并按进价货款借记“主营业务成本”账户；贷记“受托代销商品”账户。同时借记“代销商品款”和“应交税费”账户；贷记“应付账款”账户。待结算届期时，将代销商品清单交付委托方，并据以支付货款和增值税额。届时借记“应付账款”账户；贷记“银行存款”账户。

【例 18】 上海交电公司根据受托代销合同，接受凯乐无线电厂 200 只星浪牌电风扇的代销业务，该机购进单价为 550 元，销售单价为 600 元，增值税税率为 17%，合同规定每个月末结算货款。

Ⅰ. 3 月 1 日，收到 200 只星浪牌电风扇，作分录如下：

借：受托代销商品——凯乐无线电厂　　110 000

　　贷：代销商品款——凯乐无线电厂　　110 000

Ⅱ. 3月15日，销售星浪牌电风扇50只，计货款30 000元，增值税额为5 100元，收到转账支票送存银行。

a. 反映商品销售收入和销项税额，作分录如下：

借：银行存款　　35 100

　　贷：主营业务收入——电风扇类　　30 000

　　　　应交税费——应交增值税（销项税额）　　5 100

b. 结转商品销售成本，作分录如下：

借：主营业务成本——电风扇类　　27 500

　　贷：受托代销商品——凯乐无线电厂　　27 500

c. 结转代销商品款，并将进项税额入账，作分录如下：

借：代销商品款——凯乐无线电厂　　27 500

　　应交税费——应交增值税（进项税额）　　4 675

　　贷：应付账款——凯乐无线电厂　　32 175

Ⅲ. 3月31日，开出代销商品清单，并签发转账支票32 175元，支付50只电风扇货款及增值税额，作分录如下：

借：应付账款——凯乐无线电厂　　32 175

　　贷：银行存款　　32 175

“受托代销商品”是资产类账户，用以核算企业接受其他单位委托代销的商品。企业收到代销商品时，记入借方；接受代销商品销售后，结转其销售成本时，记入贷方；余额在借方，表示企业尚未销售的代销商品数额。该账户应按委托单位进行明细分类核算。

“代销商品款”是负债类账户，用以核算企业接受代销商品的货款。企业在收到代销商品时，记入贷方；销售代销商品时，记入借方；余额在贷方，表示尚未销售的代销商品的货款。该账户应按委托单位进行明细分类核算。

（2）结算代销手续费方式的核算

① 委托方的核算：企业委托其他企业代销商品时，采取支付代销手续费方式，其业务程序与代销商品销售的核算方法，与作商品购销业务处理的方式基本相同。所不同的是由于受托方是商品购销双方的中介人，委托方要根据合同的规定，按销售额的一定比例，支付受托方代销手续费，届时借记“销售费用”账户。

【例19】 上海百货公司将电饭煲1 000只委托江浦商厦代销，该电饭煲购进单价为17.40元，销售单价为20元，增值税率为17%，合同规定每月末结算一次，代销手续费为7%。

Ⅰ. 4月1日，将电饭煲交付江浦商厦时，作分录如下：

借：委托代销商品——江浦商厦　　17 400

　　贷：库存商品——铝锅类　　17 400

Ⅱ. 4月30日，对方送来代销商品清单，代售了电饭煲600只，计货款12 000元、增值税额2 040元。

a. 填制专用发票，据以按销售处理，作分录如下：

借：应收账款——江浦商厦　　14 040

　　贷：主营业务收入——铝锅类　　12 000

　　　　应交税费——应交增值税（销项税额）　　2 040

b. 同时结转已售委托代销商品成本，作分录如下：

借：主营业务成本——铝锅类　　10 440

　　贷：委托代销商品——江浦商厦　　10 440

Ⅲ．4月30日，江浦商厦扣除了代销手续费840元后，付来了已售代销的600只电饭煲的货款及增值税额13 200元，存入银行，作分录如下：

借：银行存款　　13 200

　　销售费用——代销手续费　　840

　　贷：应收账款——江浦商厦　　14 040

② 受托方的核算：接受代销商品的企业，采用收取代销手续费方式，在收到代销商品时的核算方法与作商品购销业务处理的方法完全相同，在此不再重述。

代销商品在销售后，应根据规定向购货方填制专用发票，按价税合计收取的款项借记“银行存款”账户；按实际的销售收入，贷记“应付账款”账户；按收取的增值税额，贷记“应交税费”账户。同时注销代销商品，借记“代销商品款”账户，贷记“受托代销商品”账户。

企业根据合同规定在向委托方结算代销手续费时，作为其他业务收入处理。

【例20】 三毛文具公司根据受托代销合同接受红星书包厂代销200打牛仔书包，每打进价166元，售价180元，增值税率17%，合同规定每月末结算一次。

Ⅰ．1月15日，销售牛仔书包100打，计货款18 000元，增值税额3 060元，收到支票存入银行，作分录如下：

反映商品销售收入和销项税额，作分录如下：

借：银行存款　　21 060

　　贷：应付账款——红星书包厂　　18 000

　　　　应交税费——应交增值税（销项税额）　　3 060

将已售商品进项税额入账，作分录如下：

借：应交税费——应交增值税（进项税额）　　2 822

　　贷：应付账款——红星书包厂　　2 822

同时注销代销商品，作分录如下：

借：代销商品款——红星书包厂　　16 600

　　贷：受托代销商品——红星书包厂　　16 600

Ⅱ．1月31日，开出代销商品清单，销售牛仔书包100打。扣除代销手续费900元后，签发转账支票20 160元，支付上海书包厂已售代销商品货款及增值税额，作分录如下：

借：应付账款——红星书包厂　　21 060

　　贷：其他业务收入　　900

　　　　银行存款　　20 160

4）销货退回的核算

批发企业在商品销售后，购货单位发现商品的品种、规格、质量等与购销合同不符等原因而提出退货时，经批发企业业务部门同意后，由其填制红字专用发票送各有关部门办理退货手续，财会部门根据储运部门转来的专用发票（记账联）结算货款，并进行账务处理。

【例21】 上海百货公司销售给上海商厦喜珠牌电热杯600只，每只25元，增值税率为17%。今购货方发现其中40只质量不好，要求退货，经业务部门同意，商品已退回，验收入库，并开出转账支票一张，金额为1 170元，系支付退货款及退还增值税额，作分录如下：

借：主营业务收入——电热杯类　　1 000

应交税费——应交增值税(销项税额)　　170

贷：银行存款　　1 170

如果退回的商品已经结转了销售成本，那么，同时还应借记“库存商品”账户，贷记“主营业务成本”账户。

5）销售商品退补价的核算

批发企业在商品销售后，发现商品的规格和等级错发、货款计算错误或先按暂定价结算后又正式定价等原因，需要向购货单位退还或补收货款。

实际销售价格低于已经结算货款的价格是销货退价，销货单位应将多收的差额退还给购货单位。实际销售价格高于已经结算货款的价格是销货补价，销货单位应向购货单位补收少算的差额。销售商品发生退补价时，先由业务部门填制专用发票予以更正，财会部门审核无误后，据以结算退补价款并进行账务处理。

【例 22】 上海交电公司日前销售给沪光商厦 100 台 800 W 微波炉，其单价为 480 元，增值税率为 17%。今发现单价开错，该微波炉单价应为 478 元，开出红字专用发票，应退对方货款 200 元、增值税额 34 元，签发转账支票付讫，作分录如下：

借：主营业务收入——微波炉类　　200

应交税费——应交增值税(销项税额)　　34

贷：银行存款　　234

以上是销货退价的核算，若发生销货补价时，则借记“银行存款”账户或“应收账款”账户；贷记“主营业务收入”账户和“应交税费”账户。

6）购货单位拒付货款和拒收商品的核算

对于商品少发的处理有两种情况：如果补发商品，在商品发运后，收到购货单位货款、增值税额及垫付运费时，借记“银行存款”账户，贷记“应收账款”账户；如果不再补发商品，则由业务部门填制红字专用发票，作销货退回处理。

对于商品货款开错的，也应由业务部门填制红字专用发票，财会部门据以作销货退价处理。

对于因商品质量不符要求，或因商品品种、规格发错而退回时，应由储运部门验收入库，财会部门根据转来的红字专用发票作销货退回处理，退回商品的运费列入“销售费用”账户。

对于商品短缺的情况，先要冲减“主营业务收入”账户、“应交税费”账户和“应收账款”账户，再根据具体情况进行账务处理。如属于本企业储运部门责任，应由其填制“财产损失报告单”，将商品的短缺金额转入“待处理财产损溢”账户，等领导批准后，再转入“管理费用”账户。

如果购货单位支付了部分款项，而又拒付了部分款项，应将收到的款项借记“银行存款”账户，对于尚未收到的款项，则仍保留在“应收账款”账户内，在与对方协商解决后，再予以转销。

【例 23】 上海百货公司销售给福州百货公司玻璃花瓶 500 箱，每箱 80 元，计货款 40 000元，增值税额 6 800 元，代垫运费 400 元，日前已支付。

Ⅰ. 9 月 11 日，向银行办妥托收销货款、增值税额和代垫运费的手续，作分录如下：

借：应收账款——福州百货公司　　47 200

贷：主营业务收入——器皿类　　40 000

应交税费——应交增值税(销项税额)　　6 800

应收账款——代垫运费　　　　　　　　400

Ⅱ. 9月20日，银行转来收账通知，福州百货公司支付货款、增值税额及运费42 480元，同时收到“拒绝付款理由书”，拒付其中50箱花瓶货款、增值税额及该部分商品的运费计4 720元，作分录如下：

借：银行存款　　　　　　　　42 480

　贷：应收账款——福州百货公司　　　　　　　　42 480

Ⅲ. 查明原因后，针对不同情况，分别进行账务处理。

a. 如查明该50箱花瓶是质量不好，经协商后决定给予10%的销货折让，业务部门转来专用发票，退还其货款400元、增值税额68元。今收到对方汇来的货款、增值税额及该部分商品的运费计4 252元，作分录如下：

借：主营业务收入　　　　　　　　400

　应交税费——应交增值税(销项税额)　　　　　　　　68

　银行存款　　　　　　　　4 252

　贷：应收账款——福州百货公司　　　　　　　　4 720

b. 如查明该50箱花瓶是质量不好，商品已退回，业务部门转来红字专用发票，财会部门审核无误后，作分录如下：

借：主营业务收入——器皿类　　　　　　　　4 000

　应交税费——应交增值税(销项税额)　　　　　　　　680

　销售费用——运杂费　　　　　　　　40

　贷：应收账款——福州百货公司　　　　　　　　4 720

同时信汇给福州百货公司退回花瓶的运费45元，作分录如下：

借：销售费用——运杂费　　　　　　　　45

　贷：银行存款　　　　　　　　45

4.4　批发企业商品储存的核算

商品储存是指商品流通企业已经购进而尚未销售的商品，主要包括库存商品、委托代销商品、受托代销商品、分期收款发出商品等。

为了加强对商品储存的核算与管理，批发企业财会部门必须与有关各部门密切配合，做到库存结构合理、商品保管完好、收发制度严密、定期盘点商品，以达到账实相符，并正确计算和结转商品销售成本，以保证企业利润核算的准确性。

4.4.1　库存商品的明细分类核算

批发企业财会部门为了加强对库存商品的管理和控制，正确计算库存商品的期末结存额与商品销售成本，采取数量进价金额核算，对库存商品实行总账、类目账、明细账三级控制。

1）库存商品类目账的设置与登记方法

库存商品类目账又称大类账，是指按商品类别分户设置，登记其收入、发出与结存情况的账簿。一般采用数量金额三栏式账页，它是处于总账与明细账之间的二级账户。由于批发企业商品品种规格繁多，通过类目账可以加强和完善对商品明细账的数量和金额的双重控制；有利于账账之间的核对，如有不符时，可缩小查找的范围；通过类目账集中计算商品销售成本,可以简化计算工作,减轻工作量;还有利于掌握各类商品进、销、存的动态和毛利,为企业领导经营决策提供依据。

库存商品类目账的登记方法,因企业计算和结转商品销售成本的时间不同而有所区别。逐日结转商品销售成本的企业,应根据每日收入与发出商品的数量和金额登记库存商品类目账;定期结转商品销售成本的企业,应根据每日收入与非销售发出商品的数量和金额登记库存商品类目账,对于每日销售的商品平时只登记数量,待月末计算出商品销售成本后,再将金额一次记入库存商品类目账。

2) *库存商品明细账*

库存商品明细账是指按商品的品名、规格、等级分户设置,登记其收入、发出和结存情况的账簿。一般采用数量金额三栏式账页,以反映和控制每一种商品的数量和金额。

由于企业的商品销售成本主要是通过库存商品明细账进行计算的,因此要求库存商品明细账能够正确地反映商品的购进、销售和结存的情况。而库存商品明细账的记账方法与一般明细账有所不同,现说明如下:

① 购进:根据商品入库凭证记入该账户收入方的购进数量、单价和金额栏。

② 销售:根据商品销售的发货凭证,记入该账户的发出方。若逐日结转成本的,应登记销售数量、单价和金额栏;若定期结转成本的,则平时只登记销售数量栏,不登记单价和金额栏,销售成本金额在月末一次登记。

③ 进货退出:根据进货退出凭证,用红字记入该账户收入方的购进数量和金额栏,表示购进的减少,并用蓝字登记单价。

④ 销货退回:根据销货退回凭证记入该账户的发出方。若逐日结转成本的,用红字登记销售数量栏和金额栏,用蓝字登记单价栏;若定期结转成本的,平时只用红字登记销售数量栏,不登记单价和金额栏,红字表示销售的减少。

⑤ 购进商品退补价:将退补价款的差额记入收入方的单价和金额栏,退价用红字反映,补价用蓝字反映。

⑥ 分期收款发出商品:根据分期收款商品发出凭证记入该账户发出方的其他数量、单价和金额栏。

⑦ 商品加工收回:根据商品加工成品收回单记入该账户收入方的其他数量、单价和金额栏。

⑧ 商品发出加工:根据商品加工发料单记入该账户发出方的其他数量、单价和金额栏。

⑨ 商品溢余:根据商品溢余报告单记入该账户收入方的其他数量、单价和金额栏。

⑩ 商品短缺:根据商品短缺报告单记入该账户发出方的其他数量、单价和金额栏。

库存商品总账与库存商品类目账及库存商品明细账三者之间的相互关系如图 4.1 所示。

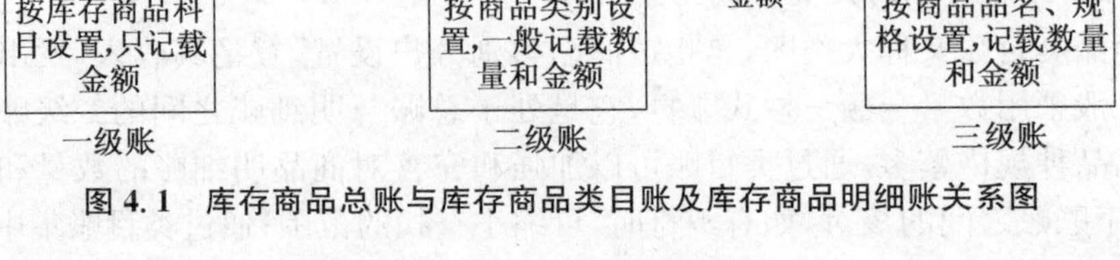

图 4.1 库存商品总账与库存商品类目账及库存商品明细账关系图

库存商品明细账的格式及具体登记方法列示如表 4.4 所示。

表 4.4　商品明细账

类别________　　货号________　　品名________　　规格________　　单位牌价________

摘　要	收　入				发　出				结存	存放地点	
	购进数量	其他数量	单价	金额	销售数量	其他数量	单价	金额	数量	甲库	待运
购　进	24 000		1.55	37 200					24 000	24 000	
进货补价			0.05	1 200					24 000	24 000	
进货退出	500		1.60	800					23 500	23 500	
销　售					12 000				11 500	11 500	
销货退回					1 000				12 500	12 500	
分期收款发出						7 000	1.60	11 200	5 500	5 500	
加工收回		6 000	1.60	9 600					11 500	11 500	
发出加工						5 000	1.60	8 000	6 500	6 500	
盘点盈余		10	1.60	16					6 510	6 510	
盘点短缺						15	1.60	24	6 495	6 495	
开单待运									6 495	2 495	4 000

注：虚框内为红字。

库存商品明细账反映的是会计库存。会计库存以商品验收入库作为商品收入，以商品销售的入账时间作为商品发出。财会部门通过会计库存全面掌握商品资金的运用情况，据以了解库存商品动态，加强商品资金管理。

3）商品保管账

商品保管账是储运部门按不同货号、品名、规格和等级分户，记载保管商品收、发、存数量的明细账。商品保管账反映的是保管库存，只登记数量，不登记金额。

保管库存以商品验收入库作为商品收入，不论货款是否结算，以商品出库作为商品发出。储运部门通过保管库存，掌握仓库中商品收、发、存的数量，明确物资保管责任。

4）商品调拨账

商品调拨账是业务部门按不同货号、品名、规格和等级分户，登记可供调拨销售商品收、发、存数量的明细账，也只登记数量，不登记金额。商品调拨账反映的是可调库存。

可调库存又称业务库存，以商品验收入库作为商品收入，不论商品是否出库，货款是否结算，以开出专用发票作为商品发出。业务部门通过可调库存，掌握随时可以调拨销售的库存商品数量。

异地商品销售业务在采用发货制的情况下，从业务部门开单到提货发运办妥托收手续，一般不可能在当天完成。可调库存以开出专用发票作为商品发出，而会计库存以办妥托收手续商品销售成立时才作为商品发出。由于双方入账时间不一致，因此将处在开出专用发票到办妥托收手续前的商品称为待运商品。可调库存加上待运商品，应等于会计库存。

综上所述，财会、储运和业务三个部门都根据自身的需要对库存商品进行了明细分类核算。在实际工作中，为了简化记账手续，财会部门和业务部门也可以合并设置一套库存商品明细账，实行“两账合一”。具体做法是在库存商品明细账的“存放地点”栏内，设立“待运”分栏，见表4.4。销售业务在开出专用发票时，将商品从原存放地点栏转入待运分栏内，作为“移库”处理，不改变库存商品明细账内的结存数量，当该批商品办妥托收手续作商品销售处理时，再注销待运分栏内的数量。这样，库存商品明细账内的结存数量表示会计库存，待运分栏内的数量表示待运商品，各仓库内数量之和则为可调拨库存。

4.4.2 库存商品盘点溢缺的核算

商品盘点是一项细致复杂的工作，必须有领导、有组织、有计划地进行。在盘点前，应根据盘点的范围，确定参加盘点的人员与组织分工，财会部门与储运部门应将有关商品收发业务的凭证全部登记入账，并结出余额，以便与盘点出来的实存数量进行核对。盘点时，要根据商品的特点，采用不同的盘点方法和操作规程，避免发生重复盘、遗漏盘和错盘的现象。盘点以后，由保管人员负责填制“商品盘存表”，先根据账面资料填写商品名称、规格、单价及账存数量，再填列实存数量。“商品盘存表”上账存数与实存数如不相符，应填制“商品盘点短缺溢余报告单”一式数联，其中一联转交财会部门，财会部门据以将商品短缺或溢余的金额分别转入“待处理财产损溢”账户，以做到账实相符。等查明原因后，再区别情况，转入各有关账户。

【例24】 上海烟糖公司根据盘点的结果，填制“商品盘点短缺溢余报告单”如表4.5所示：

表4.5 商品盘点短缺溢余报告单

2013年3月26日

品名	计量单位	单价	账存数量	实存数量	短缺		溢余		原因
					数量	金额	数量	金额	
白砂糖	千克	3.00	25 750	25 740	10	30.00			待查
绵白糖	千克	3.50	17 843	17 793	50	175.00			
冰糖	千克	5.00	9 455	9 560			105	525.00	
合计	—	—	—	—		205.00		525.00	

Ⅰ. 经财会部门审核无误后，据以调整库存商品结存额。

a. 根据短缺金额，作分录如下：

借：待处理财产损溢——待处理流动资产损溢　　205

　　贷：库存商品——食糖类　　205

b. 根据溢余金额，作分录如下：

借：库存商品——食糖类　　525

　　贷：待处理财产损溢——待处理流动资产损溢　　525

Ⅱ. 查明原因后的账务处理。

a. 现查明白砂糖短缺10千克是自然损耗，经领导批准，予以转账，作分录如下：

借：销售费用——商品损耗　　30

　　贷：待处理财产损溢——待处理流动资产损溢　　30

b. 现查明绵白糖短缺 50 千克是商品收发过程中的差错，经领导批准作企业损失处理，作分录如下：

借：管理费用　　175

　　贷：待处理财产损溢——待处理流动资产损溢　　175

c. 现查明冰糖溢余 105 千克，其中 100 千克是销货时少发商品，当即补发对方冰糖 100 千克，其余 5 千克系自然升溢，作分录如下：

借：待处理财产损溢——待处理流动资产损溢　　525

　　贷：库存商品——食糖类　　500

　　　　销售费用——商品损耗　　25

4.5　批发企业商品销售成本的计算和结转

商品流通企业在商品销售后，一方面要核算取得的商品销售收入；另一方面还需要计算并结转商品销售成本。从理论上讲，商品销售成本应包括已销售商品的实际成本，也就是说，商品销售成本应包括已销售商品的购进价，以及其在流通领域中继续追加的费用，如运杂费、保管费、包装费等。但在实际工作中，为了简化核算手续，一般商业企业的商品销售成本只局限于已销售商品的购进价，而其在流通领域中继续追加的费用，则作为销售费用处理。

4.5.1　批发企业商品销售成本的计算

计算商品销售成本是一项重要而繁重的工作，它直接关系到期末库存商品的价值及企业的经营成果是否正确。因此，就有必要根据各企业的特点，采用适当的方法，正确地计算商品销售成本。一旦确定了计算商品销售成本的方法后，在同一会计年度内不得随意变更。计算商品销售成本的方法，主要有个别计价法、加权平均法、移动加权平均法、先进先出法、后进先出法和毛利率推算法等。

1）个别计价法

个别计价法又称分批实际进价法，是指认定每一件或每一批商品的实际进价，计算该件或该批商品销售成本的一种方法。在整批购进分批销售时，可以根据该批商品的实际购进单价，乘以销售数量来计算商品销售成本。其计算公式如下：

$$\text{商品销售成本}=\text{商品销售数量}\times\text{该件(批次)商品购进单价}$$

采用个别计价法，对每件或每批购进的商品应分别存放，并分户登记库存商品明细账。对每次销售的商品，应在专用发票上注明进货件数或批次，便于按照该件或该批的实际购进单价计算商品销售成本。

采用个别计价法计算商品销售成本，可以逐日结转商品销售成本。这种方法计算的商品销售成本最为准确，但计算起来工作量最为繁重，适用于能分清进货件数或批次的库存商品、直运商品、委托代销商品和分期收款发出商品等。

2）加权平均法

加权平均法是指在一个计算期内（一般为一个月），综合计算每种商品的加权平均单价，再乘以销售数量，计算商品销售成本的一种方法。其计算公式如下：

$$加权平均单价=\frac{结存商品金额}{期初结存商品数量+本期收入商品数量-本期非销售发出商品数量}$$

$$本期商品销售成本=本期商品销售数量\times加权平均单价$$

在计算公式中，本期非销售发出商品数量和金额，是指除销售以外其他的商品发出，包括分期收款发出商品、发出加工商品、盘缺商品等。这些非销售发出的商品，在发生时，即在库存商品账户予以转销，所以在期末计算加权平均单价时要剔除这些因素。

在日常工作中，由于计算加权平均单价往往不能整除，计算的结果必然会产生尾差，为了保证期末库存商品数额的准确性，可以采用逆算成本的方法。其计算公式如下：

$$期末结存商品金额=期末结存商品数量\times加权平均单价$$

$$\begin{matrix}本期商品\\销售成本\end{matrix}=\begin{matrix}期初结存\\商品金额\end{matrix}+\begin{matrix}本期收入\\商品金额\end{matrix}-\begin{matrix}本期非销售发\\出商品金额\end{matrix}-\begin{matrix}期末结存\\商品金额\end{matrix}$$

采用加权平均法计算出来的商品销售成本较为均衡，也较为准确，但计算的工作量较大，一般适用于经营品种较少，或者前后购进商品的单价相差幅度较大，并定期结转商品销售成本的企业。

3）移动加权平均法

移动加权平均法是指以各次收入数量和金额与各次收入前的数量和金额为基础，计算出移动加权平均单价，再乘以销售数量，计算商品销售成本的一种方法。其计算公式如下：

$$移动加权平均单价=\frac{本次收入前结存商品金额+本次收入商品金额}{本次收入前结存商品数量+本次收入商品数量}$$

$$商品销售成本=商品销售数量\times移动加权平均单价$$

采用移动加权平均法，计算出来的商品销售成本比加权平均法更为均衡和准确，但计算起来的工作量大，一般适用于经营品种不多，或者前后购进商品的单价相差幅度较大并逐日结转商品销售成本的企业。

4）先进先出法

先进先出法是指根据先购进先销售的原则，以先购进商品的价格，先作为商品销售成本的一种计算方法。这种方法根据需要，可以用顺算成本的方法逐日结转成本，也可以用逆算成本的方法定期结转成本。

采用顺算成本方法计算商品销售成本的具体做法是：先按最早购进商品的进价计算，销售完了，再按第二批购进商品的进价计算，依此类推。如果销售的商品属于前后两批购进的，单价又不相同时，就要分别用两个单价计算。

采用逆算成本方法计算商品销售成本的具体做法是：根据先进先出原则的推理，也就是后进后出的原则，在先计算期末结存商品金额时，若期末结存商品数量小于或等于最后一批购进商品的数量，即按该批商品的单价计算期末结存商品金额；若期末结存商品数量大于最后一批购进商品的数量，即从该批商品开始向前推算，直到与期末结存商品数量相等时为止，然后，将这一系列金额相加，其总和即为期末结存商品金额。计算出期末结存商品金额后，再采用逆算成本的方法，计算本期商品销售成本。

采用先进先出法计算商品销售成本，由于期末结存商品金额是根据近期进价成本计价的，因此，它的价值接近于市场价格，但每次销售要根据先购进的单价计算，工作量较大，一般适用于收、发货次数不多的商品。

5）毛利率推算法

毛利率推算法是指根据本期商品销售收入乘以上期实际毛利率，或本期计划毛利率，推算出商品销售毛利，进而推算商品销售成本的一种方法。其计算公式如下：

本期商品销售毛利 = 本期商品销售收入 × 上期实际毛利率

本期商品销售成本 = 本期商品销售收入 − 本期商品销售毛利

上列计算公式可以化简如下：

本期商品销售成本 = 本期商品销售收入 ×（1 − 上期实际毛利率）

采用毛利率推算法，不是按库存商品品名、规格逐一计算商品销售成本，而是按商品类别进行计算，大大简化了企业的计算工作。由于同一类别内商品的毛利率不尽相同，因此，计算出来的商品销售成本不够准确，一般适用于经营商品品种较多、按月计算商品销售成本有困难的企业。

现举例说明上述几种商品销售成本的计算方法。

【例 25】 上海百货供应站 3 月份有关砂光铝锅的期初余额、进销业务如表 4.6。

表 4.6　砂光铝锅的期初余额和进销业务

期初余额										
商品类别	货号	品名	计量单位	单价	数量	金额	销售牌价	购进批次		
铝锅	105	砂光铝锅	只	10	4 000	40 000.00	10.80	104		
本月份进销业务记录										
2013 年		业务号数	购进				销售			
月	日		批次	数量	单价	金额	批次	数量	单价	金额
3	2	1	001	2 000	10.09	20 180.00				
	5	2					104	2 000	10.80	21 600.00
	10	3					001	1 000	10.80	10 800.00
	14	4	002	2 500	10.14	25 350.00				
	18	5					002	1 200	10.80	12 960.00
	21	6					104 002	1 200 1 100	10.80	24 840.00
	26	7	003	3 000	10.18	30 540.00				
	30	8					104	780	10.80	8 424.00
	31	合计		7 500		76 070.00		7 280		78 624.00
3 月 31 日盘缺　计量单位：只　数量：20　购进批次：104										

Ⅰ. 用个别计价法计算商品销售成本，如表 4.7 所示。

表 4.7　个别计价法计算商品销售成本表

销售日期	销售批次	商品销售数量	成本单价	商品销售成本
(1)	(2)	(3)	(4)	(5)=(3)×(4)
3 月 5 日	104	2 000	10.00	20 000.00
3 月 10 日	001	1 000	10.09	10 090.00
3 月 18 日	002	1 200	10.14	12 168.00
3 月 21 日	104 002	1 200 1 100	10.00 10.14	12 000.00 11 154.00
3 月 30 日	104	780	10.00	7 800.00
合　计		7 280	—	73 212.00

采用这种方法，一般是逐日结转商品销售成本，结转后，3 月 31 日砂光铝锅库存商品明细账的结存数额如表 4.8 所示。

表 4.8　砂光铝锅库存商品明细账的结存表

批　次	结 存 数 量	成 本 单 价	结 存 金 额
001	1 000	10.09	10 090.00
002	200	10.14	2 028.00
003	3 000	10.18	30 540.00
合计	4 200	—	42 658.00

Ⅱ. 用加权平均法计算商品销售成本，如表 4.9 所示。

$$加权平均单价 = \frac{40\,000 + 76\,070 - 200}{4\,000 + 7\,500 - 20} = 10.093\,2(元)$$

$$期末结存商品金额 = 4\,200 \times 10.093\,2 = 42\,391.44(元)$$

表 4.9　库存商品明细账

类别:铝锅类　　货号:105　　品名:砂光铝锅　　规格:24 cm　　单位:只　　牌价:10.80 元

2013 年		凭证号数	摘要	收入				发出				结存		
月	日			购进数量	其他数量	单价	金额	销售数量	其他数量	单价	金额	数量	单价	金额
3	1		余额									4 000	10.00	40 000.00
	3	1	购进	2 000		10.09	20 180					6000		
	5	2	销售					2 000				4 000		
	10	3	销售					1 000				3 000		
	14	4	购进	2 500		10.14	25 350					5 500		
	18	5	销售					1 200				4 300		

（续 表）

2013 年		凭证号数	摘要	收　　入				发　　出				结　　存		
月	日			购进数量	其他数量	单价	金额	销售数量	其他数量	单价	金额	数量	单价	金额
	21	6	销售					2 300				2 000		
	26	7	购进	3 000		10.18	30 540					5000		
	30	8	销售					780				4 220		
	31	9	盘缺						20	10	200.00	4 200		
	31	10	结转销售成本								73 478.50	4 200	10.093 2	42 391.44
3	31		本月合计	7 500			76 070	7 280	20		73 678.50	4 200	10.093 2	42 391.44

Ⅲ. 用毛利率推算法计算商品销售成本(上期毛利率为 7.12%)：

砂光铝锅本月份销售收入 = 7 280.00 × 10.80 = 78 624.00(元)

砂光铝锅本月份销售成本 = 78 624.00 × (1 − 7.12%) = 73 025.97(元)

砂光铝锅期末结存金额 = 40 000.00 + 76 070.00 − 200.00 − 73 025.97 = 42 844.03(元)

4.5.2　批发企业商品销售成本的结转

不论采用哪一种计算方法，都要根据计算的结果，编制结转商品销售成本的会计分录，届时借记“主营业务成本”账户，贷记“库存商品”账户。

批发企业商品销售成本的结转方式，按照商品销售成本结转的时间分，有逐日结转和定期结转两种。逐日结转是逐日计算出商品销售成本后，逐日从“库存商品”账户上转销，故又称随销随转。这种方法能随时反映库存商品的结存金额，但工作量较大。定期结转是在期末即月末集中计算出商品销售成本后，从“库存商品”账户上一次转销，故又称月末一次结转。这种方法，工作量较小，但不能随时反映库存商品的结存金额。

按照商品销售成本计算的程序分，销售成本的结转有顺算成本和逆算成本两种。顺算成本是先计算各种商品的销售成本后，再计算各种商品的结存金额。这种方法一般采用逐日结转，所以工作量较大。逆算成本又称倒挤成本，是先计算各种商品的期末结存金额，然后据以计算商品销售成本。这种方法一般采用定期结转，所以工作量较小。

按照商品销售成本的结转方式分，有分散结转和集中结转两种。分散结转是按每一库存商品明细账户逐户计算出商品销售成本，逐户转销，然后加总后作为类目账结转商品销售成本的依据。采用这种方法，账簿记录清楚完整，有利于加强对各种商品的经营业绩进行分析考核，但工作量较大。集中结转是期末在每一库存商品明细账上只结出期末结存金额，再按类目加总后作为类目账的期末结存金额，然后在类目账上计算并结转商品销售成本。这种方法可以简化计算和记账手续，但账簿记录不够完整，只能按商品类别来考核分析其经营业绩。

练习题

习 题 一

一、目的:练习同城异地商品购进的核算。

二、资料:上海百货公司1月份发生下列经济业务:

1. 2日,业务部门转来上海制皂厂开来的专用发票,开列白丽美容皂500箱,每箱134元,计货款67 000元、增值税额11 390元,并收到自行填制的收货单(结算联)101号,经审核无误,当即签发转账支票付讫。

2. 5日,储运部门转来收货单(入库联)101号,向上海制皂厂购进的白丽美容皂500箱,每箱134元,已全部验收入库,结转白丽美容皂的采购成本。

3. 8日,业务部门转来上海搪瓷厂开来的专用发票,开列全白汤盆300箱,每箱200元,计货款60 000元、增值税额10 200元,并收到自行填制的收货单(结算联)102号,经审核无误,当即以商业承兑汇票支付。

4. 10日,储运部门转来收货单(入库联)102号,向上海搪瓷厂购进的全白汤盆300箱,每箱200元,已全部验收入库,结转全白汤盆的采购成本。

5. 12日,银行转来哈尔滨磁化器厂托收凭证,附来专用发票(发票联)369号,开列H型强场磁化杯240箱,每箱300元,计货款72 000元、增值税额12 240元、运费凭证250元,并收到自行填制的收货单(结算联)103号,经审核无误,当即承付。

6. 15日,银行转来广州照相机厂托收凭证,附来专用发票(发票联)241号,开列珠江牌照相机200只,每只240元,计货款48 000元、增值税额8 160元、运费凭证124元,并收到自行填制的收货单(结算联)104号,经审核无误,当即承付。

三、要求:编制会计分录。

习 题 二

一、目的:练习进货退出及购进商品退补价的核算。

二、资料:上海交电公司4月份发生下列有关的经济业务:

1. 1日,业务部门转来上海电扇厂开来的专用发票,开列华生牌台扇400台,每台160元,计货款64 000元、增值税额10 880元,并收到自行填制的收货单(结算联)233号。经审核无误,当即签发转账支票付讫。

2. 3日,储运部门转来收货单(入库联)233号,向上海电扇厂购进的华生牌台扇400台,每台160元。台扇已全部验收入库,结转其采购成本。

3. 7日,开箱复验商品,发现3日入库的华生牌台扇中有20台质量不符要求,与上海电扇厂联系后其同意退货,收到其退货的红字专用发票,应退货款3 200元、增值税额544元,并收到业务部门转来的进货退出单(结算联)011号。

4. 8日,储运部门转来进货退出单(出库联)011号,将20台质量不符要求的华生牌电扇退还厂方,并收到对方退还货款及增值税额的转账支票3 744元,存入银行。

5. 14日,业务部门转来上海电池厂开来的专用发票,开列大号白象牌电池300箱,每箱120元,计货款36 000元、增值税额6 120元,并收到自行填制的收货单(结算联)234号。经审核无误,当即签发转账支票付讫。

三、要求:编制会计分录。

习 题 三

一、目的：练习购进商品发生短缺溢余的核算。

二、资料：上海烟糖公司 3 月份发生下列有关经济业务：

1. 1 日，银行转来哈尔滨制糖厂托收凭证，附来专用发票（发票联）537 号，开列绵白糖 15 000 千克，每千克 3.40 元，计货款 51 000 元、增值税额 8 670 元、运费凭证 500 元，查验与合同相符，当即承付。

2. 5 日，银行转来福州制糖厂托收凭证，附来专用发票（发票联）911 号，开列白砂糖 16 000 千克，每千克 3 元，计货款 48 000 元、增值税额 8 160 元、运费凭证 400 元，查验与合同相符，当即承付。

3. 8 日，哈尔滨制糖厂发来绵白糖，附来专用发票（发货联）537 号，验收时实收绵白糖 14 948 千克，短缺 52 千克，每千克 3.40 元。储运部门送来商品购进短缺报告单，原因待查。

4. 12 日，福州制糖厂发来白砂糖，附来专用发票（发货联）911 号，验收时实收白砂糖 16 054 千克，溢余 54 千克，每千克 3 元。储运部门送来商品购进溢余报告单，原因待查。

5. 16 日，业务部门查明 8 日短缺 52 千克绵白糖，每千克 3.40 元，其中 2 千克是运输途中的自然损耗，50 千克系供货单位少发商品，经联系后，已开来退货的红字专用发票，应退货款 170 元、增值税额28.90元。

三、要求：编制会计分录。

习 题 四

一、目的：练习购进商品拒付货款和拒收商品的核算。

二、资料：上海百货公司 3 月份发生下列有关的经济业务：

1. 2 日，苏州玩具厂发来小银河飞船 1 000 箱，每箱 80 元，计货款 80 000 元，附来专用发票（发货联）176 号。验收时，发现其中 50 箱是火箭飞车，予以拒收，商品代为保管，合格的 950 箱全部验收入库。

2. 7 日，银行转来苏州玩具厂托收凭证，附来专用发票（发票联）176 号，开列小银河飞船 1 000 箱，每箱 80 元，计货款 80 000 元、增值税额 13 600 元、运费凭证 200 元，查商品已于 2 日入库，其中有 50 箱拒收，当即开具拒绝付款理由书，拒付 50 箱小银河飞船货款、增值税额及其运费，同时承付已入库小银河飞船的货款、增值税额及运费。

3. 10 日银行转来无锡灯具厂托收凭证，附来专用发票（发票联）154 号，开列调光书写台灯 400 箱，每箱 120 元，计货款 48 000 元、增值税额 8 160 元、运费凭证 320 元。查验与合同相符，当即承付全部款项。

4. 12 日，本月 2 日拒收的 50 箱商品经联系后同意购进，开来专用发票（发票联）和（发货联）191 号，开列火箭飞车 50 箱，每箱 74 元，计货款 3 700 元、增值税额 629 元，当即由银行汇去款项 4 329 元及以前拒付的运费 10 元。

5. 15 日，无锡灯具厂发来调光书写台灯 400 箱，附来专用发票（发货联）154 号，验收时发现其中 40 箱质量不符要求，予以拒收，商品代为保管，由业务部门与对方联系解决，合格的 360 箱台灯已验收入库。

6. 19 日，银行转来苏州照相机厂托收凭证，附来专用发票（发票联）543 号，开列虎丘牌照相机 200 只，每只 180 元，计货款 36 000 元、增值税额 6 120 元、运费凭证 180 元，查验与合同相符，当即承付款项。

三、要求：编制会计分录。

习 题 五

一、目的：练习购货折扣和购货折让的核算。

二、资料：上海百货公司 7 月份发生下列有关的经济业务：

1. 1 日，向上海伞厂赊购大号折伞 2 000 把，每把 18 元，计货款 36 000 元、增值税额 6 120 元。厂方给予的付款条件为：10 天内付清货款，购货折扣为 2%；20 天内付清货款，购货折扣为 1%；超过 20 天付款为全价。大号折伞已验收入库。

2. 3 日，向东海伞厂赊购中号折伞 1 500 把，每把 14 元，计货款 21 000 元、增值税额 3 570 元。厂方给予的付款条件为：10 天内付清货款，购货折扣为 1.5%；超过 10 天付款为全价。中号折伞已验收入库。

3. 8日，向上海保温瓶厂购进5号彩花气压瓶1 000只，每只32元，计货款32 000元、增值税额5 440元，当即签发转账支票付讫。

4. 10日，上海保温瓶厂发来5号彩花气压瓶1 000只，验收时发现外观质量不符要求。与厂方联系后，其同意给予6%的购货折让，当即收到厂方的销货折让发票，并收到对方退回的折让款1 920元、增值税额326.40元；款项已存入银行，商品也已验收入库。

5. 12日，签发转账支票一张，金额为24 255元，系支付赊购东海伞厂1 500把中号折伞，计货款20 685元、增值税额3 570元。

三、要求：编制会计分录。

5 农副产品流通业务核算

【本章学习目的】

(1) 了解农副产品流通业务的特点。

(2) 掌握农副产品的购进、销售、挑选整理和储存的相关账务处理。

(3) 掌握数量进价金额核算、数量售价金额核算及售价金额核算方法。

【引导案例】

企业自行加工销售应如何处理

商品流通企业收购的活畜禽除了要按计划调拨销售外,还需要留下一部分自行屠宰加工,就地供应当地居民和餐饮业。这种就地屠宰加工和销售一般由食品购销站自宰自销。那么,这种自宰自销业务如何进行会计处理呢?

例如:某肉食品购销站开设活畜禽就地屠宰业务,从乙库拨付加工厂一等生猪 10 头,计 1 000 千克,每千克采购成本为 32.5 元,进行屠宰加工。加工厂领用屠宰加工用煤炭和食盐 180 元。每头生猪应负担定额工资 50 元,计 500 元,加工完毕成品收回。

根据上述资料分析:

(1) 加工成品成本如何计算?

(2) 相应的会计处理如何进行?

5.1 概述

5.1.1 农副产品流通业务的特点

农副产品是指农、林、牧、副、渔业生产产品的总称。农副产品的交售者主要是集体或个体的农、林、牧、副、渔业的生产者。商品流通企业必须严格按照规定的质量标准和收购价格,做好评级、验质、定价、点数、过秤、开票和结算工作。由于农副产品的生产与工业品的生产不同,它受自然条件的制约,生产有一定的季节性,因此,农副产品收购有旺季和淡季之分。

5.1.2 农副产品流通业务核算的特点和要求

由于农副产品的品种、规格、等级比较复杂,有些农副产品容易变质,不易保管,所以需要企业多设置收购网点,配备必要的设备和人员,以便利生产者交售,并筹备好必要的收购资金,做好农副产品的收购工作。

农副产品流通的核算采用数量进价金额核算法,具体要求是:

(1) 进价记账，会计部门对库存商品总账和明细账的进、销、存金额均按进价记载。

(2) 在库存商品总账控制下，按商品的品名、规格、等级和编号分户进行明细核算。

(3) 对经营品种繁多的企业，要设置库存商品类目账，以核算大类商品的进、销、存情况和控制所属各明细账。

(4) 采用适当方法随时或定期结转销售商品成本。商品销售成本即销售商品进价，企业可根据经营商品的不同特点和业务经营的不同需要，分别按照会计制度的规定采用不同的计算和结转方法，进行随时或定期结转。

5.2 农副产品购进业务核算

5.2.1 农副产品购进业务程序

商品流通企业收购农副产品的业务程序一般是：经过评级、验质、定价、过秤后，由收购员填制“农副产品收购凭证”和“农副产品收购计数单”一式数联，一联由收购员作为农副产品验收入库的依据，一联交付款员复核后据以支付货款，一联给交售方作为其交售农副产品的销售凭证。每日或定期按品名汇总编制“农副产品收购汇总表”办理付款，并报送财会部门。

5.2.2 农副产品购进的核算方法

由于农、林、牧、副、渔业产品生产较为分散，为了便于收购，有些商品流通企业委托其他单位代购，需要支付代购企业代购费用和手续费，因此，农副产品的采购成本由买价和代购费用组成。

此外，按照税法的规定，增值税一般纳税人购进农业生产者销售的农业产品和向小规模纳税人购买农业产品，按买价的13%作为抵扣率，计算增值税(进项税额)。计算公式如下。

购进农业产品进项税额＝买价×13%

因此农业产品的采购成本由买价减去进项税额再加上代购费用组成。这里的买价包括企业购进免税农业产品支付给农业生产者的价款和按规定缴纳并负担的农业特产税。

农副产品的购进按收购方式的不同，可分为直接购进、委托代购和预购定金收购，其核算方法分别如下。

1) 农副产品直接购进的核算

直接购进是指企业直接向交售人收购农副产品，这是商品流通企业主要采用的收购方式。企业对其所属的报账制单位，一般根据收购计划和淡旺季节等不同情况拨付一定数额的备用金。备用金只能用于商品收购和与其有关的费用开支，不得挪作他用，其使用和补充通常采用报账付款的方法。

报账付款是指拨款单位先拨付一定数额农副产品收购的铺底资金给收购单位，收购单位使用后，向拨款单位报送“农副产品收购汇总表”，拨款单位据以补足其收购的铺底资金。采用这种核算方式，能够保证收购单位始终持有一定数额的备用金，随时用于采购农副产品。这种方式适用于收购农副产品的品种、数量和资金需要比较稳定的单位。

企业拨付铺底资金时，借记“其他应收款”账户，贷记“银行存款”或“库存现金”账户；待采购结束收回铺底资金时作相反的会计分录。购进农副产品时,按收购农副产品的价款扣除计算的增值税(进项税额),借记“材料采购”账户,按规定的抵扣率计算的增值税(进项税额),借记“应交税费——应交增值税(进项税额)”账户,按收购农副产品的价款,贷记“银行存款”账户;验收入库时,按农副产品的实际采购成本,借记“库存商品”账户,贷记“材料采购”账户。

【例 1】 甲公司收购农副产品,对其所属的报账单位 A 公司采用报账付款方式进行核算。

Ⅰ. 通过银行汇款方式,向 A 公司拨付收购业务所需资金 2 000 000 元,编制会计分录如下:

借:其他应收款——A 公司　　2 000 000

　贷:银行存款　　2 000 000

Ⅱ. A 公司报来“农副产品收购汇总表”,共计收购农副产品 200 万元,农副产品可以抵扣的增值税税率为 13%,经审核无误,签发转账支票以补足其备用金,编制会计分录如下:

进项税额=2 000 000×13%=260 000(元)

借:材料采购——农副产品　　1 740 000

　应交税费——应交增值税(进项税额)　　260 000

　贷:银行存款　　2 000 000

Ⅲ. 采购完毕,农副产品验收入库,编制会计分录如下:

借:库存商品——农副产品　　1 740 000

　贷:材料采购——农副产品　　1 740 000

2) *农副产品委托代购的核算*

委托代购是指商品流通企业在未设收购网点的地区,委托其他企业代购的一种收购农副产品的方式。采用这一方式,代购资金一般由受托单位自行解决。委托单位除了要承担代购农副产品的收购价格外,还要承担代购费用和代购手续费。

委托代购的农副产品,其代购费用有“费用包干”和“实报实销”两种方式。

代购费用包干是指委托单位只按代购额的一定比例支付代购费用,代购费用实报实销是指委托单位根据受托单位实际支出的代购费用给予报销。采用这种方式的缺点是不利于控制费用支出,一般适用于代购费用难以预先确定的情况。

无论代购费用采用包干方式,还是采用实报实销方式,发生的代购费用均应计入农副产品的采购成本,而代购过程中发生的代购手续费,则应计入当期“销售费用”账户。购进农副产品时,按购进农副产品的价款扣除计算的增值税(进项税额)再加上代购费用,借记“材料采购”账户,按规定的抵扣率计算的增值税(进项税额),借记“应交税费——应交增值税(进项税额)”账户,按实际发生的代购手续费,借记“销售费用——代购手续费”账户,按购进农副产品的全部价款,贷记“银行存款”账户;验收入库时,按农副产品的实际采购成本,借记“库存商品”账户,贷记“材料采购”账户。

【例 2】 甲公司委托 B 公司代购生猪,共计收购价款为 28 000 元,代购费用采用包干方式,包干费用率为 4%,收购手续费为 5%,生猪已经运到。

Ⅰ. 甲公司会计部门根据送来的商品验收单,经审核无误后,将全部收购款项汇付 B 公司,编制会计分录如下:

进项税额=28 000×13%=3 640(元)

借:材料采购——生猪　　25 480

应交税费——应交增值税(进项税额)　　3 640
销售费用——代购手续费　　1 400
贷：银行存款　　30 520

Ⅱ. 采购完毕，生猪验收入库，编制会计分录如下：

借：库存商品——生猪　　25 480
贷：材料采购——生猪　　25 480

3) 农副产品预购定金收购的核算

农副产品预购定金收购是国家为了支持一些主要农副产品的生产，以保证收购计划的完成，对一些主要农副产品实行预购的形式，由收购企业与农业生产者签订合同，规定预购的品种、数量、质量、价格和交售时间，发放预购定金，待收购后进行结算，多退少补。发放预购定金时，借记"预付账款"账户，贷记"银行存款"或"库存现金"账户；收购农副产品时，按收购农副产品的价款扣除计算的增值税(进项税额)，借记"材料采购"账户，按规定的抵扣率计算的增值税(进项税额)，借记"应交税费——应交增值税(进项税额)"账户，按收购农副产品的价款，贷记"预付账款"账户；向农业生产者补付不足价款时，借记"预付账款"账户，贷记"银行存款"或"库存现金"账户。

【例 3】 甲公司与某专业户签订预购大豆的合同，预购大豆合同规定预购大豆 40 000 元，按收购金额发放预购定金 40%。

Ⅰ. 向专业户发放预购定金 16 000 元时，编制会计分录如下：

借：预付账款——××专业户　　16 000
贷：银行存款　　16 000

Ⅱ. 该专业户交售大豆共计 40 000 元，编制会计分录如下：

进项税额＝40 000×13%＝5 200(元)

借：材料采购——大豆　　34 800
应交税费——应交增值税(进项税额)　　5 200
贷：预付账款——××专业户　　40 000

Ⅲ. 签发转账支票一张，补付该专业户大豆货款，编制会计分录如下：

借：预付账款——××专业户　　24 000
贷：银行存款　　24 000

Ⅳ. 收购的大豆验收入库，编制会计分录如下：

借：库存商品——大豆　　34 800
贷：材料采购——大豆　　34 800

5.3 农副产品挑选整理的核算

对农副产品的挑选整理是指对农副产品进行分等、分级、清除杂质、包装整理，以提高质量和防止变质，但不改变其外形、性质或口味的工作。通过这项工作，以便于对农副产品进行保管、运输和按级论价、分等销售。

5.3.1 农副产品挑选整理的原则

农副产品经过挑选整理后，清除了杂质，但也发生了一些损耗，数量和等级也会有所变化，此外还需支付一定的挑选整理费用。因此，在会计核算上需要遵循以下几个核算原则：

(1) 因挑选整理所发生的费用支出，记入"销售费用——挑选整理费"账户，不计入挑选整理后的农副产品成本。

(2) 因挑选整理发生的损耗，直接计入挑选整理后的农副产品成本。

(3) 在挑选整理过程中发生的责任事故或自然灾害造成的损失，能确定由保险公司或过失人负责的，转入"其他应收款"账户，扣除残料价值和过失人、保险公司赔偿后的净损失，记入"营业外支出——非常损失"账户，不得计入商品成本。

(4) 在"库存商品"账户下设置"挑选整理"专户，以专门核算挑选整理中的农副产品。

(5) 农副产品因挑选整理而发生等级、规格和数量变化，要调整库存商品的数量和单价，但不调整原库存商品的购进成本。

农副产品挑选整理后的单价按如下方法计算：

① 挑选整理后发生数量变化　农副产品挑选整理后，由于清除了水分和杂质，因而发生了数量的变化，应按挑选整理后的实际数量入账，并调整库存商品的单价，其计算公式如下：

$$\text{挑选整理后农副产品单价}=\frac{\text{挑选整理前商品进价总额}}{\text{挑选整理后实际数量}}$$

② 挑选整理后由一个等级变为另一个等级：农副产品挑选整理后，由一种等级变为另一种等级，同时数量也发生了变化，应以原来的成本总额作为新等级的成本总额，并调整等级、数量和单价，其计算公式如下：

$$\text{新等级农副产品单价}=\frac{\text{挑选整理前商品进价总额}}{\text{挑选整理后新等级实际数量}}$$

③ 挑选整理后由一个等级变为两个以上等级：农副产品挑选整理后，由一个等级变为两个以上(含两个)等级的，则几个等级库存商品应按某个等级库存商品的售价占总售价的比例分摊进价总金额，并重新计算各等级库存商品的进货单价。其计算公式如下：

$$\begin{aligned}\text{每种新等级农副产品售价总额}=&\text{每种新等级农副产品数量}\\&\times\text{每种新等级农副产品销售单价}\end{aligned}$$

$$\begin{aligned}\text{每种新等级农副产品应分摊的成本总额}=&\text{挑选整理前商品进价总额}\\&\times\frac{\text{每种新等级农副产品售价总额}}{\text{全部新等级农副产品售价总额}}\end{aligned}$$

$$\text{每种新等级农副产品单价}=\frac{\text{每种新等级农副产品应分摊的成本总额}}{\text{每种新等级农副产品数量}}$$

5.3.2　农副产品挑选整理的核算方法

农副产品的挑选整理，一般在企业内部进行，按照进行挑选整理的实物负责人和地点的不同，分为本库挑选整理与外库挑选整理两种情况。

1) 本库挑选整理

本库挑选整理是指在原存放商品的仓库或地点进行，并由原实物负责人进行管理。在这种方式下，挑选整理前不需进行账务处理，只对挑选整理过程中发生的费用或损耗及挑选整理后库存商品变化情况进行账务处理。

【例 4】 甲公司在本库对 1 000 千克红富士苹果进行挑选整理。红富士苹果每千克收购价为 1.50 元，挑选整理后均为一等品，净重 965 千克，收到转来的“农副产品挑选整理单”(见表 5.1)。

表 5.1　农副产品挑选整理单

单位：挑选组　　　　2013 年 8 月 1 日　　　　NO：0001

商品编号	品名	单位	挑选前商品				挑选后商品				备注
			等级	数量	单价	金额	等级	数量	单价	金额	
	苹果	千克	混等	1 000	15	15 000	一等	965	15.54	15 000	
合　计				1 000		15 000		965		15 000	

单位负责人：　　　　实物负责人：

据以入账，编制会计分录如下：

借：库存商品——一等红富士苹果　　15 000

　　贷:库存商品——混等红富士苹果　　15 000

另以现金支付挑选整理费用 60 元。

借：销售费用——挑选整理费　　60

　　贷：库存现金　　60

2) 外库挑选整理

外库挑选整理是指将商品从原存放地点移到另一地点进行，并由另一实物负责人负责管理。为分清责任，对送到外库进行挑选整理的商品，应作移库处理。

【例 5】 甲公司将库存苹果移交清选小组进行挑选整理，苹果共计 8 000 千克，每千克进价为 16.5 元。根据“农副产品挑选整理调拨单”编制会计分录如下：

借：库存商品——挑选整理　　132 000

　　贷：库存商品——苹果　　132 000

挑选整理后选出一级苹果 4 800 千克，二级苹果 3 000 千克，杂质 200 千克。一级苹果每千克售价 22 元，二级苹果每千克售价 21 元。计算新等级苹果的单价如下：

Ⅰ. 计算每种新等级苹果售价总额：

一级苹果售价总额＝4 800×22＝105 600(元)

二级苹果售价总额＝3 000×21＝63 000(元)

Ⅱ. 计算每种新等级苹果应分摊的成本总额：

$$一级苹果应分摊的成本总额=132\ 000\times\frac{105\ 600}{105\ 600+63\ 000}=82\ 676.15(元)$$

二级苹果应分摊的成本总额＝132 000－82 676.15＝49 323.85(元)

Ⅲ. 计算每种新等级苹果单价：

$$一级苹果单价=\frac{82\ 676.15}{4\ 800}=17.22(元)$$

$$二级苹果单价=\frac{49\ 323.85}{3\ 000}=16.44(元)$$

挑选整理后，挑选组根据计算结果编制“农副产品挑选整理单”(见表 5.2)。

表 5.2　农副产品挑选整理单

单位：挑选组　　　　　　2013 年 9 月 1 日　　　　　　NO：0002

商品编号	品名	单位	挑选前商品				挑选后商品				备注
			等级	数量	单价	金额	等级	数量	单价	金额	
	苹果	千克	混货	8 000	16.5	132 000	一级	4 800	17.22	82 676.15	
							二级	3 000	16.44	49 323.85	
合　计				8 000		132 000		7 800		132 000	
备注：清除杂质及商品损耗共计 200 千克											

公司财会部门根据审核无误的挑选整理单，编制会计分录如下：

借：库存商品——一级苹果　　　　82 676.15

　　　　　　——二级苹果　　　　49 323.85

　贷：库存商品——挑选整理　　　　　132 000

然后按照苹果的等级登记库存商品明细分类账。

5.4　农副产品销售的核算

农副产品销售一般采用验货付款送货方式，但农副产品与工业品性质不同，在销售过程中易发生等级、数量变化。对于送货验收过程中发生的等级、数量变化，应区别一般农副产品和活畜禽进行不同的账务处理。

1）一般农副产品的账务处理

(1) 购货方验收发生的等级、质量变化，不调整发出商品的原价，由此发生的销售收入的增加或减少，体现在销售损益中。

(2) 验收数量与原发出数量不一致时，应查明原因：属于错发货的，应调整发出数量和库存商品数量；属于运输途中自然升溢、损耗或事故损失时，自然升溢部分冲减“销售费用”账户，自然损耗部分增加“销售费用”账户；事故损失能确定过失人的，应由过失人赔偿，不能确定过失人的，经批准记入“营业外支出”账户。

2）活畜禽的账务处理

(1) 在调运过程中发生的长膘增重或掉膘减重不调整其总进价金额，由于活畜禽增重、减重而增加或减少的销售收入，体现在销售损益中。

(2) 在运输途中发生的短缺、走失、被盗损失或由于瘟疫流行、自然灾害所发生的大量死亡损失，能确定由过失人或保险公司赔偿的，应由过失人或保险公司赔偿，记入“其他应收款”账户；不能确定由过失人或保险公司赔偿的，经批准分别记入“销售费用”账户或“营业外支出”账户。

(3) 活畜禽进行急宰处理的售价低于原进价的差额，记入“销售费用”账户。

(4) 在调运活畜禽的过程中，有关饲料和防疫费用的开支，应作为“销售费用”列支。

5.4.1　农副产品销售的业务程序

商品流通企业销售农副产品在采用送货方式时，一般要派押运员将货押送到收货单位；在发运商品时，一般应重新过秤、点数，按照实际数填制“农副产品拨付验收单”一式数联，其中，业务部门自留一联存根备查，将记账联转交财会部门作为商品运出的入账依据，其余各联随货同行。调入单位据以验收后，应根据验收的情况填列实收的等级、数量、单价和金额，并加盖公章后，将验收联交押运员带回。销售单位凭押运员带回的验收联填制专用发票，据以作为商品销售的入账凭证。“农副产品拨付验收单”的格式见表5.3。

表5.3 农副产品拨付验收单

收到日期 2013年9月8日 编号：0003

收货单位：××肉制品厂 发货单位：甲公司

品名	单位	原发数					验收数				
		等级	数量	重量(千克)	成本单价	成本金额	等级	数量	重量(千克)	销售单价	销售金额
肉鸡	只	一级	200	756	5.80	4 384.80	一级	192	730	6.90	5 037.00
		二级	120	420	5.40	2 268.00	二级	114	406	6.40	2 598.40
合计			320	1 176		6 652.80		306	1 136		7 635.40
备注：											

5.4.2 农副产品销售的核算方法

商品流通企业采用送货方式销售农副产品时，在收货单位验收前，商品的所有权尚未转移，仍属于送货单位。为了加强对这部分商品的管理，监督货款及时结算，应在“库存商品”账户下设置“运出在途商品”明细账户，在发出商品时，应将其采购成本从库存商品有关明细分类账户转入“运出在途商品”明细分类账户，等收到押运员带回对方验收凭证后，填制专用发票再作商品销售处理。

【例6】 甲公司采用送货方式销售给某肉制品厂肉鸡一批，已由押运员运出。

Ⅰ. 根据农副产品拨付验收单记账联成本金额6 652.80元(见表5.3)，编制会计分录如下：

借：库存商品——运出在途商品　　6 652.80

　　贷：库存商品——肉鸡　　6 652.80

Ⅱ. 根据专用发票(记账联)列明的销售金额为7 635.40元，增值税额为992.60元，编制会计分录如下：

借：应收账款——××肉制品厂　　8 628

　　贷：主营业务收入　　7 635.40

　　　　应交税费——应交增值税(销项税额)　　992.60

Ⅲ. 收到肉制品厂电汇收账通知时，编制会计分录如下：

借：银行存款　　8628

　　贷：应收账款——××肉制品厂　　8628

5.4.3 农副产品销售成本的计算和结转

1) 农副产品销售成本的计算方法

农副产品销售成本的计算是一项重要而繁重的工作，它直接关系到期末库存商品的价值及企业的经营成果是否正确。因此，就有必要根据各企业的特点，采用适当的方法，正确的计算农副产品销售成本。一旦确定了计算农副产品销售成本的方法后，在同一会计年度内不得随意变更。计算农副产品销售成本的方法主要有个别计价法(分批实际进价法)、加权平均法、移动平均法、先进先出法、后进先出法和毛利率法等。

2) 农副产品销售成本的结转

农副产品销售成本的结转，是将已经销售的农副产品的进价(或实际成本)从“库存商品”账户中注销，转入“主营业务成本”账户，反映销售农副产品的支出，以便同“主营业务收入”账户的金额比较，确定销售成果，并反映库存商品的实际结存金额。其通用会计分录为：

借：主营业务成本

　　贷：库存商品

农副产品销售成本的结转时间，有按日与定期两种，定期结转一般为按月结转。

农副产品销售成本的结转方法，有分散结转和集中结转两种。分散结转是按每一库存商品明细账户计算出已销售商品的成本，并编制记账凭证逐户结转，然后逐户汇总，求得全部农副产品销售成本总金额，并编制记账凭证汇总表，据以在库存商品总分类账上结转。集中结转是平日在库存商品明细账上只登记销售农副产品的数量，期末结转已销售农副产品成本时，根据确定的库存商品单价在明细账中计算出每种农副产品的结存金额，然后按类或全部农副产品汇总计算出大类或全部农副产品的期末结存金额，根据类目账或总账资料倒挤大类或全部销售农副产品的成本，并在总账或类目账上结转。

5.5　农副产品储存的核算

农副产品储存是指商品流通企业购进的农副产品在销售以前在企业的停留状态。农副产品储存是保证商品流通正常进行的物质基础和重要条件。商品流通企业商品储存的数量大，占用的资金较多，因此加强对商品储存的核算，对于合理组织商品流通，保证商品完整，减少损失，节约储存费用，有着重要意义。

采用数量进价金额法对农副产品储存进行核算，不仅要通过反映商品的数量、金额来控制商品，而且在必要的情况下，还要结合存放地点，反映商品的分布状况。通过账账、账货控制，充分发挥账簿在保护商品安全完整方面的重要作用。要正确计算和结转销售成本，在账簿设置上还要考虑到便于商品销售成本的计算和结转，保证财务成果的及时正确核算和财务会计报告的正确编制。要加强企业内部协作，做到账不重设，以节约人力物力。

5.5.1　库存农副产品的明细分类核算

1) 库存农副产品明细分类账的分户

在商品流通企业中，为了满足各个部门的不同需要，应该结合企业的经营特点和管理的需要，合理设置库存农副产品的分户方法。在实际工作中，库存农副产品明细分类账的分户方法，一般有以下几种：

(1) 按农副产品的品名、编号、规格、等级分户。采用这种分户方法，只要是同一品名、编号、规格、等级的商品，不论其进价批次是否相同，都在同一分户账页上连续登记。其优点是同一品名、编号、规格、等级商品的增、减、结存情况得到完整反映，缺点是计算商品销售成本的工作比较复杂。

(2) 按农副产品的品名、编号、规格、等级，结合同一进货单价分户。采用这种分户方法，是将品名、编号、规格、等级、进货单价相同的商品，在同一账页上连续登记。其优点是计算销售商品进价较方便,计算结果较准确,缺点是增加了明细账户。

(3) 按农副产品的品名、编号、规格、等级,结合进货批次分户。采用这种分户方法,是将品名、编号、规格、等级相同的商品,按每一进货批次开设明细账户。这种方法适用于整批购进、整批销售或整批购进、分批销售,以及分批保管的商品。其优点是可以按原进价计算销售商品成本,计算结果准确,缺点是增加了核算工作量。

2) 农副产品类目账的设置

企业可以用库存商品总账直接控制各库存商品明细账,但有的企业经营品种较多,则需要设置类目账。类目账是按商品大类设置的库存商品明细账,根据商品的类别分户记载大类商品收、发、存的金额。这种做法是在库存商品总账和按商品品名、编号、规格、等级等设置的库存商品明细账之间,再按商品大类设置一层库存商品的类目账,各类目账受库存商品总账控制,某一类目账又控制这类商品所属的各明细账。这样设置账簿,有利于核对账目和检查错误,同时还可以分类提供商品动态资料,计算销售成果,进行商品资金分析。

库存商品类目账一般是根据进销货的凭证按商品的大类进行汇总登记,一般只记金额,不记数量。

3) 农副产品明细账的登记

库存商品类目账一般采用"三栏式"账页,只记金额,不记数量,但如果该大类商品所属的各种商品的实物计量单位相同,也可同时核算数量和金额。

按商品品种、规格等设置的库存商品明细账,一般采用"数量金额式"账页,凡是购进的商品,在"收入"栏登记购进数量、单价和金额;非购进增加的商品,如已结转销售进价的销货退回、加工商品收回、商品溢余等,在"收入"栏登记其他数量、单价和金额。销售商品在"发出"栏登记销售数量,是否登记单价和金额,依成本结转方法而定,如随时结转销售成本,则登记,若月末集中结转销售成本,则平时不登记,月末将销售进价汇总记入发出方"金额"栏;非销售而减少的商品,如商品损耗和损失、拨出委托代销商品和委托加工商品等,在"发出"栏登记其他数量、单价和金额;未结转销售进价的销售退回,用红字记入"销售数量"栏。平时还应结出结存金额,如月末集中结转销售成本,则"结存"栏的"单价"和"金额"栏待月末时才登记。库存商品明细账的格式和登记,见表 5.4 所示。

表 5.4 库存商品明细账

名称:鸭蛋　　单位:千克　　规格:　　等级:一级

2007 年		凭证字号	摘要	收入				发出				结存		
月	日			数量		单价	金额	数量		单价	金额	数量	单价	金额
				购进	其他			销售	其他					
7	1		承前页									220	7.60	1 672
	5	××	购进	300		7.70	2 310					520		
	11	××	销售					350				170		
	16	××	购进	400		7.80	3 120					570		
	23	××	销售					180				390		
	26	××	销售					230				160		
	30	××	盘亏						10	7.60	76	150		

5.5.2 农副产品溢缺的核算

1）一般农副产品溢缺的核算

农副产品清查盘点发现的溢余，在未查明原因或未批准处理前，借记“库存商品”账户，贷记“待处理财产损溢——待处理流动资产损溢”账户；按照规定程序批准转销时，借记“待处理财产损溢——待处理流动资产损溢”账户，贷记“管理费用”账户。农副产品清查盘点发现的短缺，在未查明原因或未批准处理前，借记“待处理财产损溢——待处理流动资产损溢”账户，贷记“库存商品”账户；并按规定结转不能抵扣的增值税进项税额，借记“待处理财产损溢——待处理流动资产损溢”账户，贷记“应交税费——应交增值税（进项税额转出）”账户，这部分进项税额应与短缺商品一并处理；短缺的商品按照规定程序批准转销时，应先扣除残料价值、保险赔款和过失人的赔款，借记“其他应收款”等账户，贷记“待处理财产损溢——待处理流动资产损溢”账户，剩余净损失，属于自然灾害造成的损失，借记“营业外支出——非常损失”账户，贷记“待处理财产损溢——待处理流动资产损溢”账户，属于一般经营损失部分，借记“管理费用”账户，贷记“待处理财产损溢——待处理流动资产损溢”账户。

【例7】 甲公司2013年10月31日根据盘点结果填制的“库存商品盘点短缺溢余报告单”见表5.5。

表5.5 库存商品盘点短缺溢余报告单

2013年10月31日

商品名称	计量单位	单价	账存数量	实存数量	短缺		溢余		原因
					数量	金额	数量	金额	
肉鸡	千克	10.4	240	250			10	104.40	待查
鸭蛋	千克	7.80	350	338	12	93.60			待查

企业财务部门根据上述资料作如下账务处理：

Ⅰ. 根据溢余金额调整肉鸡的结存数：

借：库存商品——肉鸡　　104.40

　贷：待处理财产损溢——待处理流动资产损溢　　104.40

Ⅱ. 根据短缺金额调整鸭蛋的结存数：

借：待处理财产损溢——待处理流动资产损溢　　93.60

　贷：库存商品——鸭蛋　　93.60

Ⅲ. 经查，溢余的肉鸡是交售方多发的货，应补给交售方货款，办理有关手续后，将应支付的货款104.40元和应支付的进项税额13.57元以银行存款支付。根据有关凭证编制会计分录如下：

借：待处理财产损溢——待处理流动资产损溢　　104.40

　应交税费——应交增值税（进项税额）　　13.57

　贷：银行存款　　117.97

若未能查明原因，经批准冲减管理费用时，应编制会计分录如下：

借：待处理财产损溢——待处理流动资产损溢　　104.40

　贷：管理费用——库存商品盘盈　　104.40

Ⅳ. 短缺的鸭蛋经查明原因，是仓库保管员责任，决定全部由仓库保管员赔偿损失，编制会计分录如下：

借：其他应收款——仓库保管员　　93.60

　　贷：待处理财产损溢——待处理流动资产损溢　　93.60

若未能查明原因，经批准转入管理费用时，编制会计分录如下：

借：管理费用——库存商品盘亏　　93.60

　　贷：待处理财产损溢——待处理流动资产损溢　　93.60

2）活畜禽溢缺的核算

活畜禽在储存过程中需要饲养、防疫，会发生增重、减重、走失、零星死亡，还会由于瘟疫流行和自然灾害造成大量死亡以及发生急宰处理。发生上述业务具体应按如下原则核算：

(1) 在活畜禽头数不变的情况下，发生长膘增重或掉膘减重，只在库存商品明细账中调整重量、单价，不调整进价总金额。

(2) 储存饲养中支付的饲养费、防疫费，作为企业"管理费用——仓储保管费"列支。

(3) 在一般情况下发生的零星死亡，以及个别因病急宰发生售价低于原进价的差额，记入"管理费用——商品损耗"账户。

(4) 对发生的短缺、走失，在未查明原因或未经批准处理前，记入"待处理财产损溢——待处理流动资产损溢"账户，查明原因或经批准处理后，根据不同情况进行账务处理，其处理方法与前述溢缺的核算方法相同。

(5) 由于瘟疫流行、自然灾害发生大量死亡损失，以及由上述原因进行急宰处理发生的售价低于原进价的差额，由保险公司赔偿后的净损失，记入"营业外支出——非常损失"账户。

【例8】 甲公司库存生猪20头，毛重2 450千克，原收购单价每千克为20元，共计49 000元。在待运过程中，共耗用饲料980元。

Ⅰ. 根据"饲料领用单"编制会计分录如下：

借：管理费用——仓储保管费　　980

　　贷：材料物资——饲料　　980

Ⅱ. 月末盘点，库存生猪仍为20头，但实际毛重为2 510千克。根据盘点结果调整账面记录，编制会计分录如下：

借：库存商品——生猪(2 510千克)　　49 000

　　贷：库存商品——生猪(2 450千克)　　49 000

练习题

某商品流通企业2013年3月发生如下经济业务：

1. 该企业与甲生产专业户签订某项农副产品预购合同，发放预购定金50 000元。
2. 甲生产专业户交售农副产品共计60 000元，不足款项以现金支票付讫。
3. 上述农副产品运达企业并验收入库。
4. 企业将某农副产品2 490千克，进价金额为3 000元，拨给精选小组进行精选管理，精选后清除水分杂质90千克，收回甲级产品2 400千克，以现金支付清理费50元，精选小组报来"农副产品精选整理单"一份。
5. 向B企业销售农副产品一批，价款为2 350元，增值税率13%，款项尚未收到。
6. 收到B企业开来的商业承兑汇票一张，系支付上述产品的购货款及增值税。
7. 期末进行库存商品盘点，发现短缺商品400元，原因待查。
8. 调查发现，上述短缺商品中有300元为仓库保管员责任造成，应由其赔偿；有100元无法查明原因，批准转销。

要求：根据以上业务编制会计分录。

6 进出口商品流通业务核算

【本章学习目的】

(1) 掌握进出口商品流通业务的概念和特点,了解进出口业务的程序。

(2) 掌握自营进口业务的核算。

(3) 掌握代理进口业务的核算。

(4) 掌握自营出口业务的核算。

(5) 掌握代理出口业务的核算。

(6) 了解易货贸易的常识,掌握易货贸易的核算。

【引导案例】

中兴烟酒进出口公司向法国马赛公司进口葡萄酒,采用信用证结算,11 月份发生下列有关的经济业务:

(1) 5 日,接到银行转来马赛公司全套结算单据,开列葡萄酒 400 箱,每箱 200 欧元(FOB 价格),共计货款 80 000 欧元,经审核无误,购汇予以支付。当日欧元汇率卖出价为 9.40 元。

(2) 6 日,购汇支付进口葡萄酒国外运费 1 424 欧元,保险费 176 欧元,当日欧元汇率卖出价为 9.40 元。

(3) 18 日,葡萄酒运到我国口岸向海关申报应纳进口关税额 281 400 元,消费税额 114 600 元,增值税额 19 488 元。

(4) 20 日,法国马赛公司汇来佣金 1 600 欧元,当日欧元汇率买入价 9.37 元,予以结汇。

(5) 21 日,法国马赛公司运来的 400 箱葡萄酒已验收入库,结转其采购成本。

(6) 25 日,以银行存款支付进口葡萄酒的进口关税、消费税和增值税。

根据上述资料编制会计分录。

6.1 概述

对外贸易是指一个国家或地区与其他国家或地区进行的商品和劳务交换的活动。对外贸易对促进劳动生产率的提高,生产要素的充分利用和资源的有效配置,降低生产成本,实现规模经济效益,创造就业机会,带动相关经济部门的发展和提高国民的多样化消费水平方面发挥着重要的作用。

6.1.1 进出口商品流通的概念

1) 进口贸易业务

进口贸易业务是指商贸企业以外汇在国际市场上采购商品,满足国内生产和人民生活需要的业务。

进口贸易业务是商贸企业的一项重要业务。一个国家所生产的商品,不可能完全满足本国的全部需求,因此只有通过进口贸易业务进行商品交换,才能满足国内生产和人民生活需要。同时,通过引进先进技术,进口先进的生产设备和国内紧缺的原材料和燃料,可以提升我国的科技水平、生产能力和国际竞争力;促进我国出口贸易业务的增长,扩大我国与世界各国的经济交往,以达到互通有无,共同发展的目的。

2)出口贸易业务

出口贸易业务是指商贸企业组织产品在国际市场上销售,取得外汇的业务。它是商贸企业的一项重要的业务。商品出口收汇是我国外汇收入的主要来源,它为进口我国经济发展所需要的先进生产设备和用于满足提高人民生活水平的商品创造了条件。

一个国家的进口贸易和出口贸易是相辅相成的,没有出口贸易,也就没有了进口贸易。出口贸易大于进口贸易,外汇收支表现为顺差,构成了外汇储备的来源,它标志着一个国家的支付能力和经济实力。

商贸企业应积极拓展出口贸易业务,加强出口贸易业务的核算和管理,这对于密切国际间的分工协作,扩大就业机会,安全及时收汇,降低出口成本,提高人民生活水平,加快国民经济的建设和发展都具有重要的意义。

6.1.2 进出口商品流通业务核算的特点

进出口商品流通业务核算的特点是由商贸经营业务的特点所决定的,主要有以下三点:

1)采用复币记账

商贸企业经营的出口和进口业务都涉及外币结算,而我国商贸企业主要是以人民币为记账本位币,因此涉及的外汇业务在填制记账凭证和登记会计账簿时,应填制或登记外币数额,同时以外币的数额为基数,按照折合率填制或登记人民币数额,同时核算人民币和外币。

2)需要反映汇兑的损益

在浮动汇率制度下,外币与人民币的汇率经常会发生波动,从而产生了汇兑损益。为了反映汇兑损益对商贸企业经营成果的影响,根据重要性原则,需要单独设置“汇兑损益”账户进行核算。

3)核算出口退税

国家为了使商贸企业能够公平地在国际市场上参与竞争,对出口商品采取了国际上通行的退税政策。商贸企业通过对出口退税的核算,以核算出口退税额对营业利润的影响。

6.1.3 进出口业务的程序

1)进口贸易业务的程序

进口贸易业务有进口贸易前的准备工作、签订进口贸易合同、履行进口贸易合同以及对内销售与结算四个业务程序。

(1)进口贸易前的准备工作

商贸企业应根据国内市场需求情况和国际市场上商品的价格、供应商的资信情况以及企业的利润预期来确定进口贸易业务。对于国家规定必须申请许可证的进口商品,商贸企业必须按规定申请领取许可证,然后与国内客户签订供货合同,明确进口商品的名称、规格、质量、价格、交货日期、结算方式等内容,做到以销定进。

(2) 签订进口贸易合同

商贸企业在与国内客户协商签订供货合同的同时，与国外出口商通过询盘、发盘、还盘与反还盘和接受四个环节进行磋商，在磋商成功的基础上与国外出口商签订进口贸易合同。

(3) 履行进口贸易合同

商贸企业履行进口贸易合同可分为以下五个环节：

① 开立信用证：商贸企业根据进口贸易合同上规定的日期，在其所在地的外汇银行申请开立信用证。信用证的内容必须与进口贸易合同的条款相一致。

② 督促对方及时发货和办理必要的手续：商贸企业开立信用证后，在合同规定交货期前，应督促国外出口商及时备货，按时装船。倘若以FOB价格成交的合同，应由商贸企业负责办理租船定舱工作，及时将船名、船期等通知出口商；倘若以FOB价格或CFR价格成交的合同，商贸企业还应办理货运保险。租船定舱工作通常委托外贸运输公司办理。货运保险工作是指商贸企业在收到出口商的装船通知，应立即将船名、开船日期、提单号数、商品名称、数量、装运港、目的地等通知保险公司，据以办理货运保险。

③ 审核单据和付款赎单：商贸企业收到银行转来的国外出口的全套结算单据后，应对照信用证，核对单据的种类、份数和内容。只有在"单证相符，单单相符"的情况下，才能凭全套结算单据向开证行办理进口付款赎单手续，如发现单证不符，应及时通知开证行全部拒付或部分拒付。

④ 海关报关和货物接运：进口商品到达港口后，应及时办理海关报关和货物接运工作，计算交纳税款和港口费用。

⑤ 商品检验和索赔：商贸企业应及时请商检部门对进口商品进行检验，如发现商品数量、品种、质量、包装等与合同或信用证不一致，应立即请商品检验部门出具商品检验证明书，以便据以在合同规定的索赔期限内，根据造成损失的原因和程度向出口商、运输公司或保险公司提出索赔。

(4) 对内销售与结算

商贸企业收到运输公司船舶到港通知及全套单据后，应根据合同向国内客户开出发票，办理结算。

2) 出口贸易业务的程序

不同方式的出口贸易业务程序不尽相同，这里以自营出口销售的业务为例进行介绍。自营出口销售的业务有出口贸易前的准备工作、出口贸易的磋商、签订出口贸易合同和履行出口贸易合同四个业务程序。

(1) 出口贸易前的准备工作

商贸企业为了使出口贸易得以顺利进行，应进行调查研究，充分了解国外市场的情况，包括了解进口商所在国的自然条件、进出口贸易的规模、商贸政策、贸易管制状况、关税措施、贸易惯例、运输条件等；了解进口商或消费者对我国出口商品在品质、规格、包装等方面的反映和意见，研究国外市场的供求关系和市场价格的变化情况；了解进口商的资信情况、经营范围和经营能力等。

(2) 出口贸易的磋商

在确定出口贸易对象后应进行磋商。一笔交易的磋商过程通常分为询盘、发盘、还盘与反还盘、接受四个环节。

① 询盘：询盘又称询价，是指交易的一方要购买或出售某种商品，而向另一方发出探

询买卖该种商品有关交易条件的一种表示。其内容通常包括商品的品种、规格、性能、价格条件、交货日期和付款条件等。

② 发盘：发盘又称报价，是指发盘人向受盘人提出一定的交易条件，并愿意按照这些条件成交订约的表示。

③ 还盘与反还盘：还盘又称还价，是指受盘人对发盘内容提出不同意见，或要求修改某些条件的表示；反还盘是指发盘人对还盘人再提出新的意见。一笔交易往往要经过多次的还盘和反还盘的过程才能成立。

④ 接受：接受是指受盘人在发盘的有效期内无条件地同意发盘中所提出的交易条件，愿意订立贸易合同的一种表示。

(3) 签订出口贸易合同

商贸企业与进口商在磋商成功的基础上签订贸易合同。贸易合同是指贸易双方通过磋商就某一项具体业务确定各方权利和义务，并取得意见一致的书面协议。贸易合同通常由出口商填制，经双方核对无误并签字后，各执正本1份，据以执行。

(4) 履行出口贸易合同

商贸企业履行出口贸易合同可分为以下五个环节。

① 组织出口货源：商贸企业应根据贸易合同或信用证的规定准备好出口商品。出口商品的品种、质量、数量、包装及交货期等都必须与合同相符，以免遭受买方的拒收或索赔。需要由商检局检验的商品，则应申请检验，以取得由商检局填发的商检证书。

② 催证、审证及通知派船或租船：商贸企业如未按时收到信用证，应及时催证，并对收到的信用证进行审查，如发现存在问题，应及时通知对方修改。审查或修改无误后，根据合同规定通知对方派船接运或租船托运。

③ 办理托运手续：商贸企业接到进口商派船通知后，应持全套出口单据办理托运手续，并向海关申报出口。海关放行后，出口商品才能装船出运。

④ 交单收汇：商贸企业办妥出口商品装运手续，取得正本提单或运单后，应当立即持全套出口单证交银行审单收汇，同时应向进口商发出装船通知。

⑤ 索赔与理赔：如进口商未按合同规定履约，从而造成经济损失的，商贸企业应向进口商提出索赔；反之，如进口商验收商品，发现有违反合同规定而提出索赔的，应根据其提供的合法证明，按照合同的条款，认真处理。如属供货单位责任的，商贸企业应与供货单位联系，予以解决；如不属供货单位责任范围，或不符合合同规定的索赔，应据理拒绝理赔。

6.2 进口商品流通业务的核算

6.2.1 自营进口业务的核算

1) 自营进口材料采购成本的构成

自营进口商品的采购成本由国外进价和进口税金两个部分构成。

(1) 国外进价

进口商品的进价一律以CIF价格为基础，如果与外商以FOB价格或CFR价格成交的，那么商品离开对方口岸后，外贸企业负担的国外运费和保险费均应作为商品的国外进价入账。商贸企业收到的能够直接认定的进口商品佣金，应冲减商品国外进价。对于难以按商品直接认定的佣金，如累计佣金则只能冲减“销售费用”账户。

（2）进口税金

进口税金指进口商品在进口环节应交纳的计入进口商品成本的各种税金。它包括海关征收的关税和消费税。征收消费税商品的范围和税率与出口商品相同。商品进口环节征收增值税是价外税，它不是进口材料采购成本的构成部分，应将其列入“应交税费”账户。

2）自营进口商品购进的核算

商贸企业采购国外商品主要采用信用证结算方式。当收到银行转来国外全套结算单据时，将其与信用证或合同条款核对相符，并通过银行向国外出口商承付款项时，借记“材料采购”账户；贷记“银行存款”账户。当支付国外运费和保险费时，应借记“材料采购”账户；贷记“银行存款”账户。进口商品运抵我国口岸，向海关申报进口关税、消费税和增值税时，根据进口关税和消费税的合计数（增值税是价外税，暂不作处理），借记“材料采购”账户；贷记“应交税费”账户。商贸企业收到出口商付来佣金时，借记“银行存款”账户；贷记“材料采购”账户。当进口材料采购完毕，验收入库，结转其采购成本时，借记“库存商品”账户；贷记“材料采购”账户。商贸企业支付进口商品的关税、消费税、增值税时，应借记“应交税费”账户；贷记“银行存款”账户。

【例1】 仟胜食品进出口公司根据进口贸易合同从古巴雪茄公司进口卷烟一批，采用信用证结算。

Ⅰ．6月1日，接到银行转来国外全套结算单据，开列卷烟500箱，每箱96美元FOB价格，其中货款48 000美元，审核无误后，购汇予以支付，当日美元汇率卖出价为6.30元。作分录如下：

借：材料采购——古巴卷烟　　　　302 400

　　贷：银行存款　　　　302 400

Ⅱ．6月2日，购汇支付进口卷烟国外运费1 891美元，保险费109美元，当日美元汇率卖出价为6.30元。作分录如下：

借：材料采购——古巴卷烟　　　　12 600

　　贷：银行存款　　　　12 600

Ⅲ．6月19日，卷烟运达我国口岸，向海关申报卷烟应纳进口关税额144 900元，应纳消费税额372 600元，应纳增值税额158 525元。作分录如下：

借：材料采购——古巴卷烟　　　　517 500

　　贷：应交税费——应交进口关税　　　　144 900

　　　　　　　　——应交消费税　　　　372 600

Ⅳ．6月20日，古巴雪茄公司付来佣金1 500美元，当日美元汇率买入价为6.26元，收到银行转来结汇水单。作分录如下：

借：银行存款　　　　9 390

　　贷：材料采购——古巴卷烟　　　　9 390

Ⅴ．6月21日，500箱进口卷烟验收入库，结转其采购成本。作分录如下：

借：库存商品——库存进口商品　　　　823 110

贷：材料采购——古巴卷烟　　　　823 110

Ⅶ．6月26日，以银行存款支付进口卷烟的进口关税额、消费税额和增值税额。作分录如下：

借：应交税费——应交进口关税　　144 900

　　　　　——应交消费税　　327 600

　　　　　——应交增值税(进项税额)　　139 928.70

　贷：银行存款　　612 428.70

3）自营进口商品索赔理赔的核算

自营进口商品销售采取单到结算方式，当进口商品到达时，所有权已属于国内客户，由其检验商品。如果发生商品短缺、质量与合同规定不符，应区别情况进行处理。如果属于运输单位责任或属于保险公司负责赔偿的范围，由国内客户向运输单位或保险公司索赔；如果属于国外出口商的责任，应由外贸企业根据商检部门出具的商品检验证明书在合同规定的对外索赔期限内向出口商提出索赔，并向国内客户理赔。

【例 2】 黄河粮油进出口公司 7 月份从美国休斯顿公司购进黄豆 250 吨，每吨 400 美元 CIF 价格，计货款 100 000 美元，佣金 2 000 美元，当日美元汇率卖出价为 6.40 元，交纳进口关税额 24 000 元，交纳增值税额 86 320 元。这批黄豆采取单到结算方式，已售给黄河食油厂，每吨 4 000 元，计货款 1 000 000 元，增值税额 130 000 元，款已收妥入账。8 月 5 日，黄豆到达港口，黄河食油厂检验黄豆时发现其中 25 吨已霉烂变质。

Ⅰ. 8 月 7 日，收到黄河食油厂转来商检部门出具的商品检验证明书，25 吨黄豆霉烂变质系美国休斯顿公司的责任。黄河食油厂向外商提出索赔，经协商后，外商同意赔偿 9 800 美元，予以冲减商品销售成本。作分录如下：

借：应收账款(US＄9 800×6.40)　　62 720

　贷：自营进口销售成本　　62 720

Ⅱ. 8 月 7 日，同时作销货退回处理，开出红字专用发票，应退货款 100 000 元，增值税额 13 000 元。作分录如下：

借：自营进口销售收入　　100 000

　贷：应付账款　　113 000

　　应交税费——应交增值税(销项税额)　　13 000

Ⅲ. 8 月 8 日，向税务机关申请退还 25 吨霉烂变质黄豆已交的进口关税额 2 400 元。作分录如下：

借：应交税费——应交进口关税　　2 400

　贷：自营进口销售成本　　2 400

Ⅳ. 8 月 20 日，收到美国休斯顿公司付来赔偿款 9 800 美元，当日美元汇率的买入价为 6.36 元，予以结汇。作分录如下：

借：银行存款　　62 328

　财务费用——汇兑损益　　392

　贷：应收账款(US＄9 800×6.40)　　62 720

Ⅴ. 8 月 31 日，收到税务机关退还 25 吨变质黄豆的进口关税 2 400 元，增值税额 8632 元，存入银行。作分录如下：

借：银行存款　　16 569.16

　贷：应交税费——应交进口关税　　2 400

　　应交税费——应交增值税(进项税额转出)　　8 632

“自营进口销售收入”是损益类账户，用以核算企业自营进口商品的销售收入。企业取得自营进口商品销售收入时，记入贷方；发生自营进口销售商品国外运费、保险费、销货退回、理赔以及期末转入本年利润账户时，记入借方。

"自营进口销售成本"是损益类账户，用以核算企业自营进口商品的销售成本。企业结转自营进口商品销售成本时，记入借方；冲减销货退回商品成本以及期末转入本年利润账户时，记入贷方。

6.2.2 代理进口业务的核算

1）代理进口业务应遵循的原则

商贸企业经营代理业务，应遵循不垫付进口商品资金，不负担进口商品的国内外直接费用，也不承担进口业务盈亏；只根据进口商品进口金额的 CIF 价格按规定代理手续费率向委托单位收取代理手续费的原则。

根据这一原则，委托单位必须预付采购进口商品的资金，商贸企业只有在向委托单位收妥款项后，才能与进口商签订进口合同；委托单位必须负担因代理业务所发生的国内外费用和进口商品所发生的各项税收，并承担进口业务的盈亏。

由于商贸企业经营代理进口业务前，已与委托单位签订了代理进口合同或协议，就代理进口商品的名称、价款条件、运输方式、费用负担、风险责任、手续费率等有关内容作出详细的规定，以明确双方的权利和责任，因此，当银行转来国外全套结算单据，经审核与合同无误，支付进口商品的货款的同时，也就可以向国内委托单位办理货款结算，那么代理进口商品的销售也就已经实现。

2）代理进口业务的核算

商贸企业代理进口业务通常要求委托单位预付货款，在收到委托单位的预付货款时，借记"银行存款"账户；贷记"预收账款"账户。收到银行转来国外全套结算单据时，将其与信用证或合同条款核对无误后，通过银行向国外出口商承付款项时，借记"预收账款"账户；贷记"银行存款"账户。同时，商贸企业业务部门根据代理进口商品金额 CIF 价格的一定比例开具收取代理手续费的发票，财会部门根据业务部门转来的发票（记账联）确认代理进口业务销售收入的实现，据以借记"预收账款"账户；贷记"其他业务收入"账户。

【例 3】 成都进出口公司受理甲公司代理进口法国葡萄酒，以 FOB 价格成交，进口关税的税率为 20%，消费税税率为 10%，增值税税率为 17%。

Ⅰ. 8 月 1 日，收到甲公司预付代理进口法国葡萄酒款 1 366 100 元。作分录如下：

借：银行存款	1 366 100	
贷：预收账款		1 366 100

Ⅱ. 8 月 12 日，购汇支付法国巴黎公司葡萄酒的国外运费 1 424 美元，保险费 176 美元，当日美元汇率卖出价为 6.30 元。作分录如下：

借：预收账款	10 080	
贷：银行存款		10 080

Ⅲ. 8 月 15 日，收到银行转来法国巴黎公司全套结算单据，开列葡萄酒 200 箱，每箱 400 美元 FOB 价格，计货款 80 000 美元，佣金 1 600 美元。审核无误，扣除佣金后支付货款，当日美元汇率卖出价为 6.30 元。作分录如下：

借：预收账款	493 920	
贷：银行存款		493 920

Ⅳ. 8月15日，同时，按代理进口葡萄酒货款CIF价格的2.5%向甲公司收取代理手续费2 000美元，当日美元汇率中间价为6.26元。作分录如下：

借：预收账款　　12 520

　　贷：其他业务收入　　12 520

Ⅴ. 8月25日，法国葡萄酒运达我国口岸，向海关申报应纳进口关税100 800元、消费税67 200元、增值税114 240元。作分录如下：

借：预收账款　　282 240

　　贷：应交税费——应交进口关税　　100 800

　　　　　　　——应交消费税　　67 200

　　　　　　　——应交增值税(进项税额)　　114 240

Ⅵ. 8月31日，按代理进口葡萄酒手续费收入12 520元的5%计提应交营业税。作分录如下：

借：其他业务支出　　526

　　贷：应交税费——应交营业税　　526

Ⅶ. 8月31日，支付代理进口葡萄酒的进口关税、消费税和增值税。作分录如下：

借：应交税费——应交进口关税　　100 800

　　　　　　——应交消费税　　67 200

　　　　　　——应交增值税(进项税额)　　114 240

　　贷：银行存款　　282 240

代理进口业务如发生索赔和理赔时，其核算方法与自营进口业务相同，不再重述。

"其他业务收入"是损益类账户，用以核算企业除自营业务收入以外的代理业务收入、出租资产业务收入等。企业发生代理业务手续费收入、出租资产业务收入时，记入贷方；月末结转"本年利润"账户时，记入借方。

"其他业务支出"是损益类账户，用以核算企业除自营业务成本以外的其他业务所发生的支出，包括代理业务和出租资产业务所发生的相关成本和费用，以及相关的税费。发生时，记入借方；月末结算"本年利润"账户，记入贷方。

6.3　出口商品流通业务的核算

6.3.1　自营出口业务的核算

1）商品托运及出口销售收入的核算

商贸企业出口销售通常采用信用证结算，业务部门根据贸易合同和信用证的规定，开具出库单一式数联，由储运部门据以向运输单位办理托运，然后将出库单(记账联)和(转账联)转给财会部门，财会部门根据出库单(记账联)借记"发出商品"账户；贷记"库存商品"账户。

业务部门待出口商品装船，取得全套货运单据，持出口发票正本向银行交单办理收汇手续，取得银行回单，财会部门取得业务部门转来的发票副本及银行回单时，据以借记"应收账款"账户；贷记"自营出口销售收入"账户。然后将储运部门转来的出库单(转账联)所列商品的品名、规格、数量与发票副本核对相符后，据以结转商品销售成本，届时借记"自营出口销售成本"账户；贷记"发出商品"账户。待收到货款时，再借记"银行存款"账户；贷记"应收账款”账户。

【例 4】 张家港食品进出口公司根据出口贸易合同，销售给日本大阪酒业公司黄酒 200 吨，采用信用证结算。

Ⅰ. 3 月 1 日，收到储运部门转来出库单(记账联)列明出库黄酒 200 吨，每吨 2 000 元，予以转账。作分录如下：

借：发出商品——黄酒　　400 000

　贷：库存商品——库存出口商品　　400 000

Ⅱ. 3 月 5 日，收到业务部门转来销售黄酒的发票副本和银行回单，发票开列黄酒 200 吨，每吨 400 美元(CIF 价格)，共计货款 80 000 美元，当日美元汇率的中间价为 6.28 元。作分录如下：

借：应收账款——大阪酒业公司(80 000×6.28)　　502 400

　贷：自营出口销售收入——货款　　502 400

Ⅲ. 3 月 5 日，同时根据出库单(转账联)结转出口黄酒销售成本，作分录如下：

借：自营出口销售成本　　400 000

　贷：发出商品　　400 000

Ⅳ. 3 月 15 日，收到银行收汇通知，80 000 美元已收汇。银行扣除 100 美元手续费后将其余部分已存入外汇存款账户，当日美元汇率的中间价为 6.27 元。作分录如下：

借：银行存款——外币存款(US＄79 900×6.27)　　500 973

　　财务费用——手续费(US＄100×6.27)　　627

　　　　　　——汇兑损益　　800

　贷：应收账款(US＄80 000×6.28)　　502 400

“发出商品”是资产类账户，用以核算企业已经出库待运，尚未确认商品销售的数额。企业发出商品运往码头、车站，准备装船、装车时，记入借方；发运商品销售收入确认，结转自营出口销售成本及商品出仓后退关甩货时，记入贷方；余额在借方，表示尚未确认销售的待运和发出商品的结存额。

“应收账款”是资产类账户，用以核算企业因出口销售商品、向国外提供劳务等应向外商收取的外汇账款。发生时，记入借方；收回时，记入贷方；余额在借方，表示尚未收回外汇账款的数额。

2) 支付国内费用的核算

商贸企业在商品出口贸易过程中，发生的商品自所在地发运至边境、口岸的各项运杂费、装船费等费用，均应列入“销售费用”账户。

【例 5】 3 月 4 日，张家港食品进出口公司签发转账支票支付张家港运输公司将黄酒运送上海港的运杂费 6 000 元，并信汇上海港黄酒的装船费 1 500 元。作分录如下：

借：销售费用——运杂费　　6 000

　　　　　　——装卸费　　1 500

　贷：银行存款　　7 500

3) 支付国外费用的核算

国外费用主要有运费、保险费和国外佣金三项。

(1) 支付国外运费和保险费的核算

商贸企业出口贸易有多种不同的价格条件，不同的价格条件所负担的费用是不同的。

若以FOB价成交，商贸企业就不用承担国外运费和保险费；若以CFR价成交，商贸企业只承担国外运费；若以CIF成交，商贸企业将承担国外运费和保险费。

国外运费是指国际贸易价格条件所规定的、应由出口商支付并负担的、从装运港到目的港的运输费用。商贸公司收到运输单位送来的运费凭证，应核对出口发票号码、计费重量、运输等级、运费金额等内容，审核无误后，据以支付运费。

保险费是指企业为转移商品在运输途中的风险，并在遭受损失时能得到必要的补偿，向保险公司投保并负担支付的费用。

由于自营出口商品销售收入是按FOB价格扣除佣金后计价的，因此商贸企业负担的国外运费和保险费应冲减"自营出口销售收入"账户。

【例6】 张家港食品进出口公司出口销售给日本大阪酒业公司黄酒200吨，发生国外运费和保险费。

Ⅰ. 3月2日，收到外轮运输公司发票1张，金额2 500美元，系200吨黄酒的运费，当即从外币账户汇付对方，当日美元汇率的中间价为6.15元。作分录如下：

借：自营出口销售收入——运费　　15 375

　　贷：银行存款——外币存款(US＄2 500×6.15)　　15 375

Ⅱ. 3月3日，按黄酒销售发票金额80 000美元的110%向保险公司投保，保费率为2‰，签发转账支票从外币账户支付，当日美元汇率的中间价为6.15元。作分录如下：

借：自营出口销售收入——保险费　　1 082.4

　　贷：银行存款——外币存款(US＄176×6.15)　　1 082.4

(2) 支付国外佣金的核算

佣金是指价格条件或合同规定应支付给中间商的推销报酬。佣金有明佣、暗佣和累计佣金三种支付方式。

① 明佣：明佣又称发票内佣金，它是指在贸易价格条件中规定的佣金。采取明佣支付方式，出口商在销售发票上不但列明销售金额，而且还列明佣金率、佣金以及扣除佣金后的销售净额。商贸企业在向银行办理交单收汇时，应根据发票中列明的销售净额收取货款，不再另行支付佣金。届时根据银行回单和销售发票中的销售净额借记"应收账款"账户；根据佣金金额借记"自营出口销售收入"账户；根据销售金额贷记"自营出口销售收入"账户。

② 暗佣：暗佣又称发票外佣金。它是指在贸易价格条件中未作规定，但在贸易合同中规定的佣金。采取暗佣支付方式，出口商在销售发票上只列明销售金额。商贸企业在向银行办理交单收汇时，应根据发票中列明的销售金额收取货款，届时根据银行回单和销售发票借记"应收账款"账户；贷记"自营出口销售收入"账户。同时根据贸易合同中列明的佣金金额，借记"自营出口销售收入"账户；贷记"应付账款"账户。待收到货款汇付佣金时，借记"应付账款"账户；贷记"银行存款"账户。

【例7】 张家港食品进出口公司向日本大阪酒业公司出口200吨黄酒，共计货款80 000美元，采取暗佣支付方式，佣金率为3%。

Ⅰ. 3月5日，根据出口黄酒3%的佣金率，将应付客户暗佣入账，当日美元汇率的中间价为6.15元。作分录如下：

借：自营出口销售收入——佣金　　14 760

　　贷：应付账款(US＄2 400×6.15)　　14 760

Ⅱ. 3月16日，货款已于15日收到，现将黄酒佣金汇付日本大阪酒业公司，当日美元汇率的中间价为 6.14 元。作分录如下：

借：应付账款（US＄2 400×6.14）　　　　14 736

　贷：银行存款——外币存款（US＄2 400×6.14）　　　　14 736

　　　财务费用——汇兑损益　　　　24

此外，暗佣也可以在出口后向银行议付信用证时，由银行按规定的佣金率，将佣金在结汇款中扣除。届时按销售净额借记“银行存款”账户，按扣除的佣金金额借记“应付账款”账户；按销售金额贷记“应收账款”账户。

“自营出口销售收入”是损益类账户，用以核算企业自营出口的销售收入。企业取得自营出口销售收入时，记入贷方；发生自营出口销售国外运费、保险费、佣金、销货退回、出口理赔以及期末转入本年利润账户时，记入借方。

③ 累计佣金：累计佣金是指出口商与国外包销商、代理商订立协议，规定在一定时期内按累计销售金额及相应的佣金率定期计付的佣金。佣金率通常是累进计算的，在到期汇付时入账。累计佣金倘若能直接认定到具体出口商品的，其核算方法与其他佣金一样，应冲减“自营出口销售收入”账户；倘若不易认定到具体出口商品的，则应列入“销售费用”账户。

4）出口商品退税的核算

我国同国际上其他国家一样，对出口商品实行退税的政策，以增强商品在国际市场上的竞争力。商贸企业凭销售发票副本、出口报关单等有关凭证，向企业所在地的税务机关申报办理出口退税手续。退税款项主要是购进出口商品时所支付的增值税进项税额。此外，国家还对烟、酒及酒精、化妆品、护肤护发品、汽油、柴油等 11 目在生产环节征收消费税的商品，退还消费税。

增值税在申报退税后，根据应退的增值税额借记“应收出口退税”账户；根据出口商品购进时支付的增值税额贷记“应交税费”账户；两者的差额，也就是国家不予退税的金额，应列入“自营出口销售成本”账户的借方。消费税在申报退税时，借记“应收出口退税”账户；贷记“自营出口销售成本”账户。在收到增值税和消费税退税款时，再借记“银行存款”账户；贷记“应收出口退税”账户。

【例 8】 张家港食品进出口公司出口黄酒一批，黄酒购进时数量为 200 吨，进价金额为 500 000 元。

Ⅰ. 3 月 31 日，黄酒购进时增值税税率为 17%，已付增值税额 85 000 元，增值税向税务机关申报出口的退税率为 13%。作分录如下：

借：应收出口退税　　　　65 000

　　自营出口销售成本　　　　20 000

　贷：应交税费——应交增值税（出口退税）　　　　85 000

Ⅱ. 3 月 31 日，黄酒每吨应退消费税 240 元，向税务机关申报退税。作分录如下：

借：应收出口退税　　　　48 000

　贷：自营出口销售成本　　　　48 000

“自营出口销售成本”是损益类账户，用以核算企业自营出口的销售成本。企业结转自营出口销售成本以及支付的增值税中不予退税的部分转入时，记入借方；转入应退消费税、冲减销货退回成本以及期末转入本年利润账户时，记入贷方。

5）预估国外费用的核算

商贸企业出口贸易业务销售收入确认的时间与支付国外运费、保险费和佣金的时间往往不一致。在会计期末为了正确核算会计期间的销售收入和利润，应遵循配比原则，对于已作自营出口销售收入入账，而尚未支付的国外费用应预估入账。届时借记“自营出口销售收入”账户；贷记“应付账款”账户。待下期初实际支付时，再借记“应付账款”账户；贷记“银行存款”账户。如果实际支付金额与预估金额有差异时，其差额列入“自营出口销售收入”账户。

【例 9】 东风食品进出口公司日前销售给美国路易斯公司红枣一批，已入账。

Ⅰ. 12 月 31 日，预估红枣国外运费 1 800 美元，保险费 125 美元，当日美元汇率的中间价为 6.14 元。作分录如下：

借：自营出口销售收入——运费　　　　11 052

　　自营出口销售收入——保险费　　　　767.5

　　贷：应付账款(US＄1 925×6.14)　　　　11 819.5

Ⅱ. 次年 1 月 3 日，签发转账支票支付运输公司国外运费 1 825 美元，支付保险公司保险费 125 美元，当日美元汇率的中间价为 6.14 元。作分录如下：

借：应付账款(US＄1 925×6.14)　　　　11 819.5

　　自营出口销售收入——运费　　　　153.5

　　贷：银行存款——外币存款(US＄1 950×6.14)　　　　11 973

6.3.2 代理出口业务的核算

1）代理出口商品收发的核算

商贸企业根据合同规定收到委托单位发来代理出口商品时，应根据储运部门转来代理业务入库单上所列的金额，借记“受托代销商品”账户；贷记“代销商品款”账户。代理商品出库后，应根据储运部门转来的代理业务出库单上所列的金额，借记“待运和发出商品——受托代销商品”账户；贷记“受托代销商品”账户。

【例 10】 上海服装进出口公司受理常熟服装厂代理出口服装业务，男西服已运到。

Ⅰ. 9 月 2 日，收到储运部门转来代理业务入库单，列明入库男西服 800 套，每套 350 元。作分录如下：

借：受托代销商品——常熟服装厂　　　　280 000

　　贷：代销商品款——常熟服装厂　　　　280 000

Ⅱ. 9 月 5 日，收到储运部门转来代理业务出库单，列明出库男西服 800 套，每套 350 元。作分录如下：

借：待运和发出商品——受托代销商品　　　　280 000

　　贷：受托代销商品——常熟服装厂　　　　280 000

2）代理出口商品销售收入的核算

代理出口商品交单办理收汇手续，取得银行回单时就意味着销售已经确认，然而这是委托单位的销售收入，因此通过“应付账款”账户核算。届时根据代理出口商品的销售金额，借记“应收账款”账户；贷记“应付账款”账户；同时结转代理出口商品的销售成本，根据代理出口商品的出库金额，借记“代销商品款”账户；贷记“待运和发出商品”账户。

【例 11】 上海服装进出口公司根据代理出口合同销售给美国波斯顿公司男西服。

Ⅰ. 9 月 6 日，收到业务部转来代理销售男西服的发票副本和银行回单，发票开列男西服 800 套，每套 62.50 美元(CIF 价格)，共计货款 50 000 美元，佣金 1 000 美元，当日美元汇率的中间价为6.15元。作分录如下：

借：应收账款(US＄49 000×6.15)　　301 350

　贷：应付账款——常熟服装厂　　301 350

Ⅱ. 9月6日，同时根据代理业务出库单(转账联)结转代理出口男西服销售成本。作分录如下：

借：代销商品款——常熟服装厂　　280 000

　贷：待运和发出商品——受托代销商品　　280 000

3）垫付国内外直接费用的核算

商贸企业在垫付国内外直接费用时，应借记“应付账款”账户；贷记“银行存款”账户。

【例12】 上海服装进出口公司代理销售男西服发生国内外直接费用。

Ⅰ. 9月7日，签发转账支票2张，分别支付上海运输公司将西服运送上海港运杂费956元，支付上海港西服的装船费700元。作分录如下：

借：应付账款——常熟服装厂　　1 656

　贷：银行存款　　1 656

Ⅱ. 9月8日，签发转账支票2张，分别支付外轮运输公司的运费800美元，保险公司的保险费150美元，当日美元汇率的中间价为6.14元。作分录如下：

借：应付账款——常熟服装厂　　5 833

　贷：银行存款——外币存款(US＄950×6.14)　　5 833

4）代理出口销售收汇的核算

商贸企业代理出口销售收汇时，如采取异地结汇法，收到银行转来的垫付代理出口商品的国内外直接费用和代理手续费时，根据收到的金额，借记“银行存款”账户；贷记“应收账款”账户，并根据业务部门转来按代理出口销售收入金额的一定比例收取代理手续费发票的金额借记“应收账款”账户；贷记“其他业务收入”账户。同时还应根据银行划拨款委托单位的金额，借记“应付账款”账户；贷记“应收账款”账户。

【例13】 上海服装进出口公司代理销售男西服采取异地结汇法，代理业务的手续费率为2%，发生收汇业务。

Ⅰ. 9月20日，收到银行转来分割收结汇的收账通知，金额为2 150美元，其中代理业务代垫国内运费956元，装船费700元；代垫国外运费800美元，保险费150美元；代理手续费1 000美元，款项全部存入外币存款户。当日美元汇率的中间价为6.14元。作分录如下：

借：银行存款——外币存款(US＄2 150×6.14)　　13 201

　贷：应收账款(US＄2 150×6.14)　　13 201

Ⅱ. 9月20日，同时根据代理业务收取代理手续费的发票(记账联)，作分录如下：

借：应付账款——常熟服装厂　　6 140

　贷：其他业务收入(US＄1 000×6.14)　　6 140

Ⅲ. 9月20日，同时根据银行转来分割结汇通知，划拨常熟服装厂收汇余额47 850美元。作分录如下：

借：应付账款——常熟服装厂　　293 799

　贷：应收账款(US＄47 850×6.14)　　293 799

商贸企业代理出口销售业务如采取全额收(结)汇法，收到银行转来收汇通知收取全部款项时，借记“银行存款——外币存款”账户；贷记“应收账款”账户。然后由业务部门按代理出口销售收入的一定比例开具收取代理手续费的发票，其中一联记账联送交财会部门扣款。财会部门根据代理出口销售收入金额减去垫付的国内外费用后的差额借记“应付账款”账户；根据业务部门转来的代理手续费发票记账联贷记“其他业务收入”账户，将两者之间的差额汇付委托单位，根据汇款回单，贷记“银行存款”账户。

“受托代销商品”是资产类账户，用以核算企业接受其他单位委托代理出口的商品和代销的商品。企业收到其他单位代理出口商品或代销商品时，记入借方；代理出口商品发运后或代销商品销售后，结转其成本时，记入贷方。余额在借方，表示委托代理出口商品和代销商品的结存额。

“代销商品款”是负债类账户，用以核算企业接受代理出口商品和代销商品的货款。企业收到代理出口商品或代销商品时，记入贷方；代理出口商品或代销商品销售时，记入借方，余额在贷方，表示尚未销售的代理出口商品和代销商品的数额。

5）代理出口销售业务税金的核算

代理出口销售业务的退税由委托单位自行办理。

商贸企业代理出口销售业务所取得的代理手续费收入，根据税法规定，按规定的税率交纳营业税，在月末提取时，借记“其他业务支出”账户；贷记“应交税费”账户。

【例 14】 上海服装进出口公司按代理出口销售手续费收入 8 280 元的 5%计提营业税，作分录如下：

借：其他业务支出　　414

　贷：应交税费——应交营业税　　414

次月初在向税务机关交纳营业税时，借记“应交税费”账户；贷记“银行存款”账户。

6.4 易货贸易核算

6.4.1 易货贸易概述

易货贸易业务是指由贸易双方订立易货贸易合同或协议，规定在一定期限内，用一种或几种出口商品交换另一种或几种进口商品的业务。

1）易货贸易业务的结算方式

易货贸易业务由贸易双方事先在合同中规定进行计价和结算的货币币种，货款可采取逐笔平衡或分别结算，一般是以对开信用证或记账的方式进行结算。

(1) 对开信用证结算方式

它是指贸易双方各自开立以对方为受益人，金额相等或基本上相等的信用证，并在信用证内规定，应在收到对方开立的金额相等或基本上相等的信用证时才能生效的结算方式。

(2) 记账结算方式

它是指由贸易双方银行互设清算账户记账，双方出口商品在发运后将全套结算单据送交本国银行，由双方银行记账。同时，贸易双方也应相应设立外汇结算专户记账，互相冲抵，并在规定的期限内进行平衡的结算方式。采用这种结算方式如出现差额，由逆差方以现汇或商品补差。

2）易货贸易业务的原则和特点

易货贸易业务的原则是计划外自找货源、自找销路、单独核算、外汇平衡和自负盈亏。

易货贸易由出口业务和进口业务两个部分组成，然而它们是一个统一的整体，易货贸易商品出口，换回易货贸易商品进口，并且在进口商品销售后，才完成了一个完整的易货贸易业务，其销售价值才真正实现，根据这一特点，易货贸易的核算应将出口业务和进口业务结合起来进行核算。

6.4.2 易货贸易出口的核算

商贸企业经营易货贸易出口业务应根据易货贸易合同或协议的规定采购出口商品，将商品验收入库、出口商品出库发运，向银行办理交单收汇、支付国内外直接费用、向税务部门申请退税和取得收汇通知或结汇水单等业务的核算方法与自营出口销售业务基本相同，但其销售收入和销售成本是通过“自营其他销售收入”账户和“自营其他销售成本”账户核算的。

【例 15】 东方五金进出口公司与韩国釜山公司签订易货贸易合同，合同规定我方出口 2 500 辆凤凰牌自行车，每辆 40 美元（CIF 价格），货款 100 000 美元；我方进口钢材 200 吨，每吨 500 美元（CIF 价格），货款 100 000 美元。采取对开信用证结算方式。

Ⅰ. 7月 1 日，向上海自行车厂购进凤凰牌自行车 2 500 辆，每辆 180 元，计货款 450 000 元，增值税额 76 500 元，款项签发转账支票付讫。

借：材料采购　　450 000
　　应交税费——应交增值税（进项税额）　　76 500
　　贷：银行存款　　526 500

Ⅱ. 7月 2 日，上项自行车已验收入库。作分录如下：

借：库存商品——库存出口商品　　450 000
　　贷：材料采购　　450 000

Ⅲ. 7月 3 日，上项自行车已出库装船。作分录如下：

借：发出商品　　450 000
　　贷：库存商品——库存出口商品　　450 000

Ⅳ. 7月 4 日，收到业务部门转来易货贸易销售自行车的发票副本和银行回单，开列凤凰牌自行车 2 500 辆，每辆 40 美元（CIF 价格），当日美元汇率买入价为 6.15 元。作分录如下：

借：应收账款（US＄2 500×40×6.15）　　615 000
　　贷：自营其他销售收入——易货贸易　　615 000

Ⅴ. 7月 4 日，同时结转易货贸易销售自行车的成本。作分录如下：

借：自营其他销售成本——易货贸易　　450 000
　　贷：发出商品　　450 000

Ⅵ. 7月 5 日，支付易货贸易国外运费 1 068 美元，保险费 132 美元，当日美元汇率卖出价为 6.14 元。作分录如下：

借：自营其他销售收入——易货贸易　　7 368
　　贷：银行存款　　7 368

Ⅶ. 7月 20 日，收到银行转来结汇水单，100 000 美元收妥结汇，银行扣除 80 美元收汇手续费，其余部分已按当日卖出价 6.14 元结汇。作分录如下：

借：银行存款　　613 508.8

　　财务费用　　1 491.2

　　贷：应收账款(US＄100 000×6.15)　　615 000

6.4.3　易货贸易进口的核算

商贸企业收到银行转来外商全套结算单据时，与易货贸易合同或协议核对无误后，据以支付货款，商品运达我国口岸后，申报进口关税、消费税和增值税，并按事先签订的合同将进口商品销售给国内客户，其核算方法与自营进口业务基本相同。其销售收入和销售成本也是通过“自营其他销售收入”账户和“自营其他销售成本”账户核算的。

【例 16】　接前例，收到易货贸易韩国釜山公司发来钢材的业务如下：

Ⅰ. 7 月 21 日，接到银行转来韩国釜山公司全套结算单据，开列钢材 200 吨，每吨 500 美元(CIF 价格)，共计货款 100 000 美元，审核无误，购汇予以支付，当日美元汇率卖出价为 6.14 元，作分录如下：

借：材料采购——釜山钢材　　614 000

　　贷：银行存款　　614 000

Ⅱ. 7 月 30 日，钢材运达我国口岸，申报应纳进口关税额 30 700 元，应纳增值税额 111 741 元。作分录如下：

借：材料采购——釜山钢材　　30 700

　　贷：应交税费——应交进口关税　　30 700

Ⅲ. 7 月 31 日，钢材已全部售给武泰公司，收到业务部门转来增值税专用发票，列明钢材 200 吨，每吨 3 300 元，计货款 660 000 元，增值税额 112 200 元，款项已收到转账支票，存入银行。作分录如下：

借：银行存款　　772 200

　　贷：自营其他销售收入——易货贸易　　660 000

　　　　应交税费——应交增值税(销项税额)　　112 200

Ⅳ. 7 月 31 日，同时结转钢材销售成本。作分录如下：

借：自营其他销售成本——易货贸易　　644 700

　　贷：材料采购——釜山钢材　　644 700

Ⅴ. 8 月 2 日，以银行存款支付进口钢材关税和增值税。作分录如下：

借：应交税费——应交进口关税　　30 700

　　应交税费——应交增值税(进项税额)　　109 599

　　贷：银行存款　　140 299

“自营其他销售收入”是损益类账户，用以核算企业自营加工补偿出口商品的销售收入和易货贸易进出口商品的销售收入。企业取得自营加工补偿出口商品销售收入和易货贸易进出口商品销售收入时，记入贷方；发生销货退回以及期末转入本年利润账户时，记入借方。

“自营其他销售成本”是损益类账户，用以核算企业自营加工补偿出口商品的销售成本和易货贸易进出口商品的销售成本。企业结转自营加工补偿出口商品销售成本和易货贸易进出口商品销售成本时，记入借方；发生销货退回转销销售成本以及期末转入本年利润账户时，记入贷方。

练习题

习 题 一

一、目的：练习索赔理赔的核算。

二、资料：庆丰化工国际贸易公司自营进口商品采取单到结算方式，从英国伦敦公司进口农药采用信用证结算方式。3月份发生下列有关的经济业务：

1. 1日，接到银行转来英国伯明翰公司全套结算单据，开列农药20吨，每吨2 000英镑(CIF价格)，共计货款40 000英镑，佣金800英镑。经审核无误，扣除佣金后购汇付款。当日英镑汇率卖出价为9.26元。

2. 2日，该批农药售给泰安公司，接到业务部门转来增值税专用发票，开列农药20吨，每吨30 000元，货款600 000元，增值税额102 000元，收到转账支票，存入银行。

3. 16日，农药运达我国口岸，向海关申报应纳进口关税额26 500元、应纳增值税额94 605元。

4. 16日，农药采购完毕，结转其销售成本。

5. 20日，以银行存款支付农药的进口关税额和增值税额。

6. 21日，收到泰安公司转来商检部门出具的商品检验证明书，证明伯明翰公司的农药有效成分不足，将会影响其使用效果。现向外商提出索赔，经协商后外商同意赔偿3 920英镑，当日英镑汇率卖出价为13.54元。

7. 23日，向泰安公司开出红字专用发票，应退泰安公司货款60 000元，增值税额10 200元。

三、要求：编制会计分录。

习 题 二

一、目的：练习代理进口业务的核算。

二、资料：光明食品进出口公司受理长江烟酒公司代理进口法国葡萄酒。2月份发生下列有关的经济业务：

1. 1日，收到长江烟酒公司预付代理进口葡萄酒款项860 000元，存入银行。

2. 10日，购汇支付法国里昂公司葡萄酒的国外运费1 068欧元、保险费132欧元，当日欧元汇率卖出价为8.02元。

3. 16日，收到银行转来法国里昂公司全套结算单据，开列葡萄酒300箱，每箱200欧元(FOB价格)，共计货款60 000欧元，佣金1 200欧元，经审核无误，扣除佣金后购汇支付货款，当日欧元卖出价为8.02元。

4. 16日，按代理进口葡萄酒货款CIF价格的2.5%向长江烟酒公司结算代理手续费，当日欧元汇率中间价为8.01元。

5. 24日，法国葡萄酒运达我国口岸，向海关申报葡萄酒应纳进口关税196 980元、消费税84 420元、增值税143 514元。

6. 27日，按代理进口葡萄酒手续费收入的5%计提应交营业税。

三、要求：编制会计分录。

习 题 三

一、目的：练习自营出口销售的核算。

二、资料：

(一) 浙江食品进出口公司根据进出口贸易合同，9月份销售给美国纽约酒业公司黄酒220吨，采用信用证结算，发生下列有关的经济业务：

1. 2 日，收到储运部门转来出库单(记账联)，列明出库黄酒 220 吨，每吨 2 800 元，予以转账。

2. 3 日，签发转账支票支付浙江运输公司将黄酒运送上海港的运杂费 5 750 元，并信汇上海港黄酒的装船费 1 550 元。

3. 4 日，收到外轮运输公司发票 1 张，金额为 3 000 美元，系 250 吨黄酒的运费，当即从外币账户汇付对方。当日美元汇率的中间价为 1 美元＝6.14 元人民币。

4. 5 日，按黄酒销售发票金额 99 000 美元的 110%向保险公司投保，保费率为 2‰，签发转账支票从外币账户支付。

5. 6 日，收到业务部门转来销售黄酒的发票副本和银行回单。发票列明黄酒 220 吨，每吨 450 美元(CIF 价格)，共计货款 99 000 美元。当日美元汇率的中间价为 6.14 元。同时根据出库单(转账联)结转出库黄酒销售成本。

(二) 上海电器进出口公司根据进出口贸易合同，8 月份销售给美国芝加哥电器公司彩电 400 台，采用信用证结算。8 月份发生下列有关的经济业务：

1. 5 日，收到储运部门转来出库单(记账联)，列明出库彩电 400 台，每台 1 400 元，予以转账。

2. 7 日，签发转账支票支付上海港彩电装船费 500 元。

3. 8 日，收到外轮运输公司发票 1 张，金额为 1 000 美元，系 400 台彩电的国外运费，当即签发转账支票从外币账户付讫，当日美元汇率的中间价为 6.14 元。

4. 9 日，按彩电销售发票金额 100 000 美元的 110%向保险公司投保，保费率为 2‰，签发转账支票从外币账户支付，当日美元汇率的中间价为 6.14 元。

5. 10 日，收到业务部门转来销售彩电的发票副本和银行回单。发票列明彩电 400 台，每台 250 美元(CIF 价格)，共计货款 100 000 美元，佣金率为 3%，佣金 3 000 美元，当日美元汇率的中间价为 6.14 元。同时根据出库单(转账联)结转出库彩电的销售成本。

三、要求：编制会计分录。

7 材料物资、包装物、低值易耗品的核算

【本章学习目的】

(1) 了解材料物资、包装物和低值易耗品概念;

(2) 掌握商品流通企业材料物资、包装物和低值易耗品购进、发出的相关账务处理;

(3) 掌握包装物和低值易耗品的摊销方法及账务处理。

【引导案例】

材料物资账实不符如何处理

材料物资虽然不是商品流通企业的主要资产,但也必须加强管理工作。其中一个重要方面,就是要定期对其进行盘点,以保证材料物资的安全完整。若盘点过程中发现库存材料物资有盘盈、盘亏或毁损的情况,要按规定进行处理。

例如:某企业月终盘点清查,发现有一批账外可作修理用铁皮,估价为 350 元。

根据这一盘点结果,企业应如何处理?

为了保证经营活动能够正常进行,商品流通企业除了必须储备一定的商品存货以外,还必须拥有一定的非商品存货。非商品存货一般包括材料物资、包装物和低值易耗品。商品存货和非商品存货有以下不同点:

(1) 商品存货是为卖而买,通过对外销售实现收入与成本的配比;而非商品存货是为用而买,多满足企业内部耗用,只在特殊情况下对外销售。

(2) 除某些包装物外,大部分非商品存货不随商品流转而转移,在使用过程中,因逐渐磨损或一次性消耗而减少的价值,要么直接计入相关费用成本,要么分期摊销。从这一点看,非商品存货与固定资产在一定意义上又有相似之处,只不过单位价值较小,使用期限较短而已。

7.1 材料物资核算

7.1.1 材料物资核算的范围

材料物资是用于企业业务经营、设备维修、劳动保护、办公等方面的材料用品,如保管商品用的药剂、维修用的零配件、劳动保护用的服装鞋帽以及办公用品用具。这些材料用品一经领用随即消耗,成为企业的费用支出;有些物品虽然使用年限较长,但单位价值较低,为简化核算,也于领用时作为费用处理。

企业为了核算材料物资的增减变动和结存情况,应设置"原材料"账户进行核算,该账户

属于资产类账户，其借方登记购进、盘盈或其他原因发生的材料物资的增加额；贷方登记领用、盘亏或其他原因造成的材料物资的减少额；期末若有余额在借方，表示材料物资的结存数额。其明细账户按材料物资的类别、品种和规格等设置。

7.1.2 材料物资增加的核算

材料物资的增加主要有购进和从报废包装物、低值易耗品中作价转入等。

购进材料物资一般按实际采购成本计价入账，包括进价和运杂费。若购进材料物资品种繁多，发生运杂费等共同性支出数额不大，而且也不易区分，可将其直接计入销售费用。

购进材料物资，由于采用的结算方式不同，收料与支付货款的时间不同，其账务处理也是不同的。一般有以下几种情况：

1）货款已经支付，同时材料物资已验收入库

这是材料物资购进业务中最简单的情况。企业在支付货款、材料物资验收入库后，按进价及支付的运杂费（运费中准予扣除的进项税额应予扣除），借记“原材料”账户，按支付的进项税额，借记“应交税费——应交增值税（进项税额）”账户，按所支付货款金额，贷记“银行存款”、“库存现金”等账户。

【例 1】 某企业购进修理用材料一批，材料价款为 5 000 元，应支付的进项税额为 850 元，款项以转账支票付讫。另发生运杂费 100 元，以现金支付，运费中准予扣除的进项税额为 6 元，材料物资已验收入库，根据有关凭证编制会计分录如下：

借：原材料	5 094	
应交税费——应交增值税（进项税额）	856	
贷：银行存款		5 850
库存现金		100

如果购进材料物资经验收后直接领用，可不通过“原材料”账户，而根据领用材料物资的用途直接计入“销售费用”、“管理费用”等账户。

2）货款已经支付，材料物资尚未验收入库

对于已经支付货款或已经开出承兑的商业汇票，但材料物资尚未运达的采购业务，应根据结算凭证、发票账单等凭证，借记“应付账款”和“应交税费——应交增值税（进项税额）”账户，贷记“银行存款”等账户；待购进的材料物资运达验收入库时，再根据收料单，借记“原材料”账户，贷记“应付账款”账户。

【例 2】 某企业从甲公司购进修理用木材一批，价款为 2 000 元，应支付的进项税额为 340 元，款项以转账支票付讫。以现金支付运杂费 60 元，运费中准予扣除的进项税额为 3.6 元，材料物资已验收入库，根据有关凭证编制会计分录如下：

Ⅰ. 支付货款时：

借：应付账款——甲公司	2 056.40	
应交税费——应交增值税（进项税额）	343.60	
贷：银行存款		2 340
库存现金		60

Ⅱ. 购进的木材验收入库时：

借：原材料——木材	2 056.40	
贷：应付账款——甲公司		2 056.40

3）货款尚未支付，材料物资已经验收入库

发生这种业务，要将已到达的材料先验收入库。但由于有关结算凭证未到，应按合同价或计划价格暂估入账。下月初，再用红字冲减。等收到有关结算凭证后再按照正常的程序处理。

【例3】 某企业从乙公司购进修理用材料一批，合同价为2 900元，材料物资已验收入库，但有关结算凭证未到，货款尚未支付。

这项经济业务的发生，在材料物资验收入库后按合同价暂估入账，会计分录如下：

借：原材料　　　　2 900

　贷：应付账款——乙公司　　　　2 900

下月初，应当用红字编写与上列会计分录相同的分录，冲销暂估入账的记录。冲销的红字分录如下：

借：原材料　　　　[2 900]

　贷：应付账款——乙公司　　　　[2 900]

收到乙公司寄来的相关凭证后，根据凭证，以转账支票支付材料价款3 000元，进项税额510元。以现金支付运杂费100元，运费中准予扣除的进项税额为6元，根据有关凭证编制会计分录如下：

借：原材料　　　　3 094

　应交税费——应交增值税（进项税额）　　　　516

　贷：银行存款　　　　3 510

　　库存现金　　　　100

7.1.3 材料物资减少的核算

材料物资的减少主要是由于企业日常领用材料以及对外销售等原因产生的。

1）材料物资领用的核算

企业因业务经营或维修需要领用材料物资时，应按规定办理领料手续，填制领料单，经批准后，向保管部门领取。保管部门将“领料单”及其附件，定期或不定期送交财务部门，据以入账。

【例4】 某企业各部门领用材料物资如下：维修部领用木材1 000元，仓库领用防腐剂500元。编制会计分录如下：

借：管理费用——修理费　　　　1 000

　销售费用——保管费　　　　500

　贷：原材料　　　　1 500

2）材料物资出售的核算

企业多余或闲置不用的材料物资，经批准可对外出售。材料物资出售不是企业经营的主营业务，因此，其销售收入与销售成本，分别通过“其他业务收入”与“其他业务支出”账户核算。

“其他业务收入”账户核算企业除主营业务收入以外的其他销售或其他业务的收入，如材料物资销售、代购代销、包装物出租等收入。其贷方登记其他业务所取得的收入；借方登记期末转入“本年利润”账户贷方的其他业务收入；期末结转后该账户无余额。该账户还应按照其他业务的种类设置明细分类账户进行明细分类核算。

“其他业务支出”账户核算企业除主营业务成本以外的其他销售或其他业务发生的支出，包括材料物资销售、提供劳务等而发生的相关成本、费用，以及相关税金及附加等。其借方登记发生的其他业务支出；贷方登记期末转入“本年利润”账户借方的其他业务支出；期末结转后该账户无余额。该账户还应按照其他业务的种类设置明细分类账户进行明细分类核算。

【例 5】 某企业对外销售材料物资一批，价款为 6 000 元，增值税额 1 020 元，款项已经存入银行。该批材料物资的进价成本为 4 900 元。编制会计分录如下：

借：银行存款　　7 020

　贷：其他业务收入——原材料销售　　6 000

　　　应交税费——应交增值税（销项税额）　　1 020

结转成本时：

借：其他业务支出——原材料销售　　4 900

　贷：原材料——××原材料　　4 900

7.1.4 材料物资的盘点

材料物资由于单位价值较小，且不是企业经营的主要对象，往往容易发生差错，因此，必须建立材料物资的盘点制度，进行定期盘点，以保证材料物资的安全，做到账实相符，保证核算的正确性、真实性。

材料物资清查盘点发现的溢余，在未查明原因或未批准处理前，借记“原材料”账户，贷记“待处理财产损溢——待处理流动资产损溢”账户；按照规定程序批准转销时，借记“待处理财产损溢——待处理流动资产损溢”账户，贷记“管理费用”账户。材料物资清查盘点发现的短缺，在未查明原因或未批准处理前，借记“待处理财产损溢——待处理流动资产损溢”账户，贷记“原材料”账户；并按规定结转不能抵扣的增值税进项税额，借记“待处理财产损溢——待处理流动资产损溢”账户，贷记“应交税费——应交增值税（进项税额转出）”账户，这部分进项税额应与短缺材料物资一并处理；短缺的材料物资按照规定程序批准转销时，应先扣除残料价值、保险赔款和过失人的赔款，借记“其他应收款”等账户，贷记“待处理财产损溢——待处理流动资产损溢”账户，剩余净损失，属于自然灾害造成的损失，借记“营业外支出——非常损失”账户，贷记“待处理财产损溢——待处理流动资产损溢”账户，属于一般经营损失部分，借记“管理费用”账户，贷记“待处理财产损溢——待处理流动资产损溢”账户。

【例 6】 某商品流通企业 2013 年 9 月 30 日根据盘点结果填制的“材料物资盘点短缺溢余报告单”见表 7.1。

表 7.1　材料物资盘点短缺溢余报告单

商品名称	计量单位	单价	账存数量	实存数量	短缺		溢余		原因
					数量	金额	数量	金额	
木材	立方米	880	24	25.50			1.50	1 320	待查
铁皮	平方米	180	36	34	2	360			待查

企业财务部门根据上述资料作如下会计处理：

Ⅰ. 根据溢余金额调整材料物资的结存数：

借：原材料——木材　　1 320

　贷：待处理财产损溢——待处理流动资产损溢　　1 320

Ⅱ. 根据短缺金额调整材料物资的结存数：

借：待处理财产损溢——待处理流动资产损溢　　360

　贷：原材料——铁皮　　360

Ⅲ. 经查，溢余的木材是供货方多发的货，应补给供货方货款，办理有关手续后，将应支付的货款 1 320 元和应支付的进项税额 224.40 元以银行存款支付。根据有关凭证编制会计分录如下：

借：待处理财产损溢——待处理流动资产损溢　　1 320

　应交税费——应交增值税（进项税额）　　224.40

　贷：银行存款　　1 544.40

若未能查明原因，经批准冲减管理费用时，应编制会计分录如下：

借：待处理财产损溢——待处理流动资产损溢　　1 320

　贷：管理费用——原材料盘盈　　1 320

Ⅳ. 短缺的铁皮经查明原因，是仓库保管员责任，决定全部由仓库保管员赔偿损失，编制会计分录如下：

借：其他应收款——仓库保管员　　360

　贷：待处理财产损溢——待处理流动资产损溢　　360

若未能查明原因，经批准转入管理费用时，编制会计分录如下：

借：管理费用——原材料盘亏　　360

　贷：待处理财产损溢——待处理流动资产损溢　　360

7.2 包装物核算

7.2.1 包装物核算的范围

包装物是指为了包装本企业商品而储备的各种包装容器，如桶、箱、瓶、坛、袋、匣、篓、盒等。包装物的主要作用是保护商品的安全与完整，便于商品的运输和保管，减少商品的损耗，使商品更美观和实用等。

包装物的种类繁多，只有随同商品流转的包装物才属于包装物的核算范围。具体包括：

(1) 用于包装商品作为商品组成部分的包装物。

(2) 随同商品出售而不单独计价的包装物。

(3) 随同商品出售而单独计价的包装物。

(4) 出租或出借给购买单位使用的包装物。

各种包装材料，如纸、绳、铁丝、铁皮等，应作为材料物资核算，如购进后即交付使用，可直接列入“销售费用——包装费”账户；用于储存和保管商品而不对外出售的包装物，应按价值大小和使用年限长短，分别在“固定资产”或“低值易耗品”账户核算；计划上单独列作企业商品产品的自制包装物，应作为库存商品处理。

7.2.2 包装物收进的核算

为了核算企业各种库存包装物的实际成本，监督各种包装物的收发和结存情况，应设置"包装物"账户。该账户属于资产类账户，其借方登记购进、回收、盘盈等原因增加的包装物的实际成本；贷方登记领用、出售、摊销、报废、盘亏等原因减少包装物的实际成本；期末余额在借方，表示企业库存包装物的成本。该账户应按包装物的种类设置明细账进行明细分类核算。

如果企业的出租、出借包装物频繁、数量多、金额大，可以在该账户下设置"库存未用包装物"、"库存已用包装物"、"出租包装物"、"出借包装物"、"包装物摊销"五个明细账。包装物数量不多的企业，可以不设置"包装物"账户，而将包装物并入"材料物资"账户核算。

商品流通企业收进包装物，有从外单位购进和回收等形式。

1）购进包装物的核算

商品流通企业购进包装物，分为单独购进和随货购进两种方式。随货购进又有单独计价和不单独计价之分。现分别说明其核算方法。

（1）单独购进包装物的核算

单独购进的包装物，应按实际成本计价入账，其实际成本包括进价和运杂费等。如果运杂费数额较小，或按品种划分较困难，可在"销售费用"账户列支。

【例 7】 某商品流通企业购进包装用木箱 40 个，计 2 000 元，支付进项税额 340 元，发生运杂费 100 元，运费中准予扣除的进项税额为 6 元。木箱已由仓库验收，其价税款及运杂费以银行存款支付。编制会计分录如下：

借：包装物——木箱	2 094	
应交税费——应交增值税(进项税额)	346	
贷：银行存款		2 440

（2）随货购进包装物的核算

随货购进包装物分为单独计价和不单独计价两种情况。

① 单独计价：随货购进单独计价的包装物，应根据销货单位"专用发票"所列的商品价格、包装物成本分别入账。对购进商品和包装物所发生的运杂费，若不易划分归属，可将其作为销售费用列账。

【例 8】 某商品流通企业购进商品一批，价款 9 000 元，随货购进木箱 6 个，价款 300 元，应支付进项税额 1 581 元，发生运杂费 200 元，其中准予扣除的进项税额为 12 元。商品及包装物一并验收入库，价税款及运杂费以转账支票付讫。编制会计分录如下：

借：库存商品——××商品	9 000	
包装物——木箱	300	
应交税费——应交增值税(进项税额)	1 593	
销售费用——进货运杂费	188	
贷：银行存款		11 081

② 不单独计价：随货购进不单独计价的包装物，其价款已包括在商品进价中，包装物不单独核算，而在"库存商品"账户中反映。如果这些包装物在销售商品时不随货出售，待腾空后应分别不同情况处理：凡仍可继续作为包装物使用的，按估价入账，借记"包装物"账户，贷记"营业外收入"账户；凡不能继续使用，但可改作其他用途(如作修理用材料)时，按估价金额，借记"原材料"账户，贷记"营业外收入"账户；凡不能使用准备报废出售的，可暂在备查

簿中登记,待出售后作营业外收入处理。

【例 9】 某商品流通企业随货购进不单独计价的包装木箱,腾空后仍可继续作为包装物使用,估计其价值为 1 200 元,编制会计分录如下:

借:包装物——木箱　　1 200

　贷:营业外收入　　1 200

【例 10】 某零售商店从某批发公司购进 40 箱啤酒,全部进价为 1 920 元,应支付的增值税额为 326.40 元,售价为 2 400 元,交食品部验收,价款以转账支票付讫。编制会计分录如下:

借:材料采购——某批发公司　　1 920.00

　应交税费——应交增值税(进项税额)　　326.40

　贷:银行存款　　2 246.40

同时:

借:库存商品——食品部　　2 400

　贷:材料采购——某批发公司　　1 920

　　商品进销差价——食品部　　480

啤酒出售后,纸箱腾空,因损耗较大,不能作为包装物和材料物资使用,故作废料出售,收回现金 60 元,根据有关凭证编制会计分录如下:

借:库存现金　　60

　贷:营业外收入　　60

2) 回收包装物的核算

包装物回收有两种情况:一是企业自行回收复用,其核算方法与包装物单独购进相同,不再举例说明;二是代其他单位回收包装物,回收的包装物因不属于本企业所有,故不作为包装物核算,但为保护包装物的安全,应在"备查簿"中登记。回收时所垫付的价款,通过"其他应收款"账户反映,收取的回收手续费通过"其他业务收入"账户处理。

【例 11】 某企业代啤酒厂回收啤酒瓶 10 000 个,每个回收价格为 0.15 元,共计 1 500 元,价款以现金支票付讫。编制会计分录如下:

借:其他应收款——啤酒厂　　1 500

　贷:银行存款　　1 500

代其他单位回收的包装物,应在"备查簿"中登记,以保证其安全。

将回收的啤酒瓶送交啤酒厂,收到回收款及手续费(假定按回收款的 15%计算)时,编制会计分录如下,同时注销"备查簿":

借:银行存款　　1 725

　贷:其他业务收入——手续费收入　　225

　　其他应收款——啤酒厂　　1 500

7.2.3 包装物发出的核算

商品流通企业包装物的发出有领用、出售等方式。

1) 包装物领用的核算

商品流通企业内部领用包装物,因直接和商品结合在一起,构成商品的组成部分。领用包装物时,由使用部门填制"包装物领用单",据以入账,借记"销售费用"、"管理费用"账户,贷记“包装物”账户。价值较大时,可分期摊销。

【例 12】 某商品流通企业食品部领用包装袋一批计价款 200 元,根据“包装物领用单”编制会计分录如下:

借:销售费用——包装费　　200

　贷:包装物——包装袋　　200

2) 包装物出售的核算

包装物出售有单独出售和随同商品出售两种方式。

(1) 单独出售

为了避免资金积压,商品流通企业对经营过程中闲置或多余的包装物,报经批准,可以单独出售。出售包装物,按已收或应收的价税合计,借记“银行存款”、“应收账款”等账户,按实现的销售收入,贷记“其他业务收入”等账户,按专用发票上注明的增值税额,贷记“应交税费——应交增值税(销项税额)”账户。结转出售包装物的成本时,按包装物的实际成本借记“其他业务支出”账户,贷记“包装物”账户。

【例 13】 某商品流通企业出售一批包装铁盒,价款 700 元,应收取的增值税为 119 元,款项收到存入银行,该批铁盒账面价值为 580 元。编制会计分录如下:

借:银行存款　　819

　贷:应交税费——应交增值税(销项税额)　　119

　　其他业务收入　　700

结转出售铁盒成本时:

借:其他业务支出　　580

　贷:包装物——铁盒　　580

(2) 随同商品出售

包装物随同商品出售有单独计价和不单独计价两种情况。

① 随同商品出售不单独计价的包装物,由于不再另行计价,应作为企业的支出,而这笔支出是由于商品销售业务而发生的。因此在领用时,应按包装物的成本,借记“销售费用——包装费”账户,贷记“包装物”账户。

② 随同商品出售单独计价的包装物,按其取得时的价税合计,借记“银行存款”账户;按销售额贷记“其他业务收入”账户;按增值税额贷记“应交税费——应交增值税(销项税额)”账户。同时结转包装物的销售成本,借记“其他业务支出”账户,贷记“包装物”账户。

【例 14】 某商品流通企业销售煤油 1 000 千克,每千克 4 元,计货款 4 000 元;随货销售铁桶 10 只,每只 120 元,计货款 1 200 元,煤油和铁桶的增值税额共计 884 元。当即收到转账支票 6 084 元解存银行,铁桶每只进价为 90 元。编制会计分录如下:

借:银行存款　　6 084

　贷:主营业务收入　　4 000

　　其他业务收入——包装物出售　　1 200

　　应交税费——应交增值税(销项税额)　　884

同时,结转铁桶销售成本,会计分录如下:

借:其他业务支出——包装物出售　　900

　贷:包装物——铁桶　　900

7.2.4 包装物摊销的核算

在商品流通企业业务经营过程中，包装物由于不断使用而发生磨损，将包装物因磨损而减少的价值采用一定的方法计入企业费用，称为包装物摊销。摊销数额计算正确与否，不仅影响包装物的实存数额，也关系到费用是否真实，进而影响当期损益。因此，应根据包装物的具体使用情况，分别计算其摊销额。包装物摊销方法一般有一次摊销法和五五摊销法等。

1）*一次摊销法*

一次摊销法是指在领用包装物时，将其全部价值一次计入有关成本费用的方法。此法适用于价值较低、使用期限较短的包装物。采用此法领用包装物时，借记"销售费用"等账户，贷记"包装物"账户。

【例 15】 某企业领用铁箱 100 个，单价 150 元，共计 15 000 元，预计可使用 2 年，包装用铁箱采用一次摊销，则：

借：销售费用——包装费　　15 000

　　贷：包装物——铁箱　　15 000

2）*五五摊销法*

五五摊销法是指在领用包装物时摊销其价值的 50%，报废时再摊销其余 50%的方法。采用这种方法，领用包装物时，将其成本从"包装物——库存未用包装物"账户转出。同时，按其实际成本的 50%，计算当期领用包装物的摊销额，借记"销售费用——包装费"等账户，贷记"包装物——包装物摊销"账户，其余 50%的价值在报废时扣除残值再予以摊销。

【例 16】 某企业为包装商品领用麻袋 200 条，每条成本 5 元，共计 1 000 元。编制会计分录如下：

Ⅰ. 根据有关包装物领用凭证，编制会计分录如下：

借：包装物——库存已用包装物　　1 000

　　贷：包装物——库存未用包装物　　1 000

Ⅱ. 按成本的 50%计算领用包装物摊销额，编制会计分录如下：

借：销售费用——包装费　　500

　　贷：包装物——包装物摊销　　500

Ⅲ. 假设该批麻袋一段时间以后全部报废，残料出售收入 100 元现金。根据有关凭证编制会计分录如下：

借：库存现金　　100

　　贷：包装物——库存已用包装物　　100

借：销售费用——包装费　　400

　　贷：包装物——包装物摊销　　400

借：包装物——包装物摊销　　900

　　贷：包装物——库存已用包装物　　900

五五摊销法简便易行，且在包装物报废前账面始终保留 50%的价值，有利于加强对包装物的管理。这种方法适用于包装物品种较多且各期领用报废额较均衡的企业。

7.2.5 包装物租借的核算

商品流通企业在开展商品购销活动中，经常会发生相互租借包装物的业务，以充分利用包装物。

1）包装物租入、借入的核算

企业租入、借入的包装物，其所有权仍属于出租、出借包装物的企业，故不在“包装物”账户中核算。然而租入、借入企业负有保管责任，因此应设置备查簿，及时登记租入（借入）、归还和结存的数量。

为了保证及时返还和承担妥善保管的经济责任，租入、借入包装物时，一般要交付一定的押金，其押金具有存出保证金性质，归还包装物即可收回，支付的押金记入“其他应收款——包装物押金”账户，支付租金或折损费时，记入“销售费用——包装物”账户。

【例 17】 某企业租用周转箱 100 只，每只支付押金 40 元，当即签发转账支票付讫。周转箱每只每天租金为 0.25 元，共使用 20 天，租金共计 500 元，增值税额 85 元，以押金抵付租金后的差额存入银行。

Ⅰ. 支付押金时：

借：其他应收款——包装物押金　　4 000

　　贷：银行存款　　4 000

同时将包装物记入备查簿中。

Ⅱ. 收回押金，支付租金时：

借：销售费用——包装费　　500

　　应交税费——应交增值税（进项税额）　　85

　　银行存款　　3 415

　　贷：其他应收款——包装物押金　　4 000

同时注销备查簿。

企业对借入的包装物可无偿使用，归还时可收回全部押金。

2）包装物出租、出借的核算

企业在出租或出借包装物时，均要收取一定数额的押金，届时借记“银行存款”账户，贷记“其他应付款”账户。对于出租的包装物，在收回包装物时，要按租用天数收取租金，退还押金。由于包装物出租不是企业一项主要经营业务，企业按规定收取的租金应记入“其他业务收入”账户。而出借包装物供对方无偿使用的，收回包装物时全部退还押金。

出租、出借包装物按其业务频繁程度、数量多少和金额大小分别采用一次摊销法、五五摊销法。采用五五摊销法时，应在“包装物”账户下设置"库存未用包装物"、“库存已用包装物”、“出借包装物”、“出租包装物”、“包装物摊销”五个明细账户。

对于逾期未退还的包装物，按没收的押金，借记“其他应付款”账户，按应交的增值税，贷记“应交税费——应交增值税（销项税额）”账户，按其差额贷记“其他业务收入”账户。这部分没收的押金收入应交的消费税等税费，计入其他业务支出，借记“其他业务支出”账户，贷记“应交税费——应交消费税”账户。

【例 18】 某商品流通企业出租包装物一批，价款 1 000 元，出借包装物一批，价款1 500 元，共收取押金 3 000 元，收取租金 468 元，其中增值税 68 元。编制会计分录如下：

Ⅰ. 领用出租、出借包装物时：

借：其他业务支出——出租包装物　　1 000

　　销售费用——包装费　　1 500

　　贷：包装物——×××　　2 500

Ⅱ. 收到包装物押金时：

借：银行存款　　3 000

　　贷：其他应付款——包装物押金　　3 000

Ⅲ. 收到出租包装物租金时：

借：银行存款　　468

　　贷：其他业务收入——出租包装物　　400

　　应交税费——应交增值税(销项税额)　　68

Ⅳ. 出租、出借包装物到期归还，退回押金：

借：其他应付款——包装物押金　　3 000

　　贷：银行存款　　3 000

Ⅴ. 若出租、出借包装物逾期未退还，押金没收，则计算应交的增值税为 435.90 元 $\left(\frac{3\,000}{1+17\%}\times 17\%\right)$，编制会计分录如下：

借：其他应付款——包装物押金　　3 000

　　贷：其他业务收入——没收包装物押金　　2 564.10

　　　　应交税费——应交增值税(销项税额)　　435.90

如果企业的出租、出借包装物频繁、数量多、金额大，出租、出借包装物的成本，也可以采用五五摊销法计算包装物的摊余价值。

【例 19】 某商品流通企业出租包装物 100 件，出借 40 件，每件 50 元，应收取押金 8 000 元，租金 936 元，其中含增值税 136 元。

Ⅰ. 领用出租、出借包装物时：

借：包装物——出租包装物　　5 000

　　　　——出借包装物　　2 000

　　贷：包装物——库存未用包装物　　7 000

Ⅱ. 摊销价值的 50%时：

借：其他业务支出——出租包装物　　2 500

　　销售费用——包装费　　1 000

　　贷：包装物——包装物摊销　　3 500

Ⅲ. 收到出租、出借包装物的押金时：

借：银行存款　　8 000

　　贷：其他应付款——包装物押金　　8 000

Ⅳ. 收到出租包装物的租金时：

借：银行存款　　936

　　贷：其他业务收入——出租包装物　　800

　　　　应交税费——应交增值税(销项税额)　　136

Ⅴ. 出租(出借)包装物到期归还，退还押金时：

借：其他应付款——包装物押金　　8 000

　　贷：银行存款　　8 000

同时：

借：包装物——库存已用包装物　　7 000

贷：包装物——出租包装物　　5 000
　　　　——出借包装物　　2 000

7.2.6 包装物修理、报废和盘点的核算

1）包装物修理的核算

商品流通企业为了保持包装物的使用效能，需要加强对包装物的维修，修理包装物所耗费的材料和费用应区别情况，若修理出租用的包装物，则应列入“其他业务支出——出租包装物”账户；若修理出借用的包装物，应列入“销售费用——包装费”账户。

【例 20】 某企业领用木料一批，价值 300 元，修理包装用木箱，其中 200 元用于修理出租用的木箱，100 元用于修理出借用木箱，编制会计分录如下：

借：其他业务支出——出租包装物　　200
　　销售费用——包装费　　100
　　贷：材料物资——木料　　300

2）包装物报废的核算

包装物因磨损而不能继续使用时，应申请报废，经批准后予以转账。报废时应将残料估价入账。

包装物报废时，根据验收入库包装物的残值，借记“原材料”账户，出租的包装物，贷记“其他业务支出——出租包装物”账户；出借和日常周转使用的包装物，贷记“销售费用——包装费”账户。

【例 21】 某商品流通企业报废出租用木箱 20 只，残料估价每只 0.80 元；报废出借用铁桶 10 只，残料估价每只 2.50 元，已验收入库。编制会计分录如下：

借：原材料——废旧材料　　41
　　贷：其他业务支出——出租包装物　　16
　　　　销售费用——包装费　　25

3）包装物盘点的核算

商品流通企业的包装物流动性大，存放地点较分散，容易造成毁损丢失。为保护包装物的安全，加强其管理，保证核算资料的正确、真实，需要对包装物进行定期或不定期的盘点。盘点中，如发现账实不符，要及时反映入账，并尽快查明原因，分清责任，报请领导审批处理。对盘点中发现的多余或不适用的包装物也应提出处理意见，做到物尽其用。

对盘盈或盘亏的包装物，审批前，应将其账面价值先转入“待处理财产损溢——待处理流动资产损溢”账户，审批后，根据不同情况分别进行处理。盘盈的包装物，冲减当期的管理费用；盘亏或毁损的包装物，其相关的成本及不可抵扣的增值税进项税额，在减去过失人或者保险公司等赔偿款和残料价值之后，属于自然灾害造成的，计入当期营业外支出，属于其他情况的，计入当期管理费用。

7.3 低值易耗品核算

7.3.1 低值易耗品核算的范围

商品流通企业的低值易耗品主要有柜台、货架、电子秤、办公桌、文件柜、电扇等。对某

些特殊的用具和设备，如各种非机动车、苫布、水泥柱、磅秤等，不论其价值大小和使用年限长短，均作为低值易耗品处理。低值易耗品具有价值低、易损耗的特点，属于流动资产的范畴。

商品流通企业低值易耗品通过“低值易耗品”账户核算。该账户核算商品流通企业库存低值易耗品的实际成本。其借方登记企业增加低值易耗品的实际成本；贷方登记减少低值易耗品的实际成本；其期末余额在借方，反映商品流通企业库存未用低值易耗品的实际成本。该账户应按低值易耗品的类别、品种规格进行数量和金额的明细核算。对在用低值易耗品按使用部门进行数量和金额明细核算的企业，可在该账户下设置“在库低值易耗品”、“在用低值易耗品”和“低值易耗品摊销”三个明细账户。采用这种做法时，其期末借方余额为期末库存未用低值易耗品的实际成本，以及库存已用低值易耗品的摊余价值。

7.3.2 低值易耗品购进的核算

商品流通企业购进低值易耗品，应以购进低值易耗品的原始进价，加上可以直接认定的运杂费和包装费作为其成本入账。如因购进多种低值易耗品而发生的运费难以按品种划分时，也可以直接列入“管理费用——低值易耗品摊销”账户。

【例 22】 某商品流通企业购进货架 10 个，每个 450 元，应交增值税进项税额 765 元，发生运杂费 300 元，其中准予抵扣的进项税额为 18 元。以转账支票付讫。编制会计分录如下：

借：低值易耗品——货架	4 782	
应交税费——应交增值税（进项税额）	783	
贷：银行存款		5 565

7.3.3 低值易耗品领用及摊销的核算

商品流通企业在领用低值易耗品时，应由各部门及时办理领用核批手续，然后根据有关凭证入账。低值易耗品领用后，在被使用过程中逐渐损耗，其价值也随之逐渐减少，这部分减少的价值，应通过摊销转入“管理费用——低值易耗品摊销”账户。具体摊销方法有一次摊销法和五五摊销法等。

1）一次摊销法

一次摊销法是指在领用低值易耗品时，将其全部价值摊入管理费用的方法。届时借记“管理费用——低值易耗品摊销”账户；贷记“低值易耗品——在库低值易耗品”账户。报废时，将报废低值易耗品的残料价值作为当期低值易耗品摊销额的减少，冲减对应的费用账户。

【例 23】 某商品流通企业领用工具一批，价值 200 元。编制会计分录如下：

借：管理费用——低值易耗品摊销	200	
贷：低值易耗品——在库低值易耗品		200

一次摊销法核算简便，但不利于实物管理，而且价值一次结转也影响了费用的均衡性。所以，这种方法适用于单位价值较低或容易损耗，而且一次领用数量不多的管理用具、工具和玻璃器皿等低值易耗品。

【例 24】 某商品流通企业营业部领用货架 10 个，单价为 750 元，计 7 500 元，预计可使用 2 年，低值易耗品按月摊销，则：

借：管理费用——低值易耗品摊销　　7 500

　　贷：低值易耗品——货架　　7 500

2）*五五摊销法*

五五摊销法是指领用低值易耗品时摊销其价值的50%，报废时再摊销其余50%的方法。采用五五摊销法，领用时，应将低值易耗品的实际成本从"在库低值易耗品"二级账户转入"在用低值易耗品"二级账户，同时按领用低值易耗品的实际成本的50%作为摊销额记入有关费用账户；低值易耗品报废时，再摊销剩余的50%，同时将其残料价值冲减摊销的费用，并将其全部价值与摊销额相互结转，即"在用低值易耗品"与"低值易耗品摊销"相互转销。

【例25】 某商品流通企业领用柜台10只，价款6 000元；本月报废管理设备一批，成本1 200元，报废管理设备残值120元，作为材料物资验收入库。

Ⅰ. 领用柜台时：

借：低值易耗品——在用低值易耗品　　6 000

　　贷：低值易耗品——在库低值易耗品　　6 000

同时，摊销低值易耗品成本的50%时：

借：管理费用——低值易耗品摊销　　3 000

　　贷：低值易耗品——低值易耗品摊销　　3 000

Ⅱ. 报废管理设备时：

借：管理费用——低值易耗品摊销　　600

　　贷：低值易耗品——低值易耗品摊销　　600

借：材料物资——废旧材料　　120

　　贷：管理费用——低值易耗品摊销　　120

借：低值易耗品——低值易耗品摊销　　1 200

　　贷：低值易耗品——在用低值易耗品　　1 200

采用五五摊销法，低值易耗品报废前，账面上一直保持其价值的一半，因而有利于实行会计监督，防止出现大量的账外物资。该方法一般适用于使用期限较长，单位价值较高，每月领用数量、报废数量比较均衡的低值易耗品。

7.3.4 低值易耗品出售和盘点的核算

商品流通企业为了充分发挥低值易耗品的使用效能，可以将不需用的低值易耗品对外出售，出售收入记入"其他业务收入"账户，有关支出记入"其他业务支出"账户。

【例26】 某商品流通企业有文件柜8个，每个账面价值540元，采用五五摊销法已摊销2 160元，现按每个360元出售给某单位，应收取的增值税额为489.60元，款项以转账支票收讫。编制会计分录如下：

Ⅰ. 收到出售款项时：

借：银行存款　　3 369.60

　　贷：其他业务收入　　2 880.00

　　　　应交税费——应交增值税（销项税额）　　489.60

Ⅱ. 结转成本时：

借：其他业务支出　　2 160

低值易耗品——低值易耗品摊销　　　　2 160

贷:低值易耗品——在用低值易耗品　　　　4 320

低值易耗品应定期或不定期地盘点,并与账面价值核对,以保证账实相符,盘点过程中如发现低值易耗品溢余或短缺,应及时进行处理,将其账面价值转入"待处理财产损溢——待处理流动资产损溢"账户,具体核算方法与材料物资盘盈、盘亏的账务处理方法相同,这里不再重述。

练习题

某商业企业2013年6月发生下列部分经济业务:

1. 购入木材6立方米,计18 000元,价款以银行存款支付,木材验收入库,另以现金支付木材运费300元。

2. 购入水泥800千克,每千克0.80元,石灰1 200千克,每千克0.35元,作维修材料用,价款以银行存款支付,材料验收入库。

3. 营业组领用取暖用煤1吨,计280元。

4. 购入日光灯管60只,每只12元,由总务部门验收,价款以转账支票支付。

5. 以现金支付换更衣室玻璃8块,每块35元。

6. 购入铁桶10只,每只180元,以银行存款支付价款,铁桶已验收入库。

7. 购入散装糖果100千克,进价每千克12元,随货购入塑料袋10只,每只5元,商品及包装均已验收入库,价款以银行存款支付。

8. 购入塑料绳一批,价款40元,以现金支付,塑料绳由营业组领用。

要求:根据上述资料编制会计分录。

8 对外投资的核算

【本章学习目的】

(1) 了解金融资产的分类,掌握交易性金融资产、持有至到期投资和可供出售金融资产的核算。

(2) 掌握长期股权投资成本法和权益法的核算。

【引导案例】

财务负责人小王的会计处理正确吗

2010年,天华公司用500万元对ABC公司进行投资,占到ABC公司整个表决权资本的10%,并对ABC公司能产生重大影响。天华公司财务负责人小王是按照权益法进行会计账务处理;2012年,由于各种各样的原因,ABC公司发生了巨额亏损,其经营受到严格的限制,并且向投资企业转移资金的能力也受到限制。天华公司财务负责人小王仍然按照权益法对ABC公司的相关业务进行会计账务处理,并声称是遵循会计的一致性原则。

请问:你认为财务负责人小王的两次会计账务处理方法是否正确?

8.1 金融资产的核算

8.1.1 金融资产的种类

出于风险管理的需要,为使承受不同风险的投资、融资工具的风险信息在财务报表上充分披露,国际上均要求对金融资产进行分类核算和管理。我国新的金融工具确认和计量准则(以下简称CAS22)所划分的四类金融资产如下:

1) 以公允价值计量且其变动损益计入当期损益的金融资产

以公允价值计量且其变动损益计入当期损益的金融资产,包括交易性金融资产和直接指定为以公允价值计量且其变动损益计入当期损益的金融资产。就交易性金融资产而言,它是企业为在近期内出售而购买或持有的金融资产,包括债券投资、股票投资、基金投资、权证投资以及进行投机的期货投资等。其特点:一是必须有活跃市场报价,这是随时变现的前提;二是以赚取价差为目的。工商企业现行资产中的各项短期投资就属于交易性金融资产。

2) 持有至到期投资

持有至到期投资,指不准备在到期前出售的金融资产。其特点:一是必须有明确的期限和固定到期日;二是回收金额固定或可确定;三是企业有明确意图和能力持有至到期,这一般以企业管理层的书面承诺文件为依据。实务中,传统意义上的长期债券投资,包括购入的政府债券、金融机构债券、公司债券等,企业计划持有至到期的,就属于本类金融资产。

3）贷款和应收款项

作为金融资产，这里的贷款主要指工商银行的放出贷款、购入贷款（如我国四大国有银行所属资产管理公司从银行取得的不良贷款）等。对工商企业来说，贷款资产一般没有，大量存在的是企业在经营过程中发生的各种应收及预付款，包括应收票据、应收账款、预付账款、应收利息、应收股利、其他应收款、长期应收款等。这类金融资产的特点是：回收金额固定或可确定、无活跃市场。

4）可供出售金融资产

可供出售金融资产，指上述三类以外的金融资产，包括在活跃市场有报价的债券投资、股票投资（对子公司、联营或合营企业的股权投资除外）以及出于风险管理头寸考虑而直接指定的可供出售金融资产。

金融资产的期末计价有的采用公允价值，有的采用摊余成本。采用公允价值进行后续计量的，期末公允价值变动损益有的计入当期损益、有的则作为调整权益处理。这将在后面说明。为了防止企业操纵，CAS22 规定，企业的金融资产必须在初始确认时将其归入上述四类中的一种，除持有至到期投资与可供出售金融资产在一定条件下可进行相互划转（称为重分类）外，其他各类金融资产类别一经确定，不得重新分类。

8.1.2 交易性金融资产的核算

1）交易性金融资产的概念

交易性金融资产是指以公允价值计量且其变动计入当期损益的金融资产，包括股票、债券和基金等。取得交易性金融资产的目的，主要是为了近期内出售，即为了获取价差，相当于以前的短期投资。交易性金融资产的特点有 2 个：一是以公允价值计量；二是公允价值变动计入当期损益（公允价值变动损益）。

2）交易性金融资产的科目设置

为了反映交易性金融资产的增减情况，在核算时应设置的会计科目有“交易性金融资产”、“公允价值变动损益”等科目。

(1)“交易性金融资产”科目

本科目核算企业为交易目的所持有的债券投资、股票投资、基金投资等交易性金融资产的公允价值。企业持有的直接指定为以公允价值计量且其变动计入当期损益的金融资产；企业（金融）接受委托采用全额承购包销、余额承购包销方式承销的证券，应在收到证券时将其进行分类。划分为以公允价值计量且其变动计入当期损益的金融资产的，应在本科目核算；划分为可供出售金融资产的，应在“可供出售金融资产”科目核算。

本科目可按交易性金融资产的类别和品种，分别按“成本”、“公允价值变动”等进行明细核算。期末借方余额，反映企业持有的交易性金融资产的公允价值。

(2)“公允价值变动损益”科目

本科目核算企业在初始确认时划分为以公允价值计量且其变动计入当期损益的金融资产或金融负债（包括交易性金融资产或金融负债和直接指定为以公允价值计量且其变动计入当期损益的金融资产或金融负债），以及采用公允价值模式计量的投资性房地产、衍生工具、套期业务中公允价值变动形成的应计入当期损益的利得或损失。

本科目应当按照交易性金融资产、交易性金融负债、投资性房地产等进行明细核算。

(3)“投资收益”科目

本科目核算企业确认的投资收益或投资损失。企业根据投资性房地产准则确认的采用公允价值模式计量的投资性房地产的租金收入和处置损益;企业处置交易性金融资产、交易性金融负债、可供出售金融资产实现的损益;企业的持有至到期投资和买入返售金融资产在持有期间取得的投资收益和处置损益;证券公司自营证券所取得的买卖价差收入,都在本科目核算。

本科目应当按照投资项目进行明细核算。期末,应将本科目余额转入"本年利润"科目,本科目结转后应无余额。

3) 交易性金融资产的会计处理

(1) 取得交易性金融资产

企业取得交易性金融资产,按其公允价值,借记本科目(成本),按发生的交易费用,借记"投资收益"科目,按已到付息期但尚未领取的利息或已宣告但尚未发放的现金股利,借记"应收利息"或"应收股利"科目,按实际支付的金额,贷记"银行存款"、"存放中央银行款项"、"结算备付金"等科目。

【例 1】 2012 年 12 月 3 日,天天商业公司从证券市场购入 B 公司的股票 40 000 元,手续费为 700 元。B 公司股票已宣告发放股利,经过计算,天天商业公司应得股利为 400 元。

天天商业公司的会计处理如下:

第一步,首先确定 B 公司股票的投资成本

B 公司股票的投资成本=40 000+700-400=40 300(元)

第二步,做出会计分录:

借:交易性金融资产——成本	40 300	
应收股利——B 公司	400	
贷:银行存款		40 700

(2) 收到交易性金融资产持有期间被投资单位宣告发放的现金股利

交易性金融资产持有期间被投资单位宣告发放的现金股利,或在资产负债表日按分期付息、一次还本债券投资的票面利率计算的利息,借记"应收股利"或"应收利息"科目,贷记"投资收益"科目。

【例 2】 2012 年 12 月 25 日,天天商业公司在出售股票前共收到 B 公司支付的股利 2 300元,其中包含在购入时已宣告但是尚未支付的股利 400 元,款项已存入银行。该企业应做的会计分录为:

借:银行存款	2 300	
贷:投资收益		1 900
应收股利		400

(3) 资产负债表日,确定交易性金融资产的公允价值

资产负债表日,交易性金融资产的公允价值高于其账面余额的差额,借记本科目(公允价值变动),贷记"公允价值变动损益"科目;公允价值低于其账面余额的差额做相反的会计分录。

【例 3】 2012 年末,天天商业公司从证券市场购入 B 公司的股票的收盘价为48 300元,所应做的会计分录如下:

借:交易性金融资产——公允价值变动	8 000	
贷:公允价值变动损益		8 000

(4) 出售交易性金融资产的会计处理

出售交易性金融资产,应按实际收到的金额,借记"银行存款"、"存放中央银行款项"、

“结算备付金”等科目，按该金融资产的账面余额，贷记本科目，按其差额，贷记或借记“投资收益”科目。同时，将原计入该金融资产的公允价值变动转出，借记或贷记“公允价值变动损益”科目，贷记或借记“投资收益”科目。

【例 4】 2013 年 1 月 5 日，天天商业公司将购入 B 公司的股票卖出，收到 50 000 元，款项已存入银行。该公司应做的会计分录为：

借：银行存款	50 000	
公允价值变动损益	8 000	
贷：交易性金融资产		48 300
投资收益——股票投资收益		9 700

8.1.3 持有至到期投资的核算

1）持有至到期投资的概念

持有至到期投资，是指到期日固定、回收金额固定或可确定，且企业有明确意图和能力持有至到期的。企业不能将下列非衍生金融资产划分为持有至到期投资：

(1) 初始确认时即被指定为以公允价值计量且其变动计入当期损益的非衍生金融资产。

(2) 初始确认时即被指定为可供出售的非衍生金融资产。

(3) 符合贷款和应收账款的定义的非衍生金融资产。

2）持有至到期投资的特点

(1) 到期日固定、回收金额固定或可确定

比如购买的国债，准备持有至到期，而且也有能力持有至到期，到期日明确确定，收回的金额确定，则属于持有至到期投资；而购买的股票，到期日不确定，所以股权性投资权益工具投资不属于这类。如果符合其他条件，不能由于某债务工具投资是浮动利率而不将其划分为持有至到期投资。也就是说，即使是浮动利率，也要把它划为持有至到期投资。

(2) 有明确意图持有至到期

存在下列情况之一的，表明企业没有明确意图将金融资产投资持有至到期：①持有该金融资产的期限不确定；②发生市场利率变化、流动性需要变化、替代投资机会及其投资收益率变化、融资来源和条件变化、外汇风险变化等情况时，将出售该金融资产。③该金融资产的发行方可以按照明显低于其摊余成本的金额清偿。

(3) 有能力持有至到期

这是指企业有财务上的能力，不受法律法规的限制，使企业能够顺利持有至到期。

符合上述条件的，才能归为持有至到期投资；不符合上述条件的，不能划归为持有至到期投资。如果现在将其划归为持有至到期投资，还未到期却将其出售，就要受到惩戒。

3）持有至到期投资的科目设置

(1)“持有至到期投资”科目

本科目核算企业持有的到期投资的摊余成本。主要包括企业拟持有至到期的债券投资、股票投资、基金投资等金融资产；设有成本、应计利息和利息调整等明细账户，分别反映债券面值、到期一次还本付息的债券投资利息(面值×票面利率)、利息调整且以后要进行摊销的数额。本科目期末借方余额，反映企业持有至到期投资的摊余成本。

(2)“持有至到期投资减值准备”科目

该科目核算企业持有至到期投资发生减值时计提的减值准备，贷方登记企业在资产负

债表日根据金融工具确认和计量准则确定持有至到期投资发生减值数额，借方登记已计提减值准备的持有至到期投资价值以后又得以恢复，在原已计提的减值准备金额内恢复增加的金额。该科目期末贷方余额，反映企业已计提但尚未转销的持有至到期投资减值准备。本科目应当按照持有至到期投资类别和品种进行明细核算。

4）持有至到期投资的会计处理

（1）企业取得的持有至到期投资

借：持有至到期投资——成本（面值）

应收利息（按支付的价款中包含的已到付息期但尚未领取的利息）

贷：银行存款（按实际支付的金额）

借记或贷记：持有至到期投资——利息调整（差额）

（2）企业在资产负债表日将持有至到期投资分期付息，一次还本债券投资的

借：应收利息（应按票面利率计算确定的应收未收利息）

投资收益（按持有至到期投资摊余成本和实际利率计算确定的利息收入）

借或贷：持有至到期投资——利息调整（按其差额）

持有至到期投资为一次还本付息债券投资的

借：持有至到期投资——应计利息（按票面利率计算确定的应收未收利息）

贷：投资收益（按持有至到期投资摊余成本和实际利率计算确定的利息收入）

借或贷：持有至到期投资——利息调整（按其差额）

（3）将持有至到期投资重分类为可供出售金融资产

借：可供出售金融资产——成本（应在重分类日按其公允价值）

贷：持有至到期投资——（成本、利息调整、应计利息）（按其账面余额）

贷或借：资本公积——其他资本公积（按其差额）

已计提减值准备的，还应同时结转减值准备。

（4）出售持有至到期投资时

借：银行存款（应按实际收到的金额）等科目

贷：持有至到期投资——（成本、利息调整、应计利息）（按其账面余额）

贷或借：投资收益（按其差额）

已计提减值准备的，还应同时结转减值准备。

【例 5】 甲公司 2013 年 1 月 3 日购入某公司于 2013 年 1 月 1 日发行的 3 年期债券，作为持有至到期投资。该债券票面金额为 100 万元，票面利率为 10%，甲公司实际支付 106 万元。该债券每年付息一次，最后一年还本金并付最后一次利息，假设甲公司按年计算利息。相关会计处理如下：

2013 年 1 月初购入时

借：持有至到期投资——成本	1 000 000	
——利息调整	60 000	
贷：银行存款		1 060 000

2013 年 12 月 31 日计算应收利息和确认利息收入

该债券名义利率为 10%，因此 2013 年的利息为：

应收利息＝票面金额 100 万元×票面利率 10%＝10 万元

利息收入＝持有至到期投资摊余成本×实际利率

用插值法计算该债券的实际利率为 r=7.688 9%。

计算利息收入(实际利率法)如表 8.1 所示。

表 8.1 债券溢价摊销表(实际利率法) 单位:万元

计息日期	应收利息 ①=面值×票面利率	利息收入 ②=上一期④×实际利率	溢价摊销(还本) ③=①-②	本金(摊余成本) ④=上一期④-③
2013.1.1				106
2013.12.31	10	8.15	1.85	104.15
2014.12.31	10	8.01	1.99	102.16
2015.12.31	10	7.84	2.16	100
合计	30	24	6	

借:应收利息　　100 000

　贷:投资收益　　81 500

　　　持有至到期投资——利息调整　　18 500

借:银行存款　　100 000

　贷:应收利息　　100 000

2014 年 12 月 31 日计算应收利息和确认利息收入

借:应收利息　　100 000

　贷:投资收益　　80 100

　　　持有至到期投资——利息调整　　19 900

借:银行存款　　100 000

　贷:应收利息　　100 000

2015 年 12 月 31 日计算应收利息和确认利息收入,还本

借:应收利息　　100 000

　贷:投资收益　　78 400

　　　持有至到期投资——利息调整　　21 600

借:银行存款　　1 100 000

　贷:持有至到期投资——成本　　1 000 000

　　　应收利息　　100 000

8.1.4 可供出售金融资产的核算

1) 可供出售金融资产的概念

可供出售金融资产,是指初始确认时即被指定为可供出售的非衍生金融资产以及除下列各类资产以外的金融资产:①贷款和应收款项;②持有至到期投资;③以公允价值计量且其变动计入当期损益的金融资产。通俗地说,可供出售金融资产就是债券或者股票。短期出售获得价差就是交易性金融资产,如果是持有到期的就是持有至到期投资;如果持有目的不明确(既不是短期出售也不想持有到期),那么可以划分为可供出售金融资产。例如,企业

购入的在活跃市场上有报价的股票、债券和基金等，没有划分为以公允价值计量且其变动计入当期损益的金融资产或持有至到期投资等金融资产的，可归为此类。

2）可供出售金融资产核算会计科目的设置

“可供出售金融资产”科目核算企业持有的可供出售金融资产的价值，包括划分为可供出售的股票投资、债券投资等金融资产。借方登记企业取得可供出售金融资产时，按可供出售金融资产的公允价值与交易费用；资产负债表日，可供出售金融资产的公允价值高于其账面余额的差额。贷方登记在持有可供出售金融资产期间收到被投资单位宣告发放的债券利息或现金股利；收到的属于取得可供出售金融资产支付价款中包含的已宣告发放的债券利息或现金股利。

该科目应当按照可供出售金融资产类别或品种进行明细核算。期末借方余额，反映企业持有至到期投资的摊余成本。

3）可供出售金融资产的主要账务处理

可供出售金融资产的账务处理也可分为取得时、持有期间和出售时三个步骤。

（1）取得可供出售金融资产时

① 企业取得可供出售的金融资产，应按其公允价值与交易费用之和，借记“可供出售金融资产——成本”科目，按支付的价款中包含的已宣告但尚未发放的现金股利，借记“应收股利”科目，按实际支付的金额，贷记“银行存款”等科目。

② 企业取得的可供出售金融资产为债券投资的，应按债券的面值，借记“可供出售金融资产——成本”科目，按支付的价款中包含的已到付息期但尚未领取的利息，借记“应收利息”科目，按实际支付的金额，贷记“银行存款”等科目，按差额，借记或贷记“可供出售金融资产——利息调整”科目。

（2）持有可供出售金融资产时

持有期间有三种会计处理：收到股利或利息的处理、期末按照公允价值计量、期末计提减值。

① 资产负债表日，可供出售债券为分期付息、一次还本债券投资的，应按票面利率计算确定的应收未收利息，借记“应收利息”科目，按可供出售债券的摊余成本和实际利率计算确定的利息收入，贷记“投资收益”科目，按其差额，借记或贷记“可供出售金融资产——利息调整”科目。

可供出售债券为一次还本付息债券投资的，应于资产负债表日按票面利率计算确定的应收未收利息，借记“可供出售金融资产——应计利息”科目，按可供出售债券的摊余成本和实际利率计算确定的利息收入，贷记“投资收益”科目，按其差额，借记或贷记“可供出售金融资产——利息调整”科目。

②资产负债表日，可供出售金融资产的公允价值高于其账面余额的差额，借记“可供出售金融资产——公允价值变动”科目，贷记“资本公积——其他资本公积”科目；公允价值低于其账面余额的差额做相反的会计分录。

确定可供出售金融资产发生减值的，按应减记的金额，借记“资产减值损失”科目，按应从所有者权益中转出原计入资本公积的累计损失金额，贷记“资本公积——其他资本公积”科目，按其差额，贷记“可供出售金融资产减值准备”科目。

对于已确认减值损失的可供出售金融资产，在随后会计期间内公允价值已上升且客观上与确认原减值损失事项有关的，应按原确认的减值损失，借记“可供出售金融资产——公允价值变动”科目，贷记“资产减值损失”科目；但可供出售金融资产为股票等权益工具投资的（不含在活跃市场上没有报价、公允价值不能可靠计量的权益工具投资），借记“可供出售金融资产——公允价值变动”科目，贷记“资本公积——其他资本公积”科目。

（3）处置可供出售金融资产时

出售可供出售的金融资产，应按实际收到的金额，借记“银行存款”等科目，按其账面余额，贷记“可供出售金融资产——成本、公允价值变动、利息调整、应计利息”科目，按应从所有者权益中转出的公允价值累计变动额，借记或贷记“资本公积——其他资本公积”科目，按其差额，贷记或借记“投资收益”科目。

【例6】 乙公司于2012年7月13日从二级市场购入股票100万股，每股市价15元，手续费3万元；初始确认时，该股票划分为可供出售金融资产。乙公司至2012年12月31日仍持有该股票，该股票当时的市价为16元。2013年2月1日，乙公司将该股票售出，售价为每股13元，另支付交易费用3万元。假定不考虑其他因素，乙公司的账务处理如下：

2012年7月13日，购入股票：

借：可供出售金融资产——成本	15 030 000	
贷：银行存款		15 030 000

2012年12月31日，确认股票价格变动：

借：可供出售金融资产——公允价值变动	970 000	
贷：资本公积——其他资本公积		970 000

2013年2月1日，出售股票：

借：银行存款	12 970 000	
资本公积——其他资本公积	970 000	
投资收益	2 060 000	
贷：可供出售金融资产——成本		15 030 000
——公允价值变动		970 000

【例7】 2013年1月1日甲保险公司支付价款1 028.244元购入某公司发行的3年期公司债券，该公司债券的票面总金额为1 000元，票面利率4%，实际利率为3%，利息每年末支付，本金到期支付。甲保险公司将该公司债券划分为可供出售金融资产。2013年12月31日，该债券的市场价格为1 000.094元。假定无交易费用和其他因素的影响，甲保险公司的账务处理如下：

2013年1月1日，购入债券：

借：可供出售金融资产——成本	1 000	
——利息调整	28.244	
贷：银行存款		1 028.244

2013年12月31日，收到债券利息、确认公允价值变动：

实际利息＝1 028.244×3%＝30.847 32≈30.85（元）

年末摊余成本＝1 028.244＋30.85－40＝1 019.094（元）

借：应收利息	40	
贷：投资收益		30.85
可供出售金融资产——利息调整		9.15

借：银行存款　　40

　　贷：应收利息　　40

借：资本公积——其他资本公积　　19

　　贷：可供出售金融资产——公允价值变动　　19

【例 8】 2012 年 5 月 6 日，甲公司支付价款 1 016 万元（含交易费用 1 万元和已宣告但尚未发放的现金股利 15 万元），购入乙公司发行的股票 200 万股，占乙公司有表决权股份的 0.5%。甲公司将其划分为可供出售金融资产。其他资料如下：

① 2012 年 5 月 10 日，甲公司收到乙公司发放的现金股利 15 万元。

② 2012 年 6 月 30 日，该股票市价为每股 5.2 元。

③ 2012 年 12 月 31 日，甲公司仍持有该股票，当日，该股票市价为每股 5 元。

④ 2013 年 5 月 9 日，乙公司宣告发放股利 20 万元。

⑤ 2013 年 5 月 13 日，甲公司收到乙公司发放的现金股利。

⑥ 2013 年 5 月 20 日，甲公司以每股 4.9 元的价格将该股票全部转让。

假定不考虑其他因素的影响，甲公司的账务处理如下：

2012 年 5 月 6 日，购入股票：

借：可供出售金融资产——成本　　10 010 000

　　应收股利　　150 000

　　贷：银行存款　　10 160 000

2012 年 5 月 10 日，收到现金股利：

借：银行存款　　150 000

　　贷：应收股利　　150 000

2012 年 6 月 30 日，确认股票的价格变动：

借：可供出售金融资产——公允价值变动　　390 000

　　贷：资本公积——其他资本公积　　390 000

2012 年 12 月 31 日，确认股票价格变动：

借：资本公积——其他资本公积　　400 000

　　贷：可供出售金融资产——公允价值变动　　400 000

2013 年 5 月 9 日，确认应收现金股利：

借：应收股利　　200 000

　　贷：投资收益　　200 000

2013 年 5 月 13 日，收到现金股利：

借：银行存款　　200 000

　　贷：应收股利　　200 000

2013 年 5 月 20 日，出售股票：

借：银行存款　　9 800 000

　　投资收益　　210 000

　　可供出售金融资产——公允价值变动　　10 000

贷：可供出售金融资产——成本　　10 010 000

　　资本公积——其他资本公积　　10 000

8.2 长期股权投资的核算

长期投资是指企业向其他单位投出的在一年以上的其他投资和持有在一年内不准备变现的各种有价证券。商品流通企业进行长期投资的主要形式是长期股票投资。

8.2.1 长期股权投资核算概述

长期股权投资是指企业购入其他单位的股票，并准备持有时间超过一年的投资。股票投资是一种权益性投资，即投资单位是被投资单位相应股份的所有者，而被投资单位只是经营者，投资单位是以股东的身份分享被投资单位的经济利益。

1）长期股权投资核算的会计科目设置

按照现行制度规定，长期股权投资业务是通过"长期股权投资"科目进行核算的。该科目核算企业持有的采用成本法和权益法核算的长期股权投资。它属于资产类账户，借方登记长期股票投资的增加额，贷方登记长期股票投资的减少额，余额在借方，反映企业长期股票投资的实有数。

该科目可按被投资单位进行明细核算。长期股权投资采用权益法核算的，还应当分别按"成本"、"损益调整"、"其他权益变动"进行明细核算。

2）长期股权投资的取得

同一控制下企业合并形成的长期股权投资，应在合并日按取得被合并方所有者权益账面价值的份额，借记本科目，按享有被投资单位已宣告但尚未发放的现金股利或利润，借记"应收股利"科目，按支付的合并对价的账面价值，贷记有关资产或借记有关负债科目，按其差额，贷记"资本公积——资本溢价或股本溢价"科目；为借方差额的，借记"资本公积——资本溢价或股本溢价"科目，资本公积（资本溢价或股本溢价）不足冲减的，借记"盈余公积"、"利润分配——未分配利润"科目。

非同一控制下企业合并形成的长期股权投资，应在购买日按企业合并成本（不含应自被投资单位收取的现金股利或利润），借记本科目，按享有被投资单位已宣告但尚未发放的现金股利或利润，借记"应收股利"科目，按支付合并对价的账面价值，贷记有关资产或借记有关负债科目，按发生的直接相关费用，贷记"银行存款"等科目，按其差额，贷记"营业外收入"或借记"营业外支出"等科目。非同一控制下企业合并涉及以库存商品等作为合并对价的，应按库存商品的公允价值，贷记"主营业务收入"科目，并同时结转相关的成本。涉及增值税的，还应进行相应的处理。

以支付现金、非现金资产等其他方式（非企业合并）形成的长期股权投资，比照非同一控制下企业合并形成的长期股权投资的相关规定进行处理。

投资者投入的长期股权投资，应按确定的长期股权投资成本，借记本科目，贷记"实收资本"或"股本"科目。

8.2.2 长期股权投资核算的成本法

长期股权投资核算的成本法是指按照成本计价的方法核算投资。

1）成本法的应用条件

根据我国有关会计准则的规定，企业所持有的长期股票投资，在下列情况下应采用成本法核算：企业对子公司投资，日常会计实务应采用成本法核算，编制合并财务报表时调整为权益法。除企业对子公司投资外，对被投资单位不具有共同控制或重大影响，且在活跃市场中没有报价、公允价值不能可靠计量的权益性投资，也采用成本法核算。在成本法下，被投资单位宣告分派的现金股利或利润，确认为投资收益。

采用成本法核算的长期股权投资，投资企业确认投资收益，仅限于被投资单位接受投资后产生的累积净利润的分配额，所获得的利润或现金股利超过上述数额的部分作为初始投资成本的收回。

通常情况下，投资企业在取得投资当年自被投资单位分得的现金股利或利润应作为投资成本的收回；以后年度，被投资单位累计分派的现金股利或利润超过投资以后至上年末止被投资单位累计实现净利润的，投资企业按照持股比例计算应享有的部分应作为投资成本的收回。

2）长期股权投资成本法核算

（1）企业合并形成的长期股权投资的初始计量

同一控制下的企业合并，合并方以支付现金、转让非现金资产或承担债务方式作为合并对价的，应当在合并日按照取得被合并方所有者权益账面价值的份额作为长期股权投资的初始投资成本。长期股权投资初始投资成本与支付的现金、转让的非现金资产以及所承担债务账面价值之间的差额，应当调整资本公积；资本公积（资本溢价或股本溢价）不足冲减的，调整留存收益。

【例 9】 2013 年 1 月 1 日甲公司支付现金 100 万元给丙公司，受让丙公司持有的乙公司 60%的股权（甲和丙同受 A 公司控制），受让股权时乙公司的所有者权益账面价值为 200 万元。则甲公司账务处理如下：

借：长期股权投资——乙公司（200×60%）　　1 200 000

　　贷：银行存款　　1 000 000

　　　　资本公积——其他资本公积　　200 000

非同一控制下的企业合并，购买方在购买日应当区别下列情况确定合并成本，并将其作为长期股权投资的初始投资成本：一次交换交易实现的企业合并，合并成本为购买方在购买日为取得对被购买方的控制权而付出的资产、发生或承担的负债以及发行的权益性证券的公允价值。

【例 10】 甲企业于 2013 年 1 月 1 日支付 1 000 万元，取得乙企业 60%的股权。假设甲、乙公司不存在关联关系，属于非同一控制下的企业合并。则甲公司投资时的账务处理如下：

借：长期股权投资——乙企业　　10 000 000

　　贷：银行存款　　10 000 000

【例 11】 丁公司与 A 公司（A 公司原投资者为丙公司）属于不同的企业集团，两者之间不存在关联关系。2013 年 12 月 31 日，丁公司发行 1 000 万股股票（每股面值 1 元）作为对价取得 A 公司的全部股权（保留 A 公司法人资格），该股票的公允价值为 4 000 万元。本合并属于非同一控制下的企业合并，在控股合并时，丁公司账务处理如下：

借：长期股权投资——A 公司　　40 000 000

　　贷：股本——丙公司　　10 000 000

　　　　资本公积——资本溢价　　30 000 000

通过多次交换交易分步实现的企业合并，合并成本为每一单项交易成本之和。

【例12】 甲公司于2012年1月支付300万元取得B公司10%的股份，对B公司生产经营没有重大影响（两者不存在关联关系），当日B公司可辨认净资产公允价值为2 000万元。

2013年1月，甲公司以1 500万元的价格进一步购入B公司60%的股份，购买日B公司可辨认净资产的公允价值为2 500万元。本合并属于非同一控制下的控股合并，二次交易完成了该合并。甲公司有关处理如下：

2012年1月投资时

借：长期股权投资——B公司　　3 000 000

　　贷：银行存款　　3 000 000

2013年1月再投资

借：长期股权投资——B公司　　15 000 000

　　贷：银行存款　　15 000 000

购买方为进行企业合并发生的各项直接相关费用也应当计入企业合并成本，该直接相关费用不包括为企业合并发行的债券或承担其他债务支付的手续费、佣金等，也不包括企业合并中发行权益性证券发生的手续费、佣金等费用。

在合并合同或协议中对可能影响合并成本的未来事项作出约定的，购买日如果估计未来事项很可能发生并且对合并成本的影响金额能够可靠计量的，购买方应当将其计入合并成本。

无论是同一控制下的企业合并还是非同一控制下的企业合并形成的长期股权投资，实际支付的价款或对价中包含的已宣告但尚未发放的现金股利或利润，应作为应收项目处理（应收股利、应收利息）。

（2）非企业合并形成的长期股权投资的初始计量

除企业合并形成的长期股权投资以外，其他方式取得的长期股权投资，应当按照下列规定确定其初始投资成本：

以支付现金取得的长期股权投资，应当按照实际支付的购买价款作为初始投资成本。初始投资成本包括与取得长期股权投资直接相关的费用、税金及其他必要支出。企业取得长期股权投资，实际支付的价款或对价中包含的已宣告但尚未发放的现金股利或利润，应作为应收项目处理。其账务处理是：

借：长期股权投资

　　贷：银行存款

以发行权益性证券取得的长期股权投资，应当按照发行权益性证券的公允价值作为初始投资成本。

投资者投入的长期股权投资，应当按照投资合同或协议约定的价值作为初始投资成本，但合同或协议约定价值不公允的除外。

（3）成本法下持有期间现金股利的核算

在成本法下，被投资单位宣告分派的现金股利或利润，确认为当期投资收益。投资企业确认投资收益，仅限于被投资单位接受投资后产生的累积净利润的分配额，所获得的利润或现金股利超过上述数额的部分作为初始投资成本的收回（清算性股利）。

通常情况下，投资企业在取得投资当年自被投资单位分得的现金股利或利润应作为投资成本的收回;以后年度,被投资单位累计分派的现金股利或利润超过投资以后至上年末止被投资单位累计实现净利润的,投资企业按照持股比例计算应享有的部分应作为投资成本的收回。成本法下收到股利的账务处理是:

借:应收股利

　　贷:投资收益

　　　　长期股权投资(清算性股利)

(4) 成本法下持有期间期末计提减值的核算

按照成本法核算的、在活跃市场中没有报价、公允价值不能可靠计量的长期股权投资的减值(即一般持股比例<20%),应当按照"金融工具确认和计量"准则有关规定处理;如果是对子公司的投资,应当按照"资产减值"准则的规定处理。在按照上述规定计算出应计提减值的金额后,计提减值的账务处理是:

借:资产减值损失

　　贷:长期股权投资减值准备

(5) 成本法下处置长期股权投资的核算

处置长期股权投资,其账面价值与实际取得价款的差额,应当计入当期损益(投资收益)。处置时的账务处理是:

借:银行存款(收到的价款)

　　长期股权投资减值准备

　　贷:长期股权投资

　　贷或借:投资收益

【例 13】 甲企业于 2012 年 1 月 1 日支付 700 万元,取得乙企业 60%的股权。投资时乙企业可辨认净资产公允价值为 1 100 万元。甲乙企业不存在关联关系,为非同一控制下的企业合并。2012 年乙企业实现净利润 180 万元;2013 年 2 月 9 日分出现金股利 50 万元。

2012 年 1 月 1 日投资时

借:长期股权投资——乙企业　　7 000 000

　　贷:银行存款　　7 000 000

2012 年乙企业实现净利润 180 万元,甲企业采用成本法核算,不作账务处理。

2013 年 2 月 9 日分出现金股利时

借:应收股利　　(50×60%)　　300 000

　　贷:投资收益　　300 000

借:银行存款　　300 000

　　贷:应收股利　　300 000

【例 14】 2012 年 1 月 1 日甲公司支付现金 800 万元给 B 公司,受让 B 公司持有的 C 公司 15%的股权(不具有重大影响),假设未发生直接相关费用和税金。则甲公司账务处理如下:

2012 年 1 月 1 日取得时

借:长期股权投资——C 公司　　8 000 000

　　贷:银行存款　　8 000 000

2012 年 4 月 1 日,C 公司宣告分配 2012 年实现的净利润,其中分配现金股利 100 万元。甲公司于 5 月 2 日收到现金股利 15 万元。甲公司账务处理是:

借:应收股利(100×15%)　　150 000

贷：长期股权投资——C公司　　　　　　　　　　　150 000

借：银行存款　　　　　　　　　　　　　　150 000

贷：应收股利　　　　　　　　　　　　　　　　　150 000

2012年，C公司实现净利润300万元，甲公司采用成本法核算，不作账务处理。

假如2013年2月12日，C公司宣告分配2012年净利润，分配的现金股利为80万元。甲公司的账务处理是：

应冲减投资成本金额＝(投资后至本年末(本次)止被投资单位累积分派的现金股利－投资后至上年末止被投资单位累积实现的净损益)×投资企业的持股比例－投资企业已经冲减的投资成本

＝[(100＋80)－300]×15%－15

＝[－120]×15%－15＝－18－15＝－33(万元)

从计算结果看应恢复投资成本33万元，根据“限额”的规定，实际恢复15万元。

借：应收股利　　(80×15%)　　　　　　　　120 000

　　长期股权投资——C公司　　　　　　　　150 000

　贷：投资收益　　　　　　　　　　　　　　　　270 000

假如2013年C公司发生巨额亏损，2013年末甲公司对C公司的投资按当时市场收益率对未来现金流量折现确定的现值为750万元(根据金融工具确认和计量准则)，长期投资的账面价值为800万元，需计提50万元减值准备：

借：资产减值损失　　　　　　　　　　　　500 000

　贷：长期股权投资减值准备　　　　　　　　　　500 000

假如2014年1月20日，甲公司经协商，将持有的C公司的全部股权转让给丁企业，收到股权转让款900万元。

借：银行存款　　　　　　　　　　　　　9 000 000

　　长期投资减值准备　　　　　　　　　　500 000

　贷：长期股权投资——C公司　　　　　　　　　8 000 000

　　　投资收益　　　　　　　　　　　　　　　　1 500 000

8.2.3　长期股权投资核算的权益法

权益法是指投资以初始投资成本计量后，在投资持有期间根据投资企业享有被投资单位所有者权益份额的变动对投资的账面价值进行调整的方法。

1）权益法的应用条件

根据我国有关会计准则的规定，投资企业对被投资单位具有共同控制或重大影响时，长期股票投资应采用权益法核算。

(1) 共同控制是按照合同约定对某项经济活动所共有的控制，也就是指由两个或者多个企业共同投资建立的实体，该被投资单位的财务和经营政策必须由投资双方或者多方共同决定。

(2) 重大影响是指对一个企业的财务和经营政策有参与决策的权力，但并不能够控制或者与其他方一起共同控制这些政策的制定。投资企业能够对被投资单位施加重大影响的，被投资单位为其联营企业。

投资企业因减少投资等原因对被投资单位不再具有共同控制或重大影响的，并且在活跃市场中没有报价、公允价值不能可靠计量的长期股权投资，应当改按成本法核算，并以权益法下长期股权投资的账面价值作为按照成本法核算的初始投资成本。

2）长期股权投资权益法的核算

（1）确定初始投资成本

长期股权投资采用权益法核算下，初始投资成本的确定与上述成本法下非企业合并形成的长期股权投资一样，应当按照下列规定确定其初始投资成本：

以支付现金取得的长期股权投资，应当按照实际支付的购买价款作为初始投资成本。初始投资成本包括与取得长期股权投资直接相关的费用、税金及其他必要支出。企业取得长期股权投资，实际支付的价款或对价中包含的已宣告但尚未发放的现金股利或利润，应作为应收项目处理。

以发行权益性证券取得的长期股权投资，应当按照发行权益性证券的公允价值作为初始投资成本。

投资者投入的长期股权投资，应当按照投资合同或协议约定的价值作为初始投资成本，但合同或协议约定价值不公允的除外。

（2）调整初始投资成本

长期股权投资的初始投资成本大于投资时应享有被投资单位可辨认净资产公允价值份额的，不调整长期股权投资的初始投资成本。

长期股权投资的初始投资成本小于投资时应享有被投资单位可辨认净资产公允价值份额的，其差额应当计入当期损益（营业外收入，视同捐赠利得），同时调整长期股权投资的成本。账务处理是：

借：长期股权投资——××公司（投资成本）

　　贷：营业外收入

【例 15】 A 公司支付 2 000 万元取得 B 公司 30%的股权，取得投资时被投资单位可辨认净资产的公允价值为 6 000 万元。假设 A 公司能够对 B 公司施加重大影响，则 A 公司应进行的会计处理为：

借：长期股权投资——B 公司（投资成本）　　20 000 000

　　贷：银行存款　　20 000 000

注：取得的份额为 1 800 万元（6 000×30%），支付的代价为 2 000 万元，多付的 200 万元为商誉，仍保留在长期股权投资的余额中。

假设投资时 B 公司可辨认净资产的公允价值为 7 000 万元，则 A 公司应进行的处理为：

借：长期股权投资——B 公司（投资成本）　　20 000 000

　　贷：银行存款　　20 000 000

借：长期股权投资——B 公司（投资成本）　　1 000 000

　　贷：营业外收入　　1 000 000

注：取得的份额为 2 100 万元（7 000×30%），支付的代价为 2 000 万元，少付的 100 万元视同接受捐赠，计入营业外收入。

（3）持有期间确认权益的核算

由于被投资企业净利润的变动，投资企业应确认投资收益，同时调整长期股权投资。

应注意：一般情况下，投资企业取得长期股权投资后，应当按照应享有或应分担的被投资单位实现的净损益的份额，确认投资损益并调整长期股权投资的账面价值。投资企业按照被投资单位宣告分派的利润或现金股利计算应分得的部分，相应减少长期股权投资的账面价值。其账务处理是：

借：长期股权投资——××公司(损益调整)

  贷：投资收益

借：应收股利

  贷：长期股权投资——××公司(损益调整)

投资企业确认被投资单位发生的净亏损，应当以长期股权投资的账面价值以及其他实质上构成对被投资单位净投资的长期权益减记至零为限，投资企业负有承担额外损失义务的除外。

其他实质上构成对被投资单位净投资的长期权益，通常是指长期性的应收项目，如企业对被投资单位的长期债权，该债权没有明确的清收计划且在可预见的未来期间不准备收回的，实质上构成对被投资单位的净投资。

企业存在其他实质上构成对被投资单位净投资的长期权益项目以及负有承担额外损失义务的情况下，在确认应分担被投资单位发生的亏损时，应当按照以下顺序进行处理：冲减长期股权投资的账面价值；如果长期股权投资的账面价值不足以冲减的，应当以其他实质上构成对被投资单位净投资的长期权益账面价值为限继续确认投资损失，冲减长期权益的账面价值(即冲减长期应收款)；在进行上述处理后，按照投资合同或协议约定企业仍承担额外义务的，应按预计承担的义务确认预计负债，计入当期投资损失。

【例 16】 甲企业持有乙企业 40%的股权，2012 年 12 月 31 日投资的账面价值为 2 000 万元。乙企业 2013 年亏损 3 000 万元。假定取得投资时点被投资单位各资产公允价值等于账面价值，双方采用的会计政策、会计期间相同。则：

甲企业 2013 年应确认投资损失 1 200 万元；长期股权投资账面价值降至 800 万元(2 000－1 200)。

例 16 中如果乙企业当年度的亏损额为 6 000 万元，当年度甲企业应分担损失2 400 万元，长期股权投资账面价值减至 0，如果甲企业账上有应收乙企业长期应收款 800 万元，则应进一步确认损失：

借：投资收益　　　　4 000 000

  贷：长期应收款　　　　4 000 000

被投资单位以后期间实现盈利的，扣除未确认的亏损分担额后，应按与上述顺序相反的顺序处理，减记已确认预计负债的账面余额、恢复其他长期权益以及长期股权投资的账面价值，同时确认投资收益。

投资企业在确认应享有被投资单位净损益的份额时，应当以取得投资时被投资单位各项可辨认资产等的公允价值为基础，对被投资单位的净利润进行调整后确认。

需要考虑的调整因素有：一是被投资单位采用的会计政策及会计期间与投资企业不一致，应按投资企业的会计政策及会计期间对被投资单位的财务报表进行调整；二是以取得投资时被投资单位固定资产、无形资产公允价值为基础计提的折旧额或摊销额以及以投资企业取得投资时公允价值为基础计算确定的资产减值准备金额等对被投资单位净利润的影响。

【例 17】 甲企业于 2013 年 1 月 1 日取得联营企业 30%的股权，取得投资时被投资单位的固定资产公允价值为1 200万元，账面价值为600万元，固定资产的预计使用年限为10年，净残值为零，按照直线法计提折旧。被投资单位2013年度利润表中净利润为500万元。

被投资单位当期利润表中已按其账面价值计算扣除的固定资产折旧费用为60万元，按照取得投资时点上固定资产的公允价值计算确定的折旧费用为120万元，假定不考虑所得税影响，按照被投资单位的账面净利润计算确定的投资收益应为150(500×30%)万元。如按该固定资产的公允价值计算的净利润为440(500－60)万元，投资企业按照持股比例计算确认的当期投资收益为132(440×30%)万元。

借：长期股权投资——损益调整　　　　1 320 000

　　贷：投资收益　　　　1 320 000

在进行有关调整时，应当考虑重要性项目。如果无法可靠确定投资时被投资单位各项可辨认资产等的公允价值，或者投资时被投资单位可辨认资产等的公允价值与其账面价值之间的差额较小，以及其他原因导致无法对被投资单位净损益进行调整，可以按照被投资单位的账面净损益与持股比例计算确认投资收益，但应在附注中说明这一事实及其原因。

被投资企业净利润以外的权益变动，投资企业应确认资本公积(其他资本公积)，同时调整长期股权投资。投资企业对于被投资单位除净损益以外所有者权益的其他变动，在持股比例不变的情况下，企业按照持股比例计算应享有或承担的部分，调整长期股权投资的账面价值。同时增加或减少资本公积(其他资本公积)。投资企业的账务处理是：

借：长期股权投资——××公司(其他权益变动)

　　贷：资本公积——其他资本公积

(4) 持有期间期末计提减值

长期股权投资采用权益法核算时，计提资产减值应当按照“资产减值”准则有关规定处理。计提减值的账务处理是：

借：资产减值损失

　　贷：长期股权投资减值准备

(5) 处置长期股权投资时的核算

处置长期股权投资，其账面价值与实际取得价款的差额，应当计入当期损益(投资收益)。同时因被投资单位除净损益以外所有者权益的其他变动而计入所有者权益的，处置该项投资时应当将原计入所有者权益的部分按相应比例转入当期损益(投资收益)。处置时的账务处理是：

借：银行存款

　　长期股权投资减值准备

　　资本公积——其他资本公积

　　贷：长期股权投资——××公司(成本)

　　　　　　　　　——××公司(损益调整)

　　　　　　　　　——××公司(其他权益变动)

　　　投资收益

8.2.4 长期股权投资核算方法的转换

长期股权投资在持有期间，可能因持股比例下降或上升而由成本法改为权益法或由权益法改为成本法。转换时会计处理如下：

1）成本法转换为权益法

长期股权投资的核算由成本法转为权益法时，应区别形成该转换的不同情况进行处理。

（1）原持有的对被投资单位不具有控制、共同控制或重大影响、在活跃市场中没有报价、公允价值不能可靠计量的长期股权投资，因追加投资导致持股比例上升，能够对被投资单位施加重大影响或是实施共同控制的，在自成本法转为权益法时，应区分原持有的长期股权投资以及新增长期股权投资两部分分别处理。

① 原持有长期股权投资的账面余额与按照原持股比例计算确定应享有原取得投资时被投资单位可辨认净资产公允价值份额之间的差额，属于通过投资作价体现的商誉部分(即原取得投资时投资成本大于应享有被投资单位可辨认净资产公允价值份额的部分)，不调整长期股权投资的账面价值；属于原取得投资时因投资成本小于应享有被投资单位可辨认净资产公允价值份额的差额，应调整长期股权投资的账面价值，同时调整留存收益。

对于原取得投资后至新取得投资的交易日之间被投资单位可辨认净资产公允价值的变动相对于原持股比例的部分，属于在此期间被投资单位实现净损益中应享有份额的，应当调整长期股权投资的账面价值，同时调整留存收益；属于其他原因导致的被投资单位可辨认净资产公允价值变动中应享有的份额，在调整长期股权投资账面价值的同时，应当计入“资本公积——其他资本公积”。

② 对于新取得的股权部分，应比较新增投资的成本与取得该部分投资时应享有被投资单位可辨认净资产公允价值的份额，其中投资成本大于投资时应享有被投资单位可辨认净资产公允价值份额的，不调整长期股权投资的成本；投资成本小于应享有被投资单位可辨认净资产公允价值份额的，应调整增加长期股权投资的成本，同时计入取得当期的营业外收入。

上述与原持股比例相对应的商誉或是应计入留存收益的金额与新取得投资过程中体现的商誉及计入当期损益的金额应综合考虑，在此基础上确定与整体投资相关的商誉或是因投资成本小于应享有被投资单位可辨认净资产公允价值份额应计入留存收益或是损益的金额。总的思路是：应采用追溯调整，看成是最初就采用权益法一样。

（2）因处置投资导致对被投资单位的影响能力由控制转为具有重大影响或者与其他投资方一起实施共同控制的情况下，首先应按处置或收回投资的比例结转应终止确认的长期股权投资成本。

在此基础上，应当比较剩余的长期股权投资成本与按照剩余持股比例计算原投资时应享有被投资单位可辨认净资产公允价值的份额，属于投资作价中体现的商誉部分，不调整长期股权投资的账面价值，属于投资成本小于原投资时应享有被投资单位可辨认净资产公允价值份额的，在调整长期股权投资成本的同时，应调整留存收益。

对于原取得投资后至转变为权益法核算之间被投资单位实现净损益中应享有的份额，一方面应当调整长期股权投资的账面价值，同时调整留存收益；其他原因导致被投资单位所有者权益变动中应享有的份额，在调整长期股权投资账面价值的同时，应当计入“资本公积——其他资本公积”。

2）权益法转换为成本法

因追加投资原因导致原持有的对联营企业或合营企业的投资转变为对子公司投资的，长期股权投资账面价值的调整应当按照相关规定处理。除此之外，因减少投资导致长期股权投资的核算由权益法转换为成本法(投资企业对被投资单位不具有共同控制或重大影响，并且在活跃市场中没有报价、公允价值不能可靠计量的长期股权投资)的,应以转换时长期股权投资的账面价值作为按照成本法核算的基础。继后期间,自被投资单位分得的现金股利或利润未超过转换时被投资单位账面留存收益中本企业享有份额的,分得的现金股利或利润应冲减长期股权投资的成本,不作为投资收益。自被投资单位取得的现金股利或利润超过转换时被投资单位账面留存收益中本企业享有份额的部分,确认为当期损益。

【例 18】 甲公司投资于D公司,有关投资的情况如下:2012 年 1 月 1 日甲公司支付现金 1 000 万元给 B 公司,受让 B 公司持有的 D 公司 20%的股权(具有重大影响),采用权益法核算。假设未发生直接相关费用和税金。受让股权时 D 公司的可辨认净资产公允价值为 4 000 万元。则甲公司账务处理如下:

借:长期股权投资——D公司(成本)　　10 000 000

　贷:银行存款　　10 000 000

应享有被投资单位可辨认净资产公允价值份额=4 000×20%=800(万元),因初始投资成本大于应享有被投资单位可辨认净资产公允价值份额,不调整长期股权投资的初始投资成本。

2012 年 12 月 31 日,D 公司 2013 年实现的净利润为 600 万元;该年度因某经济事项使资本公积增加 150 万元。假设不考虑对净利润的调整。甲公司账务处理是:

借:长期股权投资——D公司(损益调整)(600×20%)　1 200 000

　贷:投资收益　　1 200 000

借:长期股权投资——D公司(其他权益变动)(150×20%)　　300 000

　贷:资本公积——其他资本公积　　300 000

假如 2013 年 3 月 12 日,D 公司宣告分配现金股利 200 万元;甲公司于 4 月 15 日收到。

借:应收股利(200×20%)　　400 000

　贷:长期股权投资——D公司(损益调整)　　400 000

借:银行存款　　400 000

　贷:应收股利　　400 000

假如 2013 年 D 公司发生亏损 2 000 万元,2013 年末甲公司对 D 公司的投资可收回金额为 700 万元。

借:投资收益(2 000×20%)　　4 000 000

　贷:长期股权投资——D公司(损益调整)　　4 000 000

计提减值准备前长期股权投资的账面余额=投资成本(1 000)+损益调整(-320)(120-40-400)+其他权益变动(30)=710(万元),可收回金额为 700 万元,需计提 10 万元减值准备:

借:资产减值损失　　100 000

　贷:长期股权投资减值准备　　100 000

假如 2014 年 1 月 20 日,甲公司经协商,将持有的 D 公司的全部股权转让给丁企业,收到股权转让款 800 万元。

借:银行存款　　8 000 000

　长期股权投资减值准备　　100 000

　资本公积——其他资本公积　　300 000

　贷:长期股权投资——D公司(投资成本)　　10 000 000

　　　　　　　　——D公司(损益调整)　　3 200 000

——D公司(其他权益变动)　　　　　　300 000

投资收益　　　　　　　　　　　　　　1 300 000

练习题

1. 甲公司于2012年5月20日从证券市场购入A公司股票60 000股,划分为交易性金融资产,每股买价8元(其中含已宣告发放尚未领取的现金股利0.5元),另支付印花税及佣金5 000元。2012年12月31日,甲公司持有的该股票的市价(公允价值)为510 000元,2013年2月10日,甲公司出售A公司股票60 000股,收入现金540 000元。甲公司出售该项金融资产时应确认的投资收益为90 000元。

要求:作相关账务处理。

2. 某企业2013年3月5日以银行存款购入甲公司已宣告但尚未分派现金股利的股票100 000股,作为交易性投资,每股成交价19.6元,其中,0.4元为已宣告但尚未分派的现金股利,股权登记日为3月10日。另支付相关税费等交易费用8 000元。企业于4月10日收到甲公司发放的现金股利。

要求:作相关账务处理。

3. 2012年5月,甲公司以480万元购入乙公司股票60万股作为交易性金融资产,另支付手续费10万元。2012年6月30日该股票每股市价为7.5元。2012年8月10日,乙公司宣告分派现金股利,每股0.20元。8月20日,甲公司收到分派的现金股利。至12月31日,甲公司仍持有该交易性金融资产,期末每股市价为8.5元,2013年1月3日以515万元出售该交易性金融资产。假定甲公司每年6月30日和12月31日对外提供财务报告。

要求:编制上述经济业务的会计分录。

4. 甲公司和乙公司同为A集团的子公司,2013年6月1日,甲公司以银行存款取得乙公司所有者权益的80%,同日乙公司所有者权益的账面价值为1 000万元。假如:

(1) 甲公司支付银行存款720万元;

(2) 甲公司支付银行存款900万元。

要求:分别编制上述经济业务的会计分录。

5. 2013年5月1日,甲公司以一项专利权和银行存款200万元向丙公司投资(甲公司和丙公司不属于同一控制下的两个公司),占乙公司注册资本的70%,该专利权的账面原价为5 000万元,已计提累计摊销600万元,已计提无形资产减值准备200万元,公允价值为4 000万元。不考虑其他相关税费。

要求:甲公司应如何进行会计处理?

6. 甲公司2013年4月1日与乙公司原投资者A公司签订协议,甲公司和乙公司不属于同一控制下的公司。甲公司以存货和承担A公司的短期还贷款义务换取A公司持有的乙公司股权。2013年7月1日合并日乙公司可辨认净资产公允价值为1 000万元,甲公司取得70%的份额。甲公司投出存货的公允价值为500万元,增值税85万元,账面成本400万元,承担归还贷款义务200万元。

要求:甲公司应如何进行会计处理?

7. 2013年1月1日甲公司支付现金100万元给丙公司,受让丙公司持有的乙公司60%的股权(甲和丙同受A公司控制),受让股权时乙公司的所有者权益账面价值为200万元。

要求:甲公司应如何进行会计处理?

8. 甲企业于2013年1月1日支付700万元,取得乙企业60%的股权。投资时乙企业可辨认净资产公允价值为1 100万元。甲乙企业不存在关联关系,为非同一控制下的企业合并。2012年乙企业实现净利润180万元;2013年3月9日分出现金股利50万元。

要求:编制上述经济业务的会计分录。

9 固定资产、无形资产及其他资产的核算

【本章学习目的】

(1) 了解固定资产的概念和分类,掌握固定资产的会计核算。

(2) 了解无形资产的概念和分类,掌握无形资产的会计核算。

(3) 了解其他资产的概念及其会计核算。

(4) 掌握非货币性交易的会计核算。

【引导案例】

调节固定资产折旧可以达到目的吗

龙源公司是ABC市一个有名的企业。多年来,该企业一直保持良好的盈利和声誉。2003年,企业由于市场和管理方面的原因发生了亏损,企业领导层决定借款以缓解目前的财务危机。而被借款单位为确保到时收回款项,就要求企业的资产和所有者权益必须达到相应的指标。企业财务负责人小王决定少提当年的固定资产折旧30万元以满足被借款单位的要求。

请问:(1) 财务负责人小王的想法可以满足被借款单位的要求吗?

(2) 该想法若实施,则对龙源公司的资产、负债和所有者权益分别有什么影响?

(3) 该想法若实施,是否违背了会计遵循的一般原则?违背了什么原则?

9.1 固定资产概述

9.1.1 固定资产的概念

固定资产是企业生产经营过程中的重要劳动资料,具体是指为生产商品、提供劳务、出租或经营管理而持有的,使用期限超过一年且单位价值较高并保持原有实物形态的资产。在确认固定资产时必须同时符合两个条件:一是固定资产包含的经济利益很可能流入企业;二是固定资产的成本能可靠计量。

9.1.2 固定资产的分类

企业固定资产种类很多,根据不同的分类标准可以分成不同的类别。企业应根据适当的分类标准,将固定资产进行分类,以满足生产经营的需要。目前,固定资产的分类主要有以下四种:

1) 固定资产按经济用途分类

固定资产按经济用途分类,可分为生产用固定资产和非生产用固定资产。生产用固定

资产是指直接参加生产经营过程或直接服务生产经营过程的各种房屋建筑物、机器、工具器具等固定资产。非生产用固定资产是指不直接服务生产经营过程的房屋建筑物、设备、器具等固定资产。

2）固定资产按使用情况分类

固定资产按使用情况分类，可分为使用中的固定资产、未使用的固定资产和不需用的固定资产。使用中的固定资产是指正在使用的经营性和非经营性固定资产。由于季节性经营或修理等原因，暂时停止使用的固定资产仍属于使用中的固定资产；企业出租给其他单位使用的固定资产以及内部替换使用的固定资产，也属于使用中的固定资产。未使用的固定资产是指已完工或已购建的尚未交付使用的固定资产以及因进行改建、扩建等原因停止使用的固定资产，如企业购建的尚待安装的固定资产、经营任务变更停止使用的固定资产等。不需用的固定资产是指本企业不适用或多余，需要调配处理的固定资产。

3）固定资产按所有权分类

固定资产按所有权分类，可分为自有固定资产和租入固定资产。自有固定资产是指企业拥有的可供企业自由支配使用的固定资产。租入固定资产是指企业采用租赁方式从其他单位租入的固定资产。

4）固定资产按经济用途和使用情况综合分类

固定资产按经济用途和使用情况综合分类，可以分为生产经营用固定资产、非生产经营用固定资产、租出固定资产、融资租入固定资产、不需用固定资产、未使用固定资产、土地等。

9.1.3 固定资产计价

正确地对固定资产进行计价，有利于客观反映企业固定资产的规模，正确计提折旧，正确确定生产成本和企业净收益。固定资产通常有以下三种计价方法：

1）原始价值

原始价值又称实际成本、历史成本，是指企业取得固定资产时的成本。采用这种计价方法的主要优点是原始价值具有客观性和可验证性，并为正确计提折旧提供了依据。由于固定资产的来源不同，原始价值的确定方法也不一样，应根据不同情况分别确定。一般情况下，企业从外部取得的固定资产，其原值应包括资产的买价（含增值税）、运输途中的各种运杂费、包装费、保险费以及使用前发生的各种安装调试费。

现行会计制度规定，对于固定资产的计价应采用原始价值计价。

2）重置价值

重置价值又叫重置完全价值，是指企业在当前条件下，重新购置同种全新的固定资产所需全部耗费的货币支出。重置价值的构成内容与原值的构成内容相同。这种计价方法仅在确定盘盈固定资产价值、对会计报表进行补充、附注说明时采用。

3）净值

净值又称折余价值，是指固定资产原值扣除已提折旧后的余额。它可以和固定资产原值进行比较，有助于了解固定资产的新旧程度。

9.1.4 固定资产的入账价值

企业在取得固定资产时，应按取得时的实际成本作为固定资产的入账价值。实际成本包括买价、进口关税、运输费和保险费等，以及为使固定资产达到预定可使用状态前所发生的其他必要的支出。由于企业取得固定资产的途径和方式不同，其入账价值也有所差异。

1）购置的固定资产的入账价值

购置不需要安装的固定资产，应按实际支付的买价、包装费、运输费、交纳的有关税金等作为入账价值；购置需要安装的固定资产，应按实际支付的买价、包装费、运输费、安装成本、交纳的有关税金等作为入账价值。

2）自行建造的固定资产的入账价值

企业应按建造该项资产达到预定可使用状态前所发生的全部支出，作为入账价值。

3）投资者投入固定资产的入账价值

应按投资各方确认的价值作为入账价值。

4）接受捐赠的固定资产的入账价值

① 捐赠方提供了有关凭据的，按凭据上标明的金额加上应支付的相关税费，作为入账价值。

② 捐赠方没有提供有关凭据的，按以下顺序确定其入账价值：存在活跃市场的，按同类或类似固定资产的市场价格估计的金额，加上应支付的相关税费，作为入账价值；不存在活跃市场的，按接受捐赠的固定资产的预计未来现金流量现值，作为入账价值。

如受赠的是旧的固定资产，按照上述方法确认的价值，减去按该项资产的新旧程度估计的价值损耗后的余额，作为入账价值。

5）经批准无偿调入的固定资产的入账价值

经批准无偿调入的固定资产，按调出单位的账面价值加上发生的安装费、包装费、运输费、契税、耕地占用税、车辆购置税等相关税费，作为入账价值。

6）融资租入的固定资产的入账价值

对于融资租入的固定资产，按租赁开始日租赁资产的原账面价值与最低租赁付款额的现值两者中较低者作为入账价值；如果融资租赁资产占资产总额比例等于或小于30%的，在租赁开始日，企业也可按最低租赁付款额作为固定资产的入账价值。

7）盘盈的固定资产的入账价值

应按同类或类似固定资产的市场价格，减去按该项资产的新旧程度估计的价值损耗后的余额作为入账价值。

8）企业接受的债务人以非现金资产抵偿债务方式取得的固定资产，或以应收债权换入的固定资产的入账价值

该类固定资产按应收债权的账面价值加上相关税费作为入账价值。涉及补价的，按以下情况确定换入资产的入账价值：

① 收到补价的，按应收债权的账面价值减去补价，加上支付的相关税费，作为入账价值。

② 支付补价的，按应收债权的账面价值加上补价和应支付的相关税费，作为入账价值。

9）以非货币性交易换入的固定资产的入账价值

该类固定资产按换出资产的账面价值加上应支付的相关税费，作为入账价值。涉及补价的，按以下规定确定：

① 收到补价的，按换出资产的账面价值减去补价，加上支付的相关税费和应确认的相关收益，作为入账价值。

② 支付补价的，按换出资产的账面价值加上补价和应支付的相关税费，作为入账价值。

10）在原固定资产基础上进行改建、扩建的固定资产的入账价值

该类固定资产按原固定资产的账面价值，加上由于改建、扩建而使该项固定资产达到预定可使用状态前发生的支出，减去改建、扩建过程中发生的变价收入，作为入账价值。

9.2 固定资产的核算

9.2.1 固定资产核算的科目设置

为了反映固定资产的增减变动，在核算时可设置"固定资产"科目、"累计折旧"科目、"在建工程"科目、"待处理财产损溢——待处理固定资产损溢"科目和"固定资产清理"科目等。

1）"固定资产"科目

"固定资产"科目，用来核算企业固定资产原值的增减变动和结存情况。该科目借方登记增加固定资产的原值；贷方登记减少固定资产的原值。期末余额在借方，表示实有固定资产的原值。为了加强对企业固定资产的管理和核算，企业在进行固定资产总分类核算的基础上，还要组织固定资产明细分类的核算。"固定资产"科目一般分为总账账户、二级账和明细账三种。

2）"累计折旧"科目

"累计折旧"科目属于"固定资产"科目的抵减科目。该科目借方登记减少的旧固定资产的已提折旧；贷方登记计提的固定资产折旧以及增加的旧固定资产的已提折旧。贷方余额表示全部固定资产已提折旧的累计数。"累计折旧"账户可以进行总分类核算，不进行明细分类核算。

3）"在建工程"科目

"在建工程"科目反映各项工程，包括固定资产新建工程、改扩建工程、大修理工程等所发生的实际成本。该科目借方登记各项工程发生的实际成本；贷方登记已完工工程的实际成本。借方余额表示未完工的工程实际成本。"在建工程"科目应按工程项目设置"工程物资"、"自营工程"、"出包工程"等明细账。

4）"固定资产清理"科目

"固定资产清理"科目核算企业因出售、报废和毁损等原因转入清理的固定资产净值以及在清理过程中所发生的清理费用和清理收入等。借方登记转入清理的固定资产净值和发生的清理费用等；贷方登记清理固定资产的变价收入和应由保险公司或过失人承担的损失等，期末余额反映企业尚未清理的固定资产净值以及清理净收入。月末，将清理完的净损溢转入"营业外收支"科目，清理完毕后该科目期末无余额。该科目应按被清理的固定资产名称设置明细科目，进行明细分类核算。

9.2.2 固定资产取得的核算

固定资产取得的方式主要有购买、自行建造、投资者投入、非货币性交易（将在本章第4节讲述）等，取得的方式不同，其核算也不相同。

1）外购固定资产的核算

（1）购入不需安装的固定资产，按实际支付的买价、包装费、保险费、运输费以及有关税金等，作为入账价值。

【例1】 A商贸公司某日购入一台不需安装的机器设备，价款为20 000元，增值税为

3 400 元，各种运杂费为 1 000 元，货款未付，设备已交付使用。应做的会计分录为：

借：固定资产　　21 000

　　应交税费——应交增值税(进项税额)　　3 400

　　贷：应付账款　　24 400

(2) 购入需要安装的固定资产，按实际支付的买价、包装费、保险费、运输费、相关税金以及安装调试成本等作为购入固定资产的实际成本，先通过“在建工程”账户进行归集，待安装完成交付使用时，再转入“固定资产”账户。

【例 2】 A 商贸公司购入一台需要安装的设备，发票记录的价款为 50 000 元，增值税为 8 500 元，运杂费和保险费共计为 7 000 元，各款项均通过银行结算。该机器安装完工并验收后，支付安装费 4 500 元。应做的会计分录为：

Ⅰ. 购买机器设备时：

借：在建工程　　50 000

　　应交税费——应交增值税(进项税额)　　8 500

　　贷：银行存款　　58 500

Ⅱ. 支付运杂费等时：

借：在建工程　　7 000

　　贷：银行存款　　7 000

Ⅲ. 支付安装费时：

借：在建工程　　4 500

　　贷：银行存款　　4 500

Ⅳ. 设备安装完工并验收，结转安装成本：

借：固定资产　　61 500

　　贷：在建工程　　61 500

2) 自行建造固定资产的核算

自行建造固定资产是企业为了新建、改建、扩建固定资产或对固定资产进行技术改造、设备更新而由本企业建造固定资产的一种经济业务。自行建造固定资产应先通过“在建工程”科目进行核算，待工程完工交付使用时，再转入“固定资产”科目。企业自建固定资产，主要有自营和出包两种方式，建设方式不同，其对应的会计处理也不同。

(1) 自营工程的会计处理

自营工程指企业自行组织工程材料采购、自行组织施工人员施工的建筑工程和安装工程。进行工程材料采购时，借记“工程物资”科目，贷记相关会计科目。领取工程物资时，借记“在建工程”科目，贷记“工程物资”科目。自营工程发生的其他费用，借记“在建工程”科目，贷记“银行存款”、“长期借款”、“应付职工薪酬”等科目。当工程完工交付使用时，按实际发生的全部支出，借记“固定资产”，贷记“在建工程”科目。若工程完工后还有剩余的工程物资，则应转为企业的流动资产。

【例 3】 A 商贸公司自行建造厂房一座，以银行存款支付工程物资价款 100 000 元，增值税款为 17 000 元。在建造过程中，共领取工程物资 117 000 元(含增值税)；支付工人工资 20 000 元；发生的借款利息支出为 7 000 元，其他费用为 1 200 元，工程完工后交付使用。其编制的会计分录为：

Ⅰ. 购入工程物资时：

借：工程物资　　117 000
　　贷：银行存款　　117 000

Ⅱ. 领取工程物资时：

借：在建工程　　117 000
　　贷：工程物资　　117 000

Ⅲ. 支付职工薪酬时：

借：在建工程　　20 000
　　贷：应付职工薪酬　　20 000

Ⅳ. 支付借款利息时：

借：在建工程　　7 000
　　贷：长期借款　　7 000

Ⅴ. 支付其他费用时：

借：在建工程　　1 200
　　贷：银行存款　　1 200

Ⅵ. 工程完工交付使用时：

借：固定资产　　145 200
　　贷：在建工程　　145 200

(2) 出包工程的会计处理

企业通过出包工程方式建造的固定资产，应按实际支付给承包单位的工程价款作为其固定资产成本。支付工程价款时，借记"在建工程"科目，贷记"银行存款"科目。待工程完工交付使用时，再将"在建工程"科目转入到"固定资产"科目的借方。

3) 投资者投入固定资产的核算

企业接受投资者作价投入的房屋、建筑物、机器设备等固定资产，应按照投资合同或协议约定的价值确定固定资产的价值，但投资合同或协议约定价值不公允的除外。

借：固定资产（投资合同或协议约定的价值记录）
　　贷：实收资本（按投资者在企业注册资本中应享有的份额记录）

资本公积——资本溢价（投资合同或协议价值超过投资者在企业注册资本中享有的份额部分）

【例 4】 A 商贸公司收到 B 企业投入机器设备一台，B 企业的账面原值为 80 000 元，经评估机构确认的价值为 85 000 元。即日办理固定资产的移交手续。应做的会计分录为：

借：固定资产　　85 000
　　贷：实收资本　　85 000

【例 5】 新新商贸公司原注册资本 40 万元，A 投资者希望加入。为了占有新新商贸公司注册资本的 20%的份额，A 投入 2.5 万元现金和一台机器，该机器双方确认的价值为 10 万元。新新商贸公司原投资者同意接纳 A 投资者加入，加入后注册资本为 50 万元，将现金收存银行，并已对机器验收。根据上述资料，新新商贸公司应作如下账务处理：

借：银行存款　　25 000
　　固定资产　　100 000
　　贷：实收资本　　100 000
　　　　资本公积——资本溢价　　25 000

9.2.3 固定资产折旧的核算

1）固定资产折旧的概念

固定资产折旧是指固定资产由于损耗而减少的价值。固定资产在长期的使用过程中，其实物形态保持不变，但其价值会随着固定资产的使用渐渐发生损耗，因损耗而减少的价值就构成固定资产折旧。它不仅是保证固定资产再生产正常进行的重要举措，也是正确计算产品生产成本和经营成果的前提条件。

2）影响固定资产折旧的因素

（1）折旧的基数

计算固定资产折旧的基数一般为取得固定资产的原始成本，即固定资产的账面原值。

（2）固定资产净残值

固定资产的净残值是指预计的固定资产报废时可以收回的残余价值扣除预计清理费用后的数额。

（3）固定资产使用年限

固定资产使用年限是指固定资产预期使用的期限。有些固定资产的使用寿命也可以用该资产所能生产的产品或提供的服务的数量来表示。

固定资产的使用寿命、预计净残值一经确定，一般不得随意调整。

3）固定资产计提折旧的有关规定

按照《商品流通企业财务制度》的规定，计提固定资产折旧的规定有：

（1）企业下列固定资产应计提折旧：房屋和建筑物；在用的机器设备、仪器仪表、运输工具；季节性停用、修理停用的设备；融资租入和以经营租赁方式租出的固定资产。

（2）企业下列固定资产不提折旧：未使用、不需用的机器设备；以经营租赁方式租入的固定资产；在建工程项目交付使用以前的固定资产；已提足折旧继续使用的固定资产；未提足折旧提前报废的固定资产；国家规定不提折旧的其他固定资产。

实际计提固定资产折旧时，从固定资产投入使用月份的次月起，按月计提。停止使用的固定资产，从停用月份的次月起，停止计提。

4）固定资产折旧的计算方法

商品流通企业的固定资产折旧计算方法一般应采用平均年限法，即直线法或工作量法。对于商品检测设备、电子计算机及经财政部批准的部分设备则可选用加速折旧法，即双倍余额递减法或年数总和法。由于折旧方法的选用直接影响企业成本和费用的计算，因此，折旧的计算方法应当遵循一致性原则，固定资产折旧方法和折旧年限一经确定，不得随意变更，如需变更，应在会计报表附注中加以说明。

（1）平均年限法

平均年限法是以固定资产应提折旧总额除以预计折旧年限，平均计算每年折旧额的方法。因此，固定资产的折旧费可以均衡地摊销到固定资产使用寿命的各个期间。其计算公式为：

年折旧率＝[（1－预计残值率）÷折旧年限]×100％

年折旧额＝固定资产原值×年折旧率

月折旧率＝年折旧率÷12

月折旧额＝固定资产原值×月折旧率

(2) 工作量法

工作量法是指按固定资产应提折旧总额除以预计工作时间或工作量，平均计算每年折旧额的方法。例如，价值大而又不经常使用的大型机器设备可以按照其完成的工作时间计算折旧；一些运输工具如汽车，则按其行驶里程计算折旧等。其计算公式为：

单位工作量折旧额＝固定资产原值×(1－预计残值率)÷预计工程总量

某项固定资产月折旧额＝该项固定资产当月实际完成的工作量×单位工作量折旧额

(3) 双倍余额递减法

双倍余额递减法是指在不考虑固定资产净残值的情况下，根据每期期初固定资产账面余额和双倍直线折旧率计算固定资产折旧的一种方法。其计算公式为：

年折旧率＝2÷预计折旧年限×100%

月折旧率＝年折旧率÷12

年折旧额＝固定资产账面价值×年折旧率

由于双倍余额递减法不考虑固定资产净残值，为了避免使固定资产的账面净值降低到预计净残值以下，所以在实行双倍余额递减法计提折旧的固定资产，应当在其固定资产折旧年限以前两年内，将固定资产净值平均摊销。在实际工作中，一般在固定资产折旧年限的最后两年改用直线法计提折旧。

【例 6】 甲企业有固定资产一项，其原始价值为 80 000 元，预计使用年限为 5 年，预计净残值为 4 000 元。按照双倍余额递减法提取折旧如下：

折旧率 ＝ 2÷5×100% ＝ 40%

从第四年起，该项固定资产应改为直线法计算折旧，第四、第五年每年应提折旧额为：

(17 280－4 000)÷ 2＝6 640(元)

5 年中每一年应当计提折旧见表 9.1。

表 9.1 按照双倍余额递减法提取折旧额 单位：元

时间	期初账面余额	折旧率	折旧额	累计折旧额	期末账面余额
1	80 000	40%	32 000	32 000	48 000
2	48 000	40%	19 200	51 200	28 800
3	28 800	40%	11 520	62 720	17 280
4	17 280		6 640	69 360	10 640
5	10 640		6 640	76 000	4 000

(4) 年数总和法

年数总和法又称年限合计法，是指将固定资产的原值减去预计净残值后的净额乘以一个逐年递减的分数计算确定固定资产每年折旧额的一种方法。这个分数的分子代表固定资产尚可使用的年数，分母代表固定资产使用年数的逐年数字总和。如果某固定资产可使用 N 年，则年数总和法的分母为：$1+2+3+\cdots+N=N(1+N)\div 2$。固定资产采用年数总和法计算折旧公式如下：

年折旧率＝(预计使用年限－已使用年限)÷

[预计使用年限×(预计使用年限＋1)÷2]×100％

或

年折旧率＝尚可使用年限÷预计使用年限的年数总和×100％

月折旧率＝年折旧率÷12

月折旧额＝(固定资产原值－预计净残值)×月折旧率

【例 7】 例 6 中按照年数总和法提取固定资产的折旧额见表 9.2。

表 9.2　按照年数总和法提取折旧额　　单位:元

时间	原值－净残值	剩余折旧年限	折旧率	折旧额	累计折旧额
1	76 000	5	5/15	25 333	25 333
2	76 000	4	4/15	20 267	45 600
3	76 000	3	3/15	15 200	60 800
4	76 000	2	2/15	10 133	70 933
5	76 000	1	1/15	5 067	76 000

5）固定资产折旧的会计处理

由于固定资产折旧是固定资产在经营使用过程中损耗的价值,它是商品流通企业管理费用的组成部分。因此,企业计提固定资产折旧时,应借记“管理费用”科目,贷记“累计折旧”科目。

【例 8】 某商业企业 2013 年 2 月份的固定资产折旧计算表见表 9.3。

表 9.3　固定资产折旧计算表　　单位:元

固定资产项目	上月折旧额	上月增加折旧额	上月减少折旧额	本月折旧额
管理部门:				
厂　房	6 000	150		6 150
机器设备	3 200	200	170	3 230
小　计	9 200	350	170	9 380
经营部门:				
厂　房	5 600		250	5 350
机器设备	4 300	500		4 800
小　计	9 900	500	250	10 150
合　计	19 100	850	420	19 530

企业财务部门根据表 9.3 有关内容,可以作出会计分录为:

借:管理费用　　19 530

　贷:累计折旧　　19 530

9.2.4　固定资产修理的核算

固定资产修理,按修理零部件复杂程度、范围大小、修理间隔时间的长短、费用支出的数额大小及是否均衡等特点可以分为日常修理和大修理两类。

日常修理是为维护固定资产的正常生产功能或服务能力,而对固定资产进行的局部保养和检修。这种修理的目的是为了保持固定资产的正常工作状态。其特点是:修理较容易、修理范围小、间隔时间短,因此发生的费用少、修理的次数多。例如房屋建筑物的日常维护、机器设备的正常保养等。需要注意的是,虽然日常修理的时间间隔较短,但是并不意味着固定资产收益期限短。

固定资产大修理是指对固定资产的全面修理和局部更新,实际上是以恢复固定资产主要功能和服务能力为目的。这种修理实质上是固定资产局部再生产。其特点是:修理较复杂、修理范围大、间隔时间长,因此发生的费用大、修理的次数少。例如房屋建筑物的翻修、更换机器设备的主要部件等。

1)固定资产日常修理的核算

由于固定资产日常修理费用经常发生并且各期比较均衡,为了简化其费用核算,对发生的固定资产日常修理可以直接在当期成本费用中列支。企业在对固定资产进行修理时,按其实际发生的费用数额,借记"管理费用"科目,贷记"材料物资"、"银行存款"等科目。

如果固定资产日常修理费用较大,则可以按照大修理费用的核算方法进行会计核算。

2)固定资产大修理的核算

固定资产大修理费用一般应先通过"在建工程"科目进行归集,大修理工程完工后,再将其结转到有关科目。由于固定资产大修理的范围大、间隔时间长、修理次数少、一次的修理费用大,所以各期发生的费用极其不均衡。为了均衡成本负担,企业可以采用待摊或预提的方法。

(1)待摊法

待摊法实质上是先修理后摊销费用,把企业实际发生的大修理费用作为待摊费用等进行处理,然后按收益期进行平均摊销的方法。

(2)预提法

预提法实质上是先计提修理费用后修理。它是根据固定资产的预计修理次数、预计使用年限和每次预计修理费用,预先提取修理费用,在发生固定资产大修理时,再使用预提费用的一种方法。

9.2.5 固定资产减少的核算

企业所拥有的固定资产在使用的过程中,会由于各种各样的原因退出企业。其减少的原因主要有固定资产的出售、报废、毁损、盘亏、对外出租以及向其他单位投资转出等。固定资产减少的方式不同,其会计处理办法也不一样。在固定资产减少的会计核算中,应设置"固定资产清理"科目(前面已经介绍)。本部分仅介绍固定资产出售、报废、毁损的核算,具体会计处理包括以下五个环节:

1)固定资产转入清理

企业出售、报废、毁损的固定资产转入清理时,应按清理固定资产的净值,借记"固定资产清理"科目,按已提折旧,借记"累计折旧"科目,按固定资产原值,贷记"固定资产"科目。

2)发生清理费用时

固定资产清理过程中会发生各种各样的清理费用,如支付清理人员的工资等。借记"固定资产清理"科目,贷记"库存现金"、"银行存款"等科目。

3）出售收入以及变价收入的处理

企业在处理出售、报废和毁损的固定资产过程中，会收回出售固定资产的售价以及报废、毁损固定资产的变价收入等，在账务处理中，应借记"银行存款"等科目，贷记"固定资产清理"科目。

4）收到赔偿费、保险费的会计处理

固定资产在使用的过程中，由于发生各种自然灾害以及经营管理不善而造成固定资产的毁坏和损失。对于以上情况的固定资产清理，必须查明原因以明确责任。对毁损的价值应向保险公司或事故的责任人索赔。会计处理时，按实际收到的价值，借记"银行存款"、"其他应收款"等科目，贷记"固定资产清理"科目。

5）固定资产清理净损溢的处理

月末，将清理完毕的净损溢直接从"固定资产清理"科目转入到"营业外收入"或"营业外支出"科目，清理后"固定资产清理"科目期末无余额。

【例 9】 A 商贸公司向甲企业出售了一台非经营用的机器，该设备原账面价值为78 000元，预计可以使用 10 年，实际已使用 6 年，采用直线法折旧。双方协商作价 40 000 元。A 企业在清理过程中共用银行存款支付清理费用 500 元。

Ⅰ. 固定资产进入清理时，应作出的会计分录为：

借：固定资产清理	31 200	
累计折旧	46 800	
贷：固定资产		78 000

Ⅱ. 支付清理费用 500 元时，应作出的会计分录为：

借：固定资产清理	500	
贷：银行存款		500

Ⅲ. 收到出售固定资产价款 40 000 元时，应作出的会计分录为：

借：银行存款	40 000	
贷：固定资产清理		40 000

Ⅳ. 结转固定资产清理净收益时，应作出的会计分录为：

借：固定资产清理	8 300	
贷：营业外收入		8 300

【例 10】 A 商贸公司现有一台设备由于性能较差决定提前报废，其原价为 60 000 元，已提折旧 35 000 元。报废时残料变价收入为 10 000 元，报废中发生的清理费用为 300 元。有关的收入、支出均通过银行办理结算。

Ⅰ. 固定资产转入清理时，应作出的会计分录为：

借：固定资产清理	25 000	
累计折旧	35 000	
贷：固定资产		60 000

Ⅱ. 支付清理费用时，应作出的会计分录为：

借：固定资产清理	300	
贷：银行存款		300

Ⅲ. 收到残料变价收入时，应作出的会计分录为：

借：银行存款	10 000	

贷：固定资产清理　　　　　　　　　　　　　　　　　　　10 000

Ⅳ. 结转固定资产清理净损失时，应作出的会计分录为：

借：营业外支出　　　　　　　　　　　　　　　　　　15 300

贷：固定资产清理　　　　　　　　　　　　　　　　　　　15 300

9.2.6 固定资产租赁的核算

固定资产租赁业务按照固定资产的所有权是否转让，以及与此相联系的所付租金的性质，可以分为融资租赁和经营租赁两种形式。这里仅就企业租入固定资产(即承租方)的有关业务进行说明。

1) 融资租赁固定资产的核算

融资租入的固定资产，应当单设明细账户进行明细核算。企业应在租赁开始日，按租赁开始日租赁资产的原始账面价值与最低租赁付款额的现值两者中较低者作为入账价值，借记“固定资产——融资租入固定资产”账户；按最低租赁付款额，贷记“长期应付款——应付融资租赁款”账户；按其差额，借记“未确认融资费用”账户。在租赁期间，融资租入的固定资产视同企业自有的固定资产进行管理和核算。租入固定资产所发生的维修费、折旧费等计入工程和产品成本费用中去。租赁期满，如合同规定将设备所有权转归承租企业，应进行转账，将固定资产从“融资租入固定资产”明细账户转入有关明细账目。

如果融资租赁资产占企业资产总额比例等于或小于30%的，在租赁开始日，企业也可按最低租赁付款额作为固定资产的入账价值。企业应按最低租赁付款额，借记“固定资产——融资租入固定资产”账户，贷记“长期应付款——应付融资租赁款”账户。

【例 11】 某企业向南方租赁公司租入不需要安装的土方铲运机一台，按照租赁协议，起租期为2011年1月1日，租赁期为3年，企业每年付租金为200 000元，年利率为7%，租赁期届满时，企业支付优惠购买价为700元，该设备的所有权转归本企业。2011年1月1日，该设备的原账面价值为400 000元。该设备的预计使用年限为7年，已使用3年，租赁期满时该设备的公允价值为40 000元。在租赁开始日，企业按租赁资产的原账面价值与最低租赁付款额的现值孰低的原则，确认租入资产的入账价值。各年末，企业采用直线法分摊未确认融资费用。

本例中，租赁合同规定租赁期届满时设备的所有权转归本企业，且企业支付的优惠购买价700远低于行使选择权日租赁资产的公允价值40 000元(700/40 000＝1.75%＜5%，租赁期满，承租人有权优先廉价购买资产，一般不超过资产价值的5%)，另外，租赁期3年占租赁资产尚可使用年限4年的大部分(3/4＝75%，融资租入资产使用年限长，一般达到资产可使用年限的75%以上)，因此，可以认定该项租赁为融资租赁。

最低租赁付款额＝200 000×3＋700＝600 700(元)

每年租金200 000元的年金现值＝200 000×PA(3，7%)

优惠购买选择权行使价700元的复利现值＝700×PV(3，7%)

查“1元年金现值表”和“1元复利现值表”得知：

PA(3，%)＝2.624 3

PV(3，7%)＝0.816 3

现值合计＝200 000×2.624 3＋700×0.816 3

　　　　＝524 860＋571.41＝525 431.41(元)＞400 000

根据租赁准则和《企业会计准则》规定的孰低原则，租赁资产的入账价值应为其账面价值400 000元。

未确认融资租赁费用＝600 700－400 000＝200 700(元)

账务处理方法如下：

Ⅰ. 2011年1月1日，租入土方铲运机时：

借：固定资产——融资租入固定资产　　400 000

借：未确认融资费用　　200 700

　　贷：长期应付款——应付融资租赁款　　600 700

Ⅱ. 2011年12月31日，支付第一年的租金时：

借：长期应付款——应付融资租赁款　　200 000

　　贷：银行存款　　200 000

Ⅲ. 2011年12月31日，按直线法分摊未确认融资费用时：

借：财务费用　　66 900

　　贷：未确认融资费用　　66 900

Ⅳ. 2013年1月1日，租赁期届满，支付优惠购买价时：

借：长期应付款——应付融资租赁款　　700

　　贷：银行存款　　700

Ⅴ. 2013年1月1日，租赁期届满，结转租入设备的所有权时：

借：固定资产——生产经营用固定资产　　400 000

　　贷：固定资产——融资租入固定资产　　400 000

2) 经营租赁固定资产的核算

经营租赁是指除融资租赁以外的其他租赁。一般由出租人与承租人签订租赁协议，将一项固定资产的使用权归承租人使用。租赁期满，由出租人收回该项资产。在这种租赁中，固定资产的所有权始终属于出租人，租赁期间所发生的各项费用均由出租人承担。

在经营租赁业务中，承租人租入的固定资产是以支付租金为代价的，并且不拥有其所有权。因此，承租人对固定资产不需计提折旧，也不必将其登记到账簿中，但为了对其进行有效的管理，可以设置固定资产备查账簿。经营租赁固定资产的会计处理的重点是使用固定资产过程中发生的租金支付和摊销。

经营租赁固定资产的会计处理基本原则如下：

(1) 经营性租入的固定资产所有权属于出租人。这一本质特征决定了承租人对固定资产不作任何账务处理。

(2) 支付的租金应当在支付时确认为当期损溢。

(3) 在租赁期初发生的各种费用，如差旅费、印花税等费用也应计入当期损溢。

9.2.7 固定资产清查的核算

为了保证固定资产核算的真实性，应当对固定资产进行盘存清查，至少在每年编制年度财务会计报表之前要进行一次全面的固定资产清查。在进行固定资产清查时，要将固定资产实物和经账账核对的固定资产卡片相核对。具体的核对方法有卡实直接核对法和抄列实存清单法两种方法。通过核对，最后再填列“固定资产盘存报告表”。

对于在清查中发现的盘亏的固定资产，应通过“待处理财产损溢——待处理固定资产损溢”科目进行核算。盘盈固定资产，应作为前期差错处理，在按管理权限报经批准处理前应先通过“以前年度损溢调整”科目核算。盘盈的固定资产，应按以下规定确定其入账价值：如果同类或类似固定资产存在活跃市场的，按同类或类似固定资产的市场价格，减去按该项资产的新旧程度估计的价值损耗后的余额，作为入账价值；若同类或类似固定资产不存在活跃市场的，按该项固定资产的预计未来现金流量的现值，作为入账价值。

【例 12】 某企业年终对固定资产进行了一次全面清查，发现账外旧设备一台，估计其重置完全价值为 60 000 元，预计累计折旧为 32 000 元。其应做的会计分录为：

Ⅰ. 清查时，盘盈固定资产：

借：固定资产　　28 000

　　贷：以前年度损溢调整　　28 000

Ⅱ. 经批准转销时：

借：以前年度损溢调整　　28 000

　　贷：利润分配——未分配利润　　28 000

【例 13】 某企业在对固定资产进行清查时，发现少了一台机器，其账面原值为 98 000 元，已经提取折旧为 56 000 元。其应做的会计分录为：

Ⅰ. 盘亏固定资产时：

借：待处理财产损溢——待处理固定资产损溢　　42 000

　　累计折旧　　56 000

　　贷：固定资产　　98 000

Ⅱ. 经批准转销时：

借：营业外支出　　42 000

　　贷：待处理财产损溢——待处理固定资产损溢　　42 000

9.2.8 固定资产的期末计价

1）固定资产减值准备及其会计处理

企业应当在期末或者至少在每年年度终了，对固定资产逐项进行检查，如果由于市价持续下跌，或技术陈旧、损坏、长期闲置等原因导致其可收回金额低于其账面价值的，应当将其差额作为固定资产减值准备。固定资产减值准备应按单项资产计提。

当存在下列情况之一时，应当全额计提固定资产减值准备：

(1) 长期闲置不用，在可预见的未来不会再使用，且已无转让价值的固定资产。

(2) 由于技术进步等原因，已不可能使用的固定资产。

(3) 虽固定资产尚可使用，但使用后产生大量不合格品的固定资产。

(4) 已遭毁损，以至于不再具有使用价值和转让价值的固定资产。

(5) 其他实质上已经不能再给企业带来经济利益的固定资产。

已全额计提减值准备的固定资产，不再计提折旧。

固定资产减值通过“固定资产减值准备”科目核算。它是资产类科目，是“固定资产”科目的抵减账户，用来核算企业提取的固定资产减值准备。在计提固定资产减值准备时，应记入贷方；对已提减值准备的固定资产进行处理时，或者其价值恢复时，应记入借方；其余额在贷方，表示已经提取的固定资产减值准备。

企业期末应将固定资产可收回金额与其账面价值进行比较，若其可收回金额大于其账面价值，会计上不作任何处理；若其可收回金额小于其账面价值，则应按照确定的固定资产减值金额，借记“资产减值损失”科目，贷记“固定资产减值准备”科目。

若已提减值准备的固定资产项目价值又得以恢复时，从2007年1月1日起施行的新会计准则规定不能转回。

2）在建工程减值准备及其会计处理

企业应当定期或者至少每年年度终了，对在建工程进行全面检查，如有证据表明在建工程已经发生了减值，应当计提减值准备。存在下列一项或者若干项情况时，应当计提在建工程减值准备：

（1）长期停建并且预计在未来3年内不会重新开工的在建工程。

（2）所建项目无论在性能上，还是在技术上已经落后，并且给企业带来的经济利益具有很大的不确定性。

（3）其他足以证明在建工程已经发生减值的情形。

企业应设置“在建工程减值准备”科目核算提取的在建工程减值准备。该科目是“在建工程”科目的抵减账户。其贷方反映在建工程减值准备的提取，借方反映已提取减值准备的转回数，其余额在贷方，表示企业已经提取的在建工程减值准备。

企业期末提取在建工程减值准备时，应借记“资产减值损失”科目，贷记“在建工程减值准备”科目。

9.3 无形资产的核算

9.3.1 无形资产概述

1）无形资产的概念和特征

无形资产是指企业长期使用而没有实物形态的，可以使企业获得额外收益的那部分资产。它通常代表企业所拥有的一种法定权利或优先权，使企业所具有的高于一般水平的获利能力。包括专利权、商标权、著作权、土地使用权、非专利技术等。

无形资产具有四个方面的特征：

（1）无形资产不具有实物形态。无形资产通常表现为某种权利、某项技术或某种获取超额利润的综合能力。它虽然没有实物形态，却有价值。这是无形资产区别于其他有形资产的特征之一。

（2）无形资产是为了企业使用而不是出售的资产。

（3）无形资产属于非货币性长期资产。

（4）无形资产在创造经济利益时具有较大的不确定性。

无形资产必须与企业的其他资产相结合，才能为企业创造经济效益。无形资产创造经济效益的能力受到较多的外在因素的影响，因此，获利能力存在较大的不确定性，这也要求在对无形资产进行核算时应采取谨慎的态度。

2）无形资产的分类

无形资产可以按不同的标准分类：

（1）按取得的方式，可以分为外部购买、外部投入、内部自创形成等三类。

（2）按是否可辨认分类，可以分为可辨认无形资产和不可辨认无形资产。可辨认无形资产可以单独转让，也可以单独取得，如商标权。不可辨认无形资产一般与企业整体有关，不能单独转让，也不能单独取得，如商誉。

根据新发布的《企业会计准则第 6 号——无形资产》的规定：从 2007 年 1 月 1 日起，无形资产的范围仅包括可辨认的无形资产，不包括商誉。

(3) 按是否有专门法律保护分类，可分为专门法律保护和无专门法律保护的无形资产。有专门法律保护的无形资产应将法律有效年限作为其使用年限，如商标权、专利权等。无专门法律保护的无形资产，不论是有有效期限的，还是无有效期限的，只要不能带来超额利润，无形资产的价值就会减值，其经济寿命也就结束。

3) 无形资产的计价

无形资产的计量基础有原始成本、现行成本、市价和现值等。我国《商品流通企业财务制度》第三十四条规定，企业无形资产应按下列原则计价：

(1) 投资者作为资本金或合作条件投入的无形资产，按评估确认或合同、协议及企业申请书约定的金额计价。

(2) 购入的无形资产，按实际支付的价款计价。

(3) 自行开发按法律程序认可的无形资产，研究阶段的支出计入当期损溢，开发阶段的支出符合条件的确认为无形资产的价值。

(4) 接受捐赠、从境外引进的无形资产，按所附单据或参照市场同类无形资产价格经评估计价。

同时，该制度还规定：无形资产在计价时，须备详细资料，包括所有权或使用权证书的复制件、作价的依据和标准等。其中非专利技术的计价，应经法定评估机构评估确定。商誉只有在企业合并或接受商誉投资时才能评估计价。

9.3.2 无形资产取得的核算

企业在确认无形资产时，应当满足以下两个条件：

① 该资产产生的经济利益可能流入企业。

② 该资产的成本能够可靠地计量。

也就是说，某个项目要确认为无形资产，应在符合无形资产定义的前提下，同时符合以上两项条件。为了核算无形资产的取得和摊销情况，企业应设置“无形资产”科目。该科目借方登记企业购入或自行创造并按法律程序申请取得的以及投资者投入的各种无形资产价值，贷方登记企业向外单位投资转出、转让出售的无形资产的价值以及分期摊销的无形资产价值，期末借方余额反映企业已入账尚未摊销的无形资产的摊余价值。该科目应按无形资产的项目设置明细账，进行无形资产的明细核算。

(1) 购入无形资产的核算

企业购入的无形资产，应按实际支付的价款，借记“无形资产”科目，贷记“银行借款”等科目。需要注意的是，如果企业外购专利权、商标权等无形资产时，购进的不是无形资产的所有权，而是使用权，也应把这种使用权当作无形资产。而对于一揽子购入的无形资产，其成本通常应按无形资产和其他资产的公允价值相对比例确定。

【例 14】 某商业公司 2013 年 6 月以银行存款 55 万元的价格购买了一项专利权，另外还支付了其他手续费等共计 25 000 元。则其会计处理为：

借：无形资产——专利权　　　　　　575 000

贷：银行存款　575 000

(2) 自行开发无形资产的核算

企业自行开发并按法律程序申请取得的无形资产，其入账价值应按依法取得时发生的注册费、聘请律师费等费用作为实际成本入账；依法申请取得前发生的研究和开发费用，应于发生时确认为当期费用。

企业在自行研究与开发无形资产过程中，会发生各种各样的费用。如研究和开发人员的工资和福利、所用设备的折旧等各项支出，《企业会计准则第6号——无形资产》规定，企业研究阶段的支出全部费用化，计入当期损溢(管理费用)；开发阶段的支出符合条件的才能资本化，不符合资本化条件的计入当期损溢(管理费用)。如果确实无法区分研究阶段的支出和开发阶段的支出，应将其所发生的研发支出全部费用化，计入当期损溢。

【例15】 某百货公司2013年2月自行开发成功一套百货管理软件，其间发生各种研究和开发费用等共计40 000元，并且成功地申请了专利。为此发生了注册费、律师费等共计20 000元。假定上述费用都符合《企业会计准则第6号——无形资产》规定的开发支出资本化的条件。其会计账务处理为：

借：研发支出　60 000

　贷：银行存款　60 000

借：无形资产——专利权　60 000

　贷：研发支出　60 000

(3) 投资者投入无形资产的核算

企业接受投资者以无形资产进行的投资，应按投资各方确认的价值。企业为首次发行股票而接受投资者投入的无形资产，应按该资产在投资方的价值作为入账价值。

【例16】 某商业企业接受甲公司以一项专利技术作价投资，该专利技术双方确认的价值为50 000元，并且等于该公司所购股款。商业企业应做的会计分录为：

借：无形资产——专利技术　50 000

　贷：实收资本　50 000

(4) 无形资产摊销的会计处理

由于无形资产的使用期限超过一个会计年度，因此为取得无形资产而发生的支出属于资本性支出，其成本应当在其有效年限内进行合理的摊销。这一过程被称为无形资产的摊销。各期摊销的无形资产成本，称为摊销费用。

无形资产的摊销方法，应当反映企业预期消耗在该无形资产所产生的未来经济利益的方式。无法可靠确定消耗方式的，应当采用直线法摊销，即将无形资产的价值按有效使用年限平均摊入到各个会计期间，并且要考虑残值。无形资产的使用年限是其摊销费用的主要因素。新准则规定：

① 使用寿命有限的无形资产，应在其使用寿命内合理摊销。使用寿命不确定的无形资产不摊销。

② 摊销无形资产时，借记“管理费用”科目，贷记“累计摊销”科目，余额表示未摊销的成本。

【例17】 某企业购入了一项商标权，入账价值为90 000元，法律规定其收益年限为10年，则每月应摊销额为750元(90 000÷12÷10)，每月摊销时，企业应做的会计分录为：

借：管理费用　750

贷：累计摊销　　　　　　　　　　　　　　　　　　　750

9.3.3 无形资产的期末计价及处理

1）无形资产的期末计价

（1）无形资产账面价值的检查

企业应当定期或者至少每年末对无形资产的账面价值进行检查。如存在以下情况时，应当将无形资产的账面价值全部转入当期损溢：

① 某项无形资产已被其他新技术所代替，该项无形资产已无使用价值和转让价值。

② 某项无形资产已超过法律保护的期限，并且已不能为企业带来经济利益。

③ 其他足以证明某项无形资产已经丧失了使用价值和转让价值的情形。

（2）如果存在以下情况的，应对无形资产预计可收回金额进行估计，并将无形资产账面价值超过可收回金额的部分确认为减值准备：

① 该无形资产已被其他新技术等所替代，使其为企业创造经济利益的能力受到重大不利影响。

② 该无形资产的市价在当期大幅度下跌，并在剩余摊销年限内可能不会恢复。

③ 其他足以表明该无形资产的账面价值已超过可收回金额的情形。

其中，可收回金额是指以下两项金额中较大者：无形资产的销售净价，即该无形资产的销售价格减去因出售该无形资产所发生的相关费用的余额；预期从无形资产的持续使用和使用年限结束时的处置中产生的预计未来现金流量的现值。

（3）计提减值准备

按照无形资产准则规定，对于使用寿命不确定的无形资产，在持有期间内不需要摊销，如果期末复核后仍为不确定的，则应当在每个会计期间进行测试。需要计提减值准备的，相应计提有关的减值准备。借记"资产减值"科目，贷记"无形资产减值准备"科目。

【例 18】 兴隆商业企业在 2012 年末对购入的一专利权进行检查时，发现如果按照当时的技术市场行情出售，在扣除各项费用后，可以获得 380 000 元。已知该专利权账面价值为 450 000 元。兴隆商业企业的会计处理为：

借：资产减值　　　　　　　　　　　　　　　　70 000

　　贷：无形资产减值准备　　　　　　　　　　　　70 000

新准则规定，各种导致无形资产发生减值的迹象，已确认减值损失不能转回。但是每年末至少对寿命有限的无形资产的所有寿命以及未来的经济利益消耗方式和使用寿命不确定的无形资产使用寿命进行复核。

2）无形资产的处理

企业所拥有的无形资产，可以依法处理。企业处理无形资产的方法有两种形式，一是转让其所有权，二是转让其使用权。无形资产的所有权是指企业在法律规定的范围内对其无形资产所享有的占有、使用、收益、处分的权力。企业将无形资产的所有权转让出去，就意味着企业完全丧失了这些权力，而由受让方继续享有这些权力。因此在会计处理上，企业一方面应反映转让收入的取得，另一方面应将无形资产的摊余价值予以转销。无形资产的使用权是指受让企业对无形资产的性能和用途加以利用，以满足生产经营需要的权利。使用权是所有者所享有的一项独立权力。所有者在行使其所有权时，可以在法律规定的范围内，根据自己的意志和利益，将其使用权分离出去，由非所有者享有。同时，受让方取得只是使用权，出让方仍保留对该无形资产的所有权，并按合同、协议的约定收取一定的使用费。

【例19】 甲商业企业从A公司购买一专利权，共支付款项240 000元，按照法律规定该项专利权有效年限为10年，该企业购买4年后将其所有权转让给B企业，取得了转让费收入为159 000元，该款项已存入银行。(不考虑营业税)

Ⅰ. 甲商业企业取得专利权时，应做的会计分录为：

借：无形资产——专利权　　　　240 000

　　贷：银行存款　　　　240 000

Ⅱ. 每月摊销无形资产时，应做的会计分录为：

借：管理费用　　　　2 000

　　贷：累计摊销　　　　2 000

Ⅲ. 转让无形资产的所有权时，应做的会计分录为：

借：银行存款　　　　159 000

　　累计摊销　　　　144 000

　　贷：无形资产——专利权　　　　240 000

　　　　营业外收入——处置非流动资产利得　　　　63 000

9.4 其他资产的核算

其他资产是指不包括在流动资产、长期投资、固定资产和无形资产以内的资产，通常包括开办费等摊销期在一年以上的长期待摊费用、特准储备物资、银行冻结存款等，下面主要介绍长期待摊费用和特准储备物资的核算。

9.4.1 长期待摊费用的核算

长期待摊费用是指企业已经支出，但摊销期在一年以上的各项费用，包括开办费、固定资产大修理支出、租入固定资产改良支出、向金融机构一次性支付的债券发行费用等。长期待摊费用应当单独核算，在费用项目的收益期限内平均摊销。作为长期待摊费用需具备两个条件：一是能预计在以后一年以上的各个会计期内获利；二是已发生的费用支出能分别摊入以后各会计期间的成本或费用之中。它与待摊费用不同，后者的摊销期限不超过一年，属于流动资产。

企业应设置“长期待摊费用”科目。“长期待摊费用”科目性质属于资产类；借方登记企业发生的各项长期待摊费用支出；贷方登记摊销数额；期末余额在借方，反映尚未摊销的长期待摊费用的余额。

1) 开办费的核算

开办费是指企业在筹建期间内发生的费用，包括人员工资、培训费、办公费、差旅费、印刷费、注册登记费等以及不计入固定资产价值的借款费用等。开办费应当从开始生产经营的当月起一次计入当期损溢。

2) 固定资产大修理支出的核算

固定资产大修理支出是指固定资产进行大修理所发生的支出。采用待摊方法核算时，其摊销期限超过1年的，应在下一次大修理前的期间内平均摊销，并计入相关费用项目。

3）经营租入固定资产改良支出的核算

企业为了提高租入固定资产的效率或改变其性能，有时会对租入固定资产加以改良。由于以经营租赁方式租入的固定资产企业无所有权，仅有使用权，因此，按双方合同或协议规定，应由租入企业承担的改良支出，不能计入租入固定资产的价值。在对租入固定资产进行改良过程中所发生的支出，通过"长期待摊费用"科目予以反映，并在租赁有效期限内，分别平均摊入有关成本费用。

9.4.2 特准储备物资的核算

特准储备物资是指具有专门用途，但是不参加企业生产经营、经国家批准储备的特种物资。这种物资一般情况下企业是不能动用的，企业只负有保管、储备的责任。

特准储备物资的核算是通过设置和运用资产类会计科目"特准储备物资"科目和负债类"特准储备资金"科目进行的。"特准储备物资"科目核算企业为国家特准需要而储备的物资，本科目应按储备物资的品种、规格等设置明细账。当企业收到国家下拨的特准储备物资或购进储备特准物资的拨款时，应借记"特准储备物资"科目，贷记"特准储备资金"、"银行存款"等科目；按照国家有关规定动用特准储备物资时，应借记"特准储备资金"科目，贷记"特准储备物资"科目。

练习题

1. 某商品流通企业 2005 年某月拟自行建造一座小型仓库，在建造过程中，发生了下列经济业务：

(1) 2 日，购入为工程准备的物资一批，共计价款 80 000 元，材料已验收入库，已通过银行办理结算。

(2) 4 日，领用工程物资 75 000 元。

(3) 8 日，支付建筑工人工资 10 500 元，基建管理部门职工工资 4 000 元。

(4) 28 日，支付与在建工程有关的管理费用共计 9 800 元。

(5) 30 日，支付借款的利息支出 10 000 元。

(6) 本期工程完工后，验收合格的固定资产于 30 日交付使用。

(7) 31 日，将剩余的工程物资转为本企业的流动资产。

要求：试根据以上业务作出会计分录。

2. 某商业公司购入一台机器设备，其原值为 100 000 元，预计其净残值率为 5%，预计可以使用 5 年。

要求：试分别用平均年限法、双倍余额递减法、年数总和法计算各年的折旧额，并按照平均年限法计算的结果编制计提折旧的会计分录。

3. 兴隆商业公司 2010 年 5 月 1 日购入一固定资产，其原值为 32 000 元，预计净残值 1 000 元，可以使用 5 年，购入后当月交付使用，采用双倍余额递减法计提折旧，2013 年 8 月 1 日出售该项固定资产，取得价款收入 10 000 元。

要求：(1) 分月计算各年计提的折旧额。

(2) 编制出售固定资产的会计分录。

10 负债的核算

【本章学习目的】

(1) 了解负债、流动负债和长期负债的概念及特点。

(2) 掌握流动负债和长期负债的主要内容。

(3) 掌握流动负债和长期负债的账务处理。

【引导案例】

星海百货公司2010年拟扩大经营，预计筹资3 000万元，管理当局决定发行债券。具体操作如下：

2010年7月1日发行了一批5年期债券，到期一次还本付息，年利率为10%，发行面值总额为3 000万元，获得发行收入3 200万元。款项已存入银行，所筹资金用于建造新大楼，工程于2011年年底完工。

下面是星海百货公司截止到2012年12月31日所作的账务处理。

(1) 2010年7月1日，发行债券取得发行收入：

借：银行存款	32 000 000	
贷：应付债券——债券面值		30 000 000
——债券溢价		2 000 000

2010年7月1日以后，建造厂房：

借：在建工程	32 000 000	
贷：银行存款		32 000 000

(2) 2010年12月31日计息：

借：在建工程	1 500 000	
贷：应付债券——应计利息		1 500 000

(3) 2011年12月31日计息：

借：在建工程	3 000 000	
贷：应付债券——应计利息		3 000 000

2011年12月31日结转完工的厂房建造成本：

借：固定资产	36 500 000	
贷：在建工程		36 500 000

(4) 2012年12月31日计息：

借：财务费用	3 000 000	
贷：应付债券——应计利息		3 000 000

根据上述账务处理分析：该公司的账务处理是否恰当？

10.1 流动负债的核算

流动负债是指将在一年(含一年)或超过一年的一个营业周期内偿还的债务。这里的"营业周期"是指企业在正常的生产经营过程中从取得存货、购买劳务一直到销售商品和劳务,最后收取货款和劳务款这一时间跨度。商品流通企业的营业周期较短,一般不超过一年。流动负债具有如下特点:

(1) 偿还期限短。其到期日在一年以内或超过一年的一个营业周期内。

(2) 筹资成本低。流动负债主要因企业日常生产经营活动而产生并为生产活动服务,能够在短期内为企业提供资金来源,发生频繁,周转较快,往往未来偿还额与其现值差别不大,筹资利息支出很低。

(3) 偿还方式灵活。流动负债到期偿付方式一般为货币资金,在某些特殊情况下,如预收账款,则必须以商品或劳务来抵偿。

流动负债的内容比较广泛,包括短期借款、应付票据、应付账款、预收账款、应付职工薪酬、应付福利费、应交税费、其他应付款、应付股利、预提费用、其他应交款以及一年内到期的长期借款等。

10.1.1 短期借款核算

短期借款是指商品流通企业为了满足正常生产经营的需要而向银行或其他金融机构借入的期限在一年以下(含一年)的各种款项。根据借款的用途不同可分为商品周转借款、临时借款、结算借款和预购定金借款等。

商品流通企业应设置"短期借款"账户,该账户贷方登记企业取得借款的本金;借方登记归还借款的本金;期末若有余额在贷方,表示企业尚未偿还的短期借款的本金。其明细账户应按贷款单位设置,并按借款种类及期限等进行明细核算。

短期借款利息属于筹资费用,应当记入"财务费用"账户。具体核算时可采用预提的办法或实际支付时直接记入当期损溢的办法。如果短期借款的利息是按月支付,或者利息是在借款到期时连同本金一并归还,并且数额不大的,在实际付息时,直接记入财务费用。借记"财务费用"账户,贷记"银行存款"等账户。如果短期借款的利息是按季度或半年支付的,或者利息是在借款到期连同本金一并归还,并且数额较大的,为了正确的计算各期的损溢,可以采用预提的办法,每月预提时,借记"财务费用"账户,贷记"应付利息"账户。

【例 1】 某百货公司于 2013 年 1 月 1 日向银行借入 60 万元,期限 9 个月,年利率为 6%,该借款到期后按期如数归还,利息分月预提,按季支付。编制会计分录如下:

Ⅰ. 1 月 1 日借入款项时:

借:银行存款	600 000	
贷:短期借款——××银行		600 000

Ⅱ. 1 月末预提本月利息 600 000×6%÷12=3 000(元)时:

借:财务费用	3 000	
贷:应付利息		3 000

2 月末预提当月利息的会计处理同上。

Ⅲ. 3 月末支付本季度应付利息时:

借：财务费用　　　　　　　　　　　　　　　　　　3 000

　　应付利息　　　　　　　　　　　　　　　　　　6 000

　　贷：银行存款　　　　　　　　　　　　　　　　　　9 000

4 至 9 月相关会计处理同上。

Ⅳ. 10 月 1 日偿还借款本金时：

借：短期借款——××银行　　　　　　　　　　　600 000

　　贷：银行存款　　　　　　　　　　　　　　　　600 000

10.1.2　应付票据核算

应付票据是指商品流通企业在购买商品或接受劳务时开出、承兑的商业汇票，包括商业承兑汇票和银行承兑汇票。

商品流通企业应设置“应付票据”账户，该账户属于负债类账户，核算商品流通企业购买商品和接受劳务供应等开出、承兑的商业汇票。其贷方登记开出的商业汇票面值和应计利息；借方登记支付或转出应付票据的款项；期末若有余额在贷方，反映商品流通企业尚未到期的应付票据本息。该账户应按收款单位设置明细账户进行明细核算。商品流通企业应设置“应付票据备查簿”，详细登记每一应付票据的种类、号数、签发日期、到期日、票面金额、合同交易号、收款人姓名或单位名称，以及付款日期和金额等资料。

1）开出应付票据的核算

应付票据按是否带息分为带息应付票据和不带息应付票据两种。无论带息与否，应付票据开出时均按其面值入账。对于发生的应付商业承兑汇票，按货款，借记“原材料”、“库存商品”或“应付账款”等账户，按应交的增值税借记“应交税费——应交增值税（进项税额）”账户，贷记“应付票据”账户。对于发生的银行承兑汇票，在按面值的万分之五向承兑银行交纳手续费时，应当作为财务费用处理，借记“财务费用”账户，贷记“银行存款”账户。

【例 2】　2013 年 6 月 1 日某百货公司开出一张面值为 12.87 万元，期限为 6 个月，票面利率为 6%的商业汇票，用以采购一批材料物资。增值税专用发票上注明的材料价款为 11 万元，增值税额为 1.87 万元。编制会计分录如下：

借：原材料　　　　　　　　　　　　　　　　　110 000

　　应交税费——应交增值税（进项税额）　　　　18 700

　　贷：应付票据　　　　　　　　　　　　　　　　128 700

假设例 2 中的商业汇票为银行承兑汇票，承兑银行按票面金额的万分之五向企业收取手续费，已交纳承兑手续费为 64.35 元。编制会计分录如下：

借：财务费用　　　　　　　　　　　　　　　　　64.35

　　贷：银行存款　　　　　　　　　　　　　　　　　64.35

2）应付票据利息的处理

带息票据的应付利息应于期末（月末）时计提。由于我国商业汇票期限较短，因此对于带息票据，也可以在期末编制和对外提供财务报表时（中期、年末），对尚未支付的应付票据计提利息，计入当期财务费用，并相应增加应付票据的账面价值。期末商品流通企业计提票据利息时，借记“财务费用”账户，贷记“应付票据”账户。为了简化手续，如果票据期限短，利息金额不大，可以在票据到期支付票面金额和利息时一次计入“财务费用”账户。

【例 3】　接例 2，若该百货公司按月预提票据利息，则 6 月 30 日应计利息 643.50 元

(128 700×6%÷12)，编制会计分录如下：

借：财务费用　　　　643.50

　　贷：应付票据　　　　643.50

3）应付票据到期的处理

应付票据到期，收到银行支付到期票据的付款通知，借记“应付票据”账户，贷记“银行存款”账户。票据到期时，如商品流通企业无力支付票据款，按应付票据的账面余额，借记“应付票据”账户，贷记“应付账款”账户。到期不能支付的带息应付票据，转入“应付账款”账户核算后，期末不再计提利息。如果企业不能按期足额付款的为银行承兑汇票，应将票据款转入“短期借款”账户。

【例 4】　接例 2，商业汇票到期，百货公司以银行存款全额支付票据款，编制会计分录如下：

借：应付票据　　　　132 561

　　贷：银行存款　　　　132 561

若例 2 中，商业汇票为商业承兑汇票到期，百货公司无力还款，则：

借：应付票据　　　　132 561

　　贷：应付账款　　　　132 561

若例 2 中，商业汇票为银行承兑汇票到期，企业无力支付票据款，承兑银行已代为支付，转为企业的短期借款处理：

借：应付票据　　　　132 561

　　贷：短期借款　　　　132 561

10.1.3　应付及预收账款核算

1）应付账款核算

应付账款是商品流通企业因购买商品、材料物资或接受劳务供应等业务而应支付给供应单位的款项。它主要是买卖双方在购销活动中由于取得物资和支付货款在时间上有先有后而发生的负债。

应付账款的核算主要通过设置“应付账款”账户进行。该账户属于负债类账户，借方登记支付及转销的无法支付的应付款项；贷方登记企业因购买材料物资入库、接受劳务供应而产生的应付未付款项以及因无款支付到期商业汇票转入的应付票据款项；期末余额在贷方，表示尚未支付的应付账款。该账户可按对方单位设置明细账进行明细核算。

应付账款一般按应付金额入账，而不按到期应付金额的现值入账。如果购入的资产在形成一笔应付账款时是带有现金折扣的，应付账款入账金额的确定按发票上记载的应付金额的总值（即不扣除折扣）记账。

商品流通企业购入商品等验收入库，但货款尚未支付，根据有关凭证，借记“库存商品”等账户，按专用发票上注明的增值税额，借记“应交税费——应交增值税（进项税额）”等账户，按两者的合计金额，贷记“应付账款”账户。偿付应付账款或开出商业汇票抵付应付账款时，应借记“应付账款”账户，贷记有关账户。

【例 5】　某商品流通企业采用托收承付结算方式向甲公司购入商品一批，货款 60 000 元，增值税 10 200 元。商品已运到并验收入库，款项尚未支付。编制会计分录为：

借：库存商品　　　　60 000

应交税费——应交增值税(进项税额)　　10 200
贷:应付账款——甲公司　　70 200

上述款项通过银行支付,编制会计分录:

借:应付账款——甲公司　　70 200
贷:银行存款　　70 200

【例 6】 某百货公司 2012 年 11 月 26 日从 A 企业购入商品一批,商品验收入库,合同价为 72 500 元,有关结算凭证 12 月 8 日到达,增值税专用发票注明价款 73 000 元,增值税额 12 410 元。该百货公司采用数量进价金额核算。

Ⅰ. 11 月 30 日,编制会计分录:

借:库存商品　　72 500
贷:应付账款——A 企业　　72 500

Ⅱ. 12 月 1 日,编制会计分录:

借:库存商品　　72 500
贷:应付账款——A 企业　　72 500

Ⅲ. 12 月 8 日,编制会计分录:

借:库存商品　　73 000
应交税费——应交增值税(进项税额)　　12 410
贷:银行存款　　85 410

应付账款一般在较短期限内支付,有些应付账款由于债权单位撤销或其他原因而无法支付,或者将应付账款划转给关联方等其他企业的,无法支付或无需支付的应付款则应计入营业外收入,借记"应付账款"账户,贷记"营业外收入"账户。

2) 预收账款核算

预收账款是指企业在提供商品或劳务之前,根据购销合同预先向购货方收取的部分货款,形成企业的一项负债。预收账款的核算,应设置"预收账款"账户进行。该账户属于负债类账户,借方登记企业发出商品或提供劳务的价税款及退付的金额;贷方登记企业收到购货方预付的货款及补付的货款;期末若有余额一般在贷方,表示预收货款的数额。该账户应按购货单位设置明细账户进行明细核算。

预收货款不多的企业,可以不设置"预收账款"账户,而将预收的货款直接在"应收账款"账户贷方反映,待销售实现时,再在"应收账款"账户中进行结算。

【例 7】 2013 年 3 月 2 日,某百货公司与 B 公司签订销货合同,合同金额 526 500 元,其中货款 450 000 元,增值税 76 500 元。B 公司预付全部款项的 60%,其余款项待期末结算。编制会计分录如下:

Ⅰ. 收到 B 公司交来预付款存入银行:

借:银行存款　　315 900
贷:预收账款——B 公司　　315 900

Ⅱ. 按合同规定,向 B 公司发运商品,确认收入:

借:预收账款——B 公司　　526 500
贷:主营业务收入　　450 000
应交税费——应交增值税(销项税额)　　76 500

Ⅲ. 期末,收到 B 公司补付的货款:

借：银行存款　　　　　　　　　　　　　　　　　　210 600

　　贷：预收账款——B公司　　　　　　　　　　　　　　210 600

10.1.4　其他应付款核算

其他应付款是指商品流通企业应付、暂收其他单位和个人的款项，具体包括：应付经营租入固定资产和包装物的租金；职工未按期领取的工资；存入保证金（如收取包装物押金等）；其他应付、暂收款项。

其他应付款的核算通过设置"其他应付款"账户进行。该账户属于负债类账户，借方登记归还或转销款项的金额；贷方登记发生的应付、暂收款项的金额；期末余额一般在贷方，表示尚未归还或转销的各种应付、暂收款项。

【例8】 某百货公司将一台设备出租给培硕公司，收取押金9 000元，租期为3个月。编制会计分录如下：

Ⅰ. 收到押金时：

借：银行存款　　　　　　　　　　　　　　　　　　9 000

　　贷：其他应付款——培硕公司　　　　　　　　　　　　9 000

Ⅱ. 3个月后，培硕公司退还该设备，则退还押金：

借：其他应付款——培硕公司　　　　　　　　　　　9 000

　　贷：银行存款　　　　　　　　　　　　　　　　　　9 000

Ⅲ. 假设3个月后，培硕公司对该设备保管不善，发生损坏，按租约规定，扣押金的40%作为罚款，其余归还押金。

借：其他应付款——培硕公司　　　　　　　　　　　9 000

　　贷：营业外收入　　　　　　　　　　　　　　　　　3 600

　　　　银行存款　　　　　　　　　　　　　　　　　　5 400

10.1.5　应交税费核算

商品流通企业应交纳的税种主要包括：增值税、消费税、营业税、所得税、城市维护建设税、房产税、土地使用税、车船使用税、印花税、关税、车辆购置税、耕地占用税、个人所得税等税金。

商品流通企业的应交税费通过设置"应交税费"账户进行核算，该账户核算企业应交纳的各种税金。企业交纳的印花税和耕地占用税及其他不需要预计应交数的税金，不在本账户核算。其贷方登记应交纳的各种税金、转出的各种税金以及收到的出口退税金额；借方登记已交纳的各种税金和月终转出的税金。期末余额可能在贷方，也可能在借方。期末贷方余额表示商品流通企业尚未交纳的税金，期末借方余额表示商品流通企业多交或尚未抵扣的税金。"应交税费"账户应按税种设置明细账户，进行明细核算。

1）增值税核算

增值税是对在我国境内从事销售货物或者提供加工、修理修配劳务以及从事进口货物的单位和个人取得的增值额为课税对象征收的一种税。它是我国目前税制中最重要的税种，对于公平税负、促进竞争、规范纳税方式、保护国家与纳税人的经济利益都有重要作用。

按照《增值税暂行条例》规定，增值税纳税人可以划分为一般纳税人和小规模纳税人，其基本划分依据是纳税人的会计核算是否健全、是否能够提供准确的税务资料以及企业规模的大小。而衡量企业规模大小一般以年销售额为依据。商品流通企业，年应税销售额在 180 万元以下的，不论会计核算是否健全，一律不得认定为一般纳税人，均应按照小规模纳税人的规定征收增值税。

（1）增值税的税率

对于一般纳税人，我国增值税设置了一档基本税率和一档低税率，此外还有对出口货物实施的零税率。其中基本税率为 17%，低税率为 13%。

商业企业的小规模纳税人销售货物或应税劳务的征收率为 4%；其他小规模纳税人的增值税征收率为 6%。

（2）增值税应纳税额的计算

① 一般纳税人增值税应纳税额的计算：一般纳税人销售货物或者提供应税劳务，应纳税额为当期销项税额抵扣当期进项税额后的金额。应纳税额计算公式为：

$$\begin{aligned}\text{应纳税额} &= \text{当期销项税额} - \text{当期进项税额} \\ &= \text{销售额} \times \text{增值税税率} - \text{准予从销项税额中抵扣的进项税额}\end{aligned}$$

如果企业销售额中未扣除增值税税款，或者因不能开具增值税专用发票而发生价款和增值税税款合并收取的，在计算增值税时，应按公式“$\text{销售额} = \dfrac{\text{含增值税的销售额}}{1 + \text{增值税税率}}$”换算为不含增值税税款的销售额。当期销项税额小于当期进项税额不足抵扣时，其不足部分可以结转下期继续抵扣。

② 小规模纳税人增值税应纳税额的计算：小规模纳税人销售货物或者应税劳务，实行简易办法，按照销售额和规定的征收率计算应纳税额。应纳税额计算公式为：

$$\text{应纳税额} = \text{销售额} \times \text{征收率}$$

如果企业销售额中未扣除增值税税款，按公式“$\text{销售额} = \dfrac{\text{含增值税的销售额}}{1 + \text{征收率}}$”换算为不含增值税税款的销售额。

③ 进口货物增值税应纳税额的计算：纳税人进口货物，按照组成计税价格和规定的税率计算应纳税额，不得抵扣任何税额。应纳税额计算公式为：

$$\text{应纳税额} = \text{组成计税价格} \times \text{税率}$$

$$\text{组成计税价格} = \text{关税完税价格} + \text{关税} + \text{消费税}$$

（3）增值税核算的账户设置

商品流通企业如为增值税一般纳税人，应交的增值税通过在“应交税费”账户下设置“应交增值税”和“未交增值税”两个明细账户进行核算。

“应交增值税”明细账户，借方登记商品流通企业购进货物或接受应税劳务支付的进项税额、实际已缴纳的增值税额、减免税款、出口抵减内销产品应纳税额以及月终转出的应交未交的增值税额；贷方登记企业销售货物收取的销项税额、出口企业收到的出口退税、进项税额转出以及月终转出的多交的增值税；期末借方余额表示企业尚未抵扣的增值税。商品流通企业应在“应交增值税”明细账内，设置“进项税额”、“已交税金”、“减免税款”、“出口抵减内销产品应纳税额”、“转出未交增值税”、“销项税额”、“出口退税”、“进项税额转出”、“转出多交增值税”等专栏，并按规定进行核算。

"未交增值税"明细账户，借方登记月终转入的多交的增值税和本月上交以前月份的未交增值税；贷方登记月终转入的本月发生的应交未交增值税。期末借方余额表示多交的增值税，贷方余额表示应交未交的增值税。

小规模纳税人增值税的核算，只需设置"应交税费——应交增值税"明细账户，不需要在"应交增值税"明细账户中设置上述专栏。

(4) 增值税的会计处理

下面以实例说明增值税一般纳税人和小规模纳税人应交增值税的会计处理。

【例9】 某商场本期购入一批商品，增值税专用发票上注明的库存商品价款600万元，增值税额为102万元。货款已经支付，商品已经到达并验收入库。当期销售产品收入为1 000万元(不含应向购买方收取的增值税)，符合收入确认条件，货款尚未收到。根据上述经济业务，应作会计分录如下：

Ⅰ. 购入商品时：

借：库存商品	6 000 000	
应交税费——应交增值税(进项税额)	1 020 000	
贷：银行存款		7 020 000

Ⅱ. 销售库存商品时：

借：应收账款	11 700 000	
贷：主营业务收入		10 000 000
应交税费——应交增值税(销项税额)		1 700 000

当期应交增值税＝1 700 000－1 020 000＝680 000(元)

Ⅲ. 实际缴纳税金时：

借：应交税费——应交增值税(已交税金)	680 000	
贷：银行存款		680 000

【例10】 某商品流通企业为小规模纳税人，2013年6月销售商品取得销售收入260 000元(含税)，增值税额为10 000元$\left[\frac{260\,000}{1+4\%}\times 4\%\right]$，款项收到存入银行。根据有关凭证编制会计分录如下：

借：银行存款	260 000	
贷：主营业务收入		250 000
应交税费——应交增值税		10 000

该企业交纳增值税时，编制会计分录如下：

借：应交税费——应交增值税	10 000	
贷：银行存款		10 000

2) 消费税核算

消费税是对在我国境内从事生产、委托加工和进口应税消费品的单位和个人，就其销售额或销售数量，在特定环节征收的一种税。

(1) 消费税的计算

消费税按不同应税消费品分别采用从价定率和从量定额两种方法。

实行从价定率计算方法的应税消费品，计税依据是应税消费品的销售额。其计算公式为：

$$应纳税额=销售额\times适用税率$$

这里的销售额包括销售应税消费品从购买方收取的全部价款和价外费用。

进口的应税消费品，实行从价定率办法计算应纳税额，其计算公式为：

$$应纳税额=组成计税价格\times消费税税率$$

$$组成计税价格=(关税完税价格+关税)\div(1-消费税税率)$$

出口应税消费品，免征消费税。

实行从量定额计算方法的应税消费品，计税依据是纳税人销售的应税消费品的数量。其计算公式为：

$$应纳税额=销售数量\times单位税额$$

(2) 消费税的会计处理

商品流通企业交纳消费税的业务主要有委托加工应税消费品和进口物资等。

需要交纳消费税的委托加工物资，由受托方代收代交税款(除受托加工或翻新改制金银首饰按规定由受托方交纳消费税外)。委托加工物资收回后，直接用于销售的，将代收代交的消费税计入委托加工物资的成本，借记“委托加工物资”等账户，贷记“应付账款”、“银行存款”等账户。

需要交纳消费税的进口物资，其交纳的消费税应计入该项物资的成本，借记“固定资产”、“库存商品”等账户，贷记“银行存款”等账户。

3）营业税核算

营业税是对在我国境内提供应税劳务、转让无形资产或者销售不动产的单位和个人所取得的营业额征收的一种税。营业税按照营业额和规定的税率计算应纳税额，营业税采用比例税率，其计算公式为：

$$应纳税额=营业额\times税率$$

商品流通企业进行服务等业务所取得的收入，按规定应交的营业税，通过“营业税金及附加”和“应交税费——应交营业税”账户核算。

【例 11】 某公司承包一项装饰工程，完工验收后取得结算收入 180 万元，计算该公司应纳的营业税税额。

该公司的应纳税额为：

$$应纳税额=工程结算额\times3\%=1\,800\,000\times3\%=54\,000(元)$$

Ⅰ. 计算应交税费时：

借：营业税金及附加　　54 000

　　贷：应交税费——应交营业税　　54 000

Ⅱ. 实际缴纳时：

借：应交税费——应交营业税　　54 000

　　贷：银行存款　　54 000

4）城市维护建设税核算

为加强城市维护建设，扩大和稳定城市维护建设的资金来源，国家开征了城市维护建设税。它是对在城镇从事工商经营，并交纳消费税、增值税、营业税的单位和个人征收的一种受益性质的税种。该税以纳税人实际交纳的消费税、增值税、营业税额为纳税依据，并按规定税率计算征收，税率为市区7%，县、镇5%，市区、县、镇以外1%，其计算公式为：

应纳税额＝纳税人实际交纳的增值税、消费税、营业税税额×税率

商品流通企业按规定计算出应交纳的城市维护建设税，借记“营业税金及附加”等账户，贷记“应交税费——应交城市维护建设税”账户。交纳的城市维护建设税，借记“应交税费——应交城市维护建设税”账户，贷记“银行存款”账户。

【例12】 地处市区的某商业企业，2007年12月份应交纳增值税125 000元、消费税5 000元、营业税3 000元。则该企业本月应交的城市维护建设税为9 310元[(125 000＋5 000＋3 000)×7%]。编制会计分录：

Ⅰ. 计算应交的城市维护建设税9 310元：

借：营业税金及附加	9 310	
贷：应交税费——应交城市维护建设税		9 310

Ⅱ. 实际上交城市维护建设税时：

借：应交税费——应交城市维护建设税	9 310	
贷：银行存款		9 310

5) 房产税、土地使用税、车船使用税和印花税的核算

房产税是国家在城市、县城、建制镇和工矿区征收的由产权所有人缴纳的一种税。房产税依照房产原值一次减除10%～30%后的余额计算交纳。其应纳税额计算公式为：

应纳税额＝房产计税余值(或租金收入)×适用税率

其中：

房产计税余值＝房产原值×(1－一次性扣除率)

没有房产原值作为依据的，由房产所在地税务机关参考同类房产核定；房屋出租的，以房产租金收入为房产税的计税依据。

土地使用税是国家为了合理利用城镇土地，调节土地级差收入，提高土地使用效益，加强土地管理而开征的一种税，以纳税人实际占用的土地面积为计税依据，依照规定税率计算征收。其应纳税额计算公式为：

应纳税额＝应税土地的实际使用面积(平方米)×适用税率

车船使用税是以车船为征税对象，向拥有并使用车船的单位和个人征收的一种税。对拥有但不使用的车船不征税。车船使用税实行从量计税的方法。根据车船的种类、性能、构造和使用情况不同，分别选择了三种单位的计税标准，即辆、净吨位和载重吨位。

印花税是对在我国境内书立、领受应税凭证的单位和个人，就其书立、领受的凭证所征收的一种税。其征税范围包括商事合同、产权转移书、营业账簿、权利和许可证照等；其税率采用比例税率和定额税率两种，前者按凭证所载税额的比例税率征收，后者按凭证件数计征。

商品流通企业按规定计算应交的房产税、土地使用税、车船使用税时，借记“管理费用”账户，贷记“应交税费”账户(应交房产税、应交土地使用税、应交车船使用税)。交纳的房产税、土地使用税、车船使用税，借记“应交税费”账户(应交房产税、应交土地使用税、应交车船使用税)，贷记“银行存款”账户。印花税的核算不通过“应交税费”账户进行，直接在交纳时，

借记"管理费用"账户，贷记"银行存款"账户。

6）所得税核算

商品流通企业的生产、经营所得和其他所得，依照有关所得税暂行条例及其细则的规定需要交纳所得税。企业应交纳的所得税，在"应交税费"账户下设置"应交所得税"明细账户核算；当期应计入损溢的所得税，作为一项费用，在净收益前扣除。企业按照一定方法计算，计入损溢的所得税，借记"所得税"账户，贷记"应交税费——应交所得税"账户。有关所得税的会计处理，详见第12章。

值得说明的是，企业按照规定实行所得税先征后返还的企业，应当在实际收到返还的所得税时，冲减当期的所得税费用。

7）代扣代缴职工个人所得税的核算

个人所得税是以个人（自然人）取得的各项应税所得为征税对象所征收的一种税。支付所得的单位或个人为个人所得税的法定扣缴义务人。

商品流通企业按规定计算应代扣代缴的职工个人所得税，借记"应付职工薪酬"账户，贷记"应交税费"账户（应交个人所得税）。交纳的个人所得税，借记"应交税费"账户（应交个人所得税），贷记"银行存款"账户。

10.1.6 应付职工薪酬及应付福利费核算

1）应付职工薪酬核算

应付职工薪酬是指商品流通企业应付给职工的工资总额，包括应付给职工的各种工资、奖金、津贴以及按规定标准发放的职工住房补贴等，是企业对职工个人的一种负债。

企业应付给职工的工资，会计上应设置"应付职工薪酬"账户进行核算，该账户核算商品流通企业应付给职工的工资总额。包括在工资总额内的各种工资、奖金、津贴等，不论是否在当月支付，都应当通过该账户核算。其贷方登记应付职工的工资数额；借方登记实际支付给职工的工资以及转出的工资；该账户期末一般无余额。商品流通企业应当设置"应付职工薪酬明细账"，按照职工类别分设账页，按照工资的组成内容分设专栏，根据"工资单"或"工资汇总表"进行登记。

商品流通企业应按照劳动工资制度的规定，根据考勤记录、工时记录、工资标准等，编制"工资单"，计算各种工资。会计部门应将"工资单"进行汇总，编制"工资结算汇总表"，格式见表10.1，按规定手续向银行提取现金，借记"现金"账户，贷记"银行存款"账户。

表10.1 工资结算汇总表

<table>
<tr><th rowspan="2">部门类型</th><th rowspan="2">标准工资</th><th colspan="3">应扣工资</th><th rowspan="2">应付工资</th><th rowspan="2">各种津贴</th><th colspan="3">代扣款项</th><th rowspan="2">实发工资</th></tr>
<tr><th>缺勤</th><th>病假</th><th>合计</th><th>水电费</th><th>…</th><th>合计</th></tr>
<tr><td>管理部门</td><td></td><td></td><td></td><td></td><td></td><td></td><td></td><td></td><td></td><td></td></tr>
<tr><td>采购销售部门</td><td></td><td></td><td></td><td></td><td></td><td></td><td></td><td></td><td></td><td></td></tr>
<tr><td>工程部门</td><td></td><td></td><td></td><td></td><td></td><td></td><td></td><td></td><td></td><td></td></tr>
<tr><td>福利部门</td><td></td><td></td><td></td><td></td><td></td><td></td><td></td><td></td><td></td><td></td></tr>
<tr><td>合　计</td><td></td><td></td><td></td><td></td><td></td><td></td><td></td><td></td><td></td><td></td></tr>
</table>

支付工资时，借记“应付职工薪酬”账户，贷记“现金”等账户。从应付职工薪酬中扣还的各种款项（如代垫的房租、家属药费、个人所得税等），借记“应付职工薪酬”账户，贷记“其他应收款”、“应交税费——应交个人所得税”等账户。职工在规定期限内未领取的工资，由发放单位及时交回财务部门，借记“库存现金”账户，贷记“其他应付款”账户。

月度终了，商品流通企业应将本月应发的工资进行分配：管理部门人员的工资，借记“管理费用”账户，贷记“应付职工薪酬”账户；应由采购、销售费用开支的人员工资，借记“销售费用”账户，贷记“应付职工薪酬”账户；应由工程负担的人员工资，借记“在建工程”等账户，贷记“应付职工薪酬”账户；应由福利费开支的人员工资，借记“管理费用”账户，贷记“应付职工薪酬”账户。

【例 13】 2013 年 7 月末，某百货公司根据“工资结算汇总表”结算本月应付职工薪酬总额 460 000 元，其中职工人员工资为 420 000 元，公司行政管理人员工资为 38 600 元，医务人员工资为 1 400 元。发放工资时代扣职工房租 15 000 元，企业代垫职工家属医药费3 500 元，实发工资 441 500 元。编制会计分录如下：

Ⅰ. 向银行提取现金时：

借：库存现金　　　　441 500

　　贷：银行存款　　　　441 500

Ⅱ. 发放工资时：

借：应付职工薪酬　　　　460 000

　　贷：库存现金　　　　441 500

　　　　其他应收款——职工房租　　　　15 000

　　　　　　　　　——代垫医药费　　　　3 500

Ⅲ. 分配工资费用时：

借：销售费用　　　　420 000

　　管理费用　　　　40 000

　　贷：应付职工薪酬　　　　460 000

2) 应付福利费核算

应付福利费是商品流通企业准备用于职工福利方面的资金。职工福利费主要用于职工的医药费（包括企业参加职工医疗保险交纳的医疗保险费），医护人员的工资，医务经费，职工因公负伤赴外地就医路费，职工生活困难补助，职工浴室、理发室、幼儿园、托儿所人员的工资等。

我国企业中按规定用于职工福利方面的资金来源，包括从费用中提取和从税后利润中提取两个方面。从费用中提取的职工福利费，提取比例为职工工资总额（扣除按规定标准发放的职工住房补贴）的 14%。

为了核算职工福利费的提取和使用情况，企业应设置“应付职工薪酬——应付福利费”账户。该账户属于负债类账户，借方登记按规定用途使用的职工福利费数额；贷方登记按规定提取的职工福利费数额；期末贷方余额表示福利费的结余数。外商投资企业按规定从税后利润中提取的职工奖励及福利基金，用于支付职工的非经常性奖金和职工集体福利的，也在该账户核算。

【例 14】 以例 13 资料为例，该百货公司提取应付福利费的会计处理如下（医务人员工资计提的福利费记入“管理费用”账户）：

借：销售费用　　　　　　　　　　　　　　　　　　58 800

　　管理费用　　　　　　　　　　　　　　　　　　 5 600

　　贷：应付职工薪酬——应付福利费　　　　　　　　　　64 400

10.1.7 其他流动负债核算

1）应付股利（应付利润）核算

应付股利（应付利润）是企业实现利润按照税法及有关法规规定交税、交费后，分配给投资者但尚未支付的那部分利润。企业能否向投资者分配利润，不在于本期盈利多少，而是取决于企业是否拥有和拥有多少可供分配的利润。在会计核算上应设置“应付股利”账户进行核算。应付股利包括应付给投资者的现金股利、应付给国家以及其他单位和个人的利润等。企业与其他单位或个人的合作项目，如按协议或合同规定，应支付给其他单位或个人的利润也通过“应付股利”账户核算。

商品流通企业按照董事会提请股东大会批准的利润分配方案中应分配给股东的现金股利，借记“利润分配”账户，贷记“应付股利”账户；支付利润时，借记“应付股利”账户，贷记“银行存款”账户。企业分配的股票股利不通过“应付股利”账户核算。

2）其他应付款

其他应付款的核算通过设置“其他应付款”账户进行。该账户属于负债类账户，借方登记支付的各项其他应付款项；贷方登记应付的其他应付款项；期末余额一般在贷方，表示已提取尚未支付的其他应付款项。

【例 15】 某公司 9 月份，根据应付工资数，提取代扣退休保险金 30 000 元，医疗保险 12 000 元，储蓄 30 000 元，根据工资结算汇总表，计算结果作会计分录如下：

借：应付职工薪酬　　　　　　　　　　　　　　　　72 000

　　贷：其他应付款——保险公司　　　　　　　　　　　42 000

　　　　　　　　　——储蓄所　　　　　　　　　　　　30 000

以存款上交退休保险筹金、医疗保险，作会计分录如下：

借：其他应付款——保险公司　　　　　　　　　　　42 000

　　　　　　　——储蓄所　　　　　　　　　　　　30 000

　　贷：银行存款　　　　　　　　　　　　　　　　　　72 000

10.2 长期负债的核算

长期负债是指偿还期限在一年或超过一年的一个营业周期以上的负债，商品流通企业的长期负债包括长期借款。长期应付债券和长期应付款等。

长期负债与流动负债相比，具有数额大、偿还期限较长的特点。举借长期借款，只需要按期偿还债权人按固定利率计算的利息，因此，举借长期借款往往附有一定的约束条件，如需要企业指定某项资产作为还款的担保品，要求企业指定担保人，规定举债的最高限额，或设置偿债基金等。同时还应看到，长期借款的利息是企业根据合同必须承担的固定支出，如果企业经营不善，这笔固定的利息费用就会成为企业财务上的沉重负担。因此，是否以债务形式筹集长期资本以及如何筹集长期资本等，是企业的一项重要的财务决策。

10.2.1 长期借款核算

长期借款是指商品流通企业向银行等金融机构借入的偿还期限在一年以上的债务，一般用于固定资产的购建、改扩建工程、大修理工程以及流动资产的正常需要等方面。它是企业长期负债的重要组成部分，必须加强管理与核算。

为了核算借入的长期借款，企业应设置“长期借款”账户。该账户属于负债类账户，其贷方登记借入的长期借款本金和应付长期借款利息；借方登记归还的长期借款本息；期末余额在贷方，表示企业尚未偿还的长期借款的本息。该账户应按贷款单位设置明细账，并按贷款种类进行明细核算。

1）借款费用的处理原则

借款费用是指因借款而发生的利息、折价或溢价的摊销和辅助费用，以及因外币借款发生的汇兑差额等。在我国会计实务中，对借款费用的处理，除为购建固定资产的专门借款所发生的借款费用外，其他借款费用均应于发生当期确认为费用，直接计入当期财务费用。

商品流通企业为购建固定资产而发生的专门借款，在满足借款费用开始资本化的条件时至购建的固定资产达到预定可使用状态前发生的借款费用，应计入固定资产成本；在固定资产达到预定可使用状态后发生的，应于发生时计入当期财务费用。

借款费用开始资本化的条件是指同时满足以下三个条件：

① 资产支出已经发生。

② 借款费用已经发生。

③ 为使固定资产达到预定可使用状态所必要的购建活动已经开始。

如果固定资产的购建活动发生非正常中断，并且中断时间连续超过3个月，应当暂停借款费用的资本化，将其确认为当期费用，直至固定资产的购建活动重新开始。

所购建的固定资产达到预定可使用状态是指，资产已经达到购买方或建造方预定的可使用状态。具体可从以下几个方面判断：

① 固定资产的实体建造(包括安装)工作已经全部完成或者实质上已经完成。

② 所购建的固定资产与设计要求或合同要求相符或基本相符，即使有个别与设计或合同不相符的地方，也不影响其正常使用。

③ 继续发生在所购建的固定资产上的支出金额很少或几乎不再发生。

2）长期借款的会计处理

(1) 取得长期借款的处理

商品流通企业借入长期借款并将取得的款项存入银行时，应借记“银行存款”账户，贷记“长期借款”账户；如果已经直接将借款购置了固定资产或用于在建工程项目，则应借记“固定资产”或“在建工程”账户，贷记“长期借款”账户。

【例16】 某百货公司于2011年4月30日从中国银行借入资金200万元，借款期限为2年，年利率为6%，款项已存入银行，本息于到期日一次支付。该借款用于购买经营所需的一幢房屋。5月15日，百货公司收到相关凭证，价款190万元，装修费10万元，均用银行存款支付，房屋已于当月16日交付使用。编制会计分录如下：

Ⅰ. 取得借款时：

借：银行存款　　2 000 000

　　贷：长期借款　　2 000 000

【例 20】 接例 19,该公司按年计提利息,每年应计提债券利息 60 000 元(1 000 000×6%),同时摊销债券溢价 20 000 元(60 000÷3)。

2010 年底,编制会计分录如下:

借: 财务费用 40 000

　　应付债券——债券溢价 20 000

　　贷: 应付债券——应计利息 60 000

2011 年、2012 年的分录同上。

(3) 应付债券到期的会计处理

债券到期,支付债券本息时,借记"应付债券——债券面值、应计利息"账户,贷记"银行存款"账户。

【例 21】 接例 19,债券到期,应付本息共计 1 180 000 元,用银行存款支付。根据有关凭证,编制会计分录如下:

借: 应付债券——债券面值 1 000 000

　　　　　——应计利息 180 000

　　贷: 银行存款 1 180 000

10.2.3 长期应付款核算

长期应付款是指商品流通企业除长期借款以外的其他各种长期应付款,包括融资租入固定资产的租赁费等。

融资租入固定资产是指由专门经营租赁业务的机构,按承租方要求,预先购买其所需设备,然后以出租方式提供给承租方使用。采用这种租赁方式,租赁固定资产的所有权在付清最后一笔租金之后,一般归属于承租方所有。因此,融资租赁以其性质来说相当于分期付款购置固定资产。由于融资租赁固定资产所形成的应付融资租赁费不仅数额大,而且偿还期限长,因此,根据这一特点,将其作为长期应付款列入长期负债中加以核算。

商品流通企业应设置"长期应付款"账户,该账户属于负债类账户,其贷方登记发生的长期应付款数额;借方登记支付的长期应付款数额;其期末余额在贷方,表示商品流通企业尚未支付的各种长期应付款。该账户按长期应付款的种类设置明细账,进行明细核算。

【例 23】 某百货公司以融资租赁方式租入一项固定资产,租赁协议规定,租赁费为 160 000元,租赁期 5 年,每年年初支付租赁费,另以银行存款支付运费、安装费共 15 000 元,租赁期满后,固定资产所有权转归该百货公司。

Ⅰ. 支付运费、安装费时,编制会计分录如下:

借: 在建工程 15 000

　　贷: 银行存款 15 000

Ⅱ. 租入固定资产时,编制会计分录如下:

借: 在建工程 160 000

　　贷: 长期应付款 160 000

Ⅲ. 固定资产交付使用时,编制会计分录如下:

借: 固定资产——融资租入固定资产 175 000

　　贷: 在建工程 175 000

Ⅳ. 每年初支付租赁费时,编制会计分录如下:

借：长期应付款　　　　　　　　　　　　　　　　32 000

　　贷：银行存款　　　　　　　　　　　　　　　　　32 000

Ⅴ. 租赁期满时，编制会计分录如下：

借：固定资产——经营用固定资产　　　　　　　　175 000

　　贷：固定资产——融资租入固定资产　　　　　　　175 000

练习题

1. 甲企业于2013年6月1日开出的期限为3个月，票面金额为300 000元，年利率为6%的商业汇票到期。

(1) 甲企业以银行存款支付票款。

(2) 假设该商业汇票是商业承兑汇票，甲企业到期无力支付票款。

(3) 假设该商业汇票是银行承兑汇票，甲企业到期无力支付票款。

要求：根据上述资料编制会计分录。

2. 百安公司2013年8月1日从开户银行借入款项600万元，借款期限为4年，年利率为9%，款项已存入银行，本息于到期日一次支付。该借款用于购买经营用的设备，当日购得这些设备，价款575万元，安装调试费25万元，已用银行存款支付，设备已于11月30日交付使用。

要求：根据上述资料编制长期借款有关的会计分录。

3）非现金资产出资的核算

企业接收投资者作价投入的房屋、建筑物、机器设备等固定资产，材料物资和无形资产等，应按投资各方确认的价值借记“固定资产”、“原材料”和“应交税费——应交增值税”（进项税额）等科目，按确认的享有注册资本的份额贷记“实收资本”，资产价值超过部分记入资本公积。

【例2】 乙公司于设立时收到F公司作为资本投入的不需要安装的机器设备一台、原材料一批、非专利技术一项。双方确认该机器的价值为550 000元，原材料价值100 000元，经税务部门认定，F公司应交增值税为17 000元，非专利技术经评估和双方确认的价值为80 000元。不考虑其他因素。乙公司进行会计处理时，应编制会计分录如下：

借：固定资产	550 000	
原材料	100 000	
应交税费——应交增值税（进项税额）	17 000	
无形资产——非专利技术	80 000	
贷：实收资本——F公司		747 000

4）外币资本投资的核算

企业收到投资者投入的外币资本时，按实际收到的外币款项作为资产入账；将因接受外币资产而增加的资本金作为实收资本入账。按照投资合同中是否约定汇率，具体核算如下：

① 若合同中没有约定汇率的，按收到外币当日的汇率折合的人民币金额，借记“银行存款”科目，贷记“实收资本”科目。

② 合同中约定汇率的，按收到外币当日的汇率折合的人民币金额，借记“银行存款”科目，按合同约定的汇率折合的人民币金额，贷记“实收资本”科目，因汇率不同而产生的差额，作为资本公积处理，借记或贷记“资本公积——外币资本折算差额”科目。

【例3】 某公司接受外国投资者贝特投入的资金100万美元，存入银行。投资合同规定以合同签订日美元汇价的中间价8.01作为投资额的折合汇价。而当日美元的人民币汇价的中间价为8.05。该公司进行会计处理时，应编制会计分录如下：

借：银行存款——美元户	8 050 000	
贷：实收资本——贝特		8 010 000
资本公积——外币资本折算差额		40 000

5）股份有限公司股本的核算

企业会计制度规定，公司的股本应当在核对的股本总额及核对的股份总额的范围内发行股票取得。但企业发行股票取得的收入与股本总额往往不一致，公司发行股票取得的收入大于股本总额的，称为溢价发行；小于股本总额的，称为折价发行；等于股本总额的，称为面值发行。我国不允许企业折价发行股票。

公司发行股票收到现金等资产时，应按实际收到的金额，借记“库存现金”、“银行存款”等科目，按其面值和核对的股份总额的乘积计算的金额，贷记“股本”科目，超过面值发行取得的收入，其超过面值的部分，即为股本溢价，作为资本公积处理，贷记“资本公积”科目。

【例4】 某股份有限公司委托证券公司代理发行普通股100万股，每股面值5元，按面值发行。代理发行的证券公司按发行收入的1%收取发行费，从收入中扣除。该公司进行会计处理时，应编制会计分录如下：

借：银行存款　　4 950 000

长期待摊费用　　　　　　　　　　　　50 000

贷：股本　　　　　　　　　　　　　　5 000 000

6）企业资本（或股本）变动的核算

我国有关法律规定，企业资本（或股本）除下列情况外，不得随意变动：一是符合增资条件，并经有关部门批准增资的；二是企业按规定程序报经批准减少注册资本的。

（1）企业资本（或股本）增加的核算

① 资本公积转增资本，按转增的资本金额，借记“资本公积”科目，贷记“实收资本”或“股本”科目。

② 盈余公积转增资本，按转增的资本金额，借记“盈余公积”科目，贷记“实收资本”或“股本”科目。

③ 投资者（包括原企业所有者和新投资者）投入，企业按规定接受投资者额外投入实现增资时，应按实际收到的款项或其他资产，借记“银行存款”等科目，按增加的实收资本或股本金额，贷记“实收资本”或“股本”科目，按两者之间的差额，贷记“资本公积——资本溢价”或“资本公积——股本溢价”科目。

【例 5】 某公司由 A、B 两股东各出资 60 万元而设立。设立时的实收资本为 120 万元。经两年的经营，该企业的留存收益为 50 万元。第三年初有投资者 C 愿意出资 70 万元加入该企业，拥有该企业三分之一的股份，企业股东同意接纳。在接受 C 企业的投资时，该公司进行会计处理时，应编制会计分录如下：

借：银行存款　　　　　　　　　　　　700 000

　贷：实收资本　　　　　　　　　　　　600 000

　　资本公积——资本溢价　　　　　　　100 000

（2）企业资本（或股本）减少的核算

企业资本（或股本）减少的原因主要有两种，一是资本过剩；二是企业发生重大亏损而需要减资。

① 企业按规定程序报经批准减少注册资本的，在实际发还投资时，借记“实收资本”，贷记“银行存款”等账户。

② 股份有限公司采用收购本企业股票方式减资的，在实际购入本企业股票时，登记入账。按注销股票的面值总额减少股本，购回股票支付的价款超过面值总额的部分，依次减少资本公积和留存收益，借记“股本”和“资本公积”、“盈余公积”、“利润分配——未分配利润”科目，贷记“银行存款”等科目；购回股票支付的价款低于面值总额的，按股票面值，借记“股本”科目，按支付的价款，借记“银行存款”科目，按其差额，贷记“资本公积”科目。

【例 6】 某股份有限公司于 2012 年 1 月 1 日发行面值为 10 元的普通股 60 万股，发行价为每股 12 元，2013 年 12 月 1 日因资本过剩经批准于市场按每股 15 元购回 1 000 股，该公司已提取盈余公积金 2 万元，未分配利润 6 万元。该公司进行会计处理时，应编制会计分录如下：

借：股本　　　　　　　　　　　　　　10 000

　资本公积 —— 股本溢价　　　　　　　2 000

　盈余公积　　　　　　　　　　　　　3 000

　　贷：银行存款　　　　　　　　　　15 000

11.2 资本公积核算

11.2.1 资本公积概述

1）资本公积的概念

资本公积包括企业收到投资者出资额超出其在企业注册资本或股本中所占份额的部分以及直接计入所有者权益的利得和损失等。

我国公司法规定，资本公积主要用来转增资本（或股本）。资本公积由全体股东享有，在转增资本时，按各个股东在实收资本中所占的投资比例计算的金额，分别转增各个股东的投资金额。

2）资本公积的来源

（1）资本（或股本）溢价，是指企业投资者投入的资金超过其在注册资本中所占份额的部分，在股份有限公司称之为股本溢价。

（2）其他资本公积，是指除资本溢价（或股本溢价）项目以外所形成的资本公积，其中主要是直接计入所有者权益的利得和损失。

11.2.2 资本公积的核算

1）资本公积核算账户的设置

企业应设置"资本公积"科目核算资本公积的增减变动情况。该科目贷方反映资本公积的增加，借方反映资本公积的减少和转出，期末贷方余额反映企业实有的资本公积。同时应当设置"资本（或股本）溢价"、"其他资本公积" 等明细科目进行明细核算。

2）资本（或股本）溢价的核算

（1）资本溢价的核算

企业创立时，投资者按照公司章程所规定的出资比例实际缴付的出资额，全部计入"实收资本"科目，实际收到或者存入企业开户银行的金额超过其在该企业注册资本中所占份额的部分，计入"资本公积"。

企业重组并有新的投资者加入时，为了维护原有投资者的利益，新加入的投资者的出资额，并不一定全部作为实收资本处理。新投资者投入的资本中，按其在注册资本中所占的份额，计入"实收资本"科目，投入的资金超过其在注册资本中所占份额的部分，作为资本溢价，应计入"资本公积——资本溢价"科目。

企业收到新投资者投入的资金时，按实际收到的金额或确定的价值，借记"银行存款"等科目，按其在注册资本中所占的份额，贷记"实收资本"科目，按其差额，贷记"资本公积——资本溢价"科目。

（2）股本溢价的核算

企业溢价发行股票时，在收到银行存款等资产时，按实际收到的金额，借记"银行存款"等科目，取得的收入相当于股票面值的金额，贷记"股本"科目，超过股票面值的部分，作为股本溢价处理，贷记"资本公积——股本溢价"科目。

需要注意的是，股份有限公司委托证券商代理发行股票时，支付的手续费、佣金、股票印刷成本等，应从溢价发行收入中扣除，企业应按扣除手续费、佣金等后的数额计入"资本公积”科目;无溢价的,或溢价不足以支付的部分,作为长期待摊费用,分期摊销。

【例 7】 某股份有限公司委托证券公司代理发行普通股 200 万股,每股面值 1 元,发行价格为 5 元。代理发行的证券公司按发行收入的 1%收取手续费,手续费直接从发行收入中扣除。该公司进行会计处理时,应编制会计分录如下:

借:银行存款	9 900 000	
贷:股本		2 000 000
资本公积 —— 股本溢价		7 900 000

3)其他资本公积的核算

其他资本公积是指除资本溢价(或股本溢价)项目以外所形成的资本公积,其中主要是直接计入所有者权益的利得和损失。

其他资本公积产生来源有:采用权益法核算的长期股权投资,当被投资单位资本公积变动时,投资企业应确认资本公积的变动;以权益结算的股份支付换取职工或其他方提供服务的,在确认管理费用的同时,应确认资本公积;自用房地产转换为投资性房地产时,如果采用公允价值模式核算该投资性房地产,则该建筑物的公允价值大于账面价值部分,应计入资本公积;此外,还有可供出售金融资产公允价值变动和金融资产重分类得来。

4)资本公积转增资本的核算

经股东大会或类似机构决议,用资本公积转增资本时,借记“资本公积”科目,贷记“实收资本”科目。

11.3 留存收益核算

11.3.1 留存收益概述

1)留存收益的概念

留存收益是指企业从历年实现的利润中提取或形成的留存于企业的内部积累。它来源于企业在生产经营过程中所实现的净利润,这部分留在企业的净利润归企业投资者所有,属于所有者权益。

2)留存收益的内容

留存收益包括盈余公积与未分配利润。盈余公积主要表现为企业按税后利润一定比例提取的法定盈余公积、法定公益金和按确定的比例从税后利润提取的任意盈余公积。

(1)盈余公积

企业的盈余公积可以用于弥补亏损、转增资本(或股本)。符合规定条件的企业,也可以用盈余公积分派现金股利。

① 弥补亏损:企业发生亏损时,弥补的渠道主要有三方面:一是用发生亏损后 5 年内实现的税前利润弥补:二是发生的亏损在 5 年内仍不足弥补的,用以后年度的税后利润弥补:三是用盈余公积弥补。用盈余公积弥补亏损应当由董事会提议,股东大会批准,或者由类似的机构批准。企业用税前利润弥补亏损时,不必作专门的账务处理。

② 转增资本:经股东大会或类似机构批准,企业可以将盈余公积转增资本(或股本)。在将盈余公积转增资本时,应按投资人原有的持股比例进行结转。盈余公积转增资本(或股本)后,留存的盈余公积不得少于注册资本的 25%。

③ 发放现金股利：为维护企业形象，当企业累计的盈余公积较多，而未分配利润较少时，可以用盈余公积向投资者分派现金股利。

（2）未分配利润

未分配利润是企业实现的净利润经过弥补亏损、提取盈余公积和向投资者分配利润后留存企业的、历年结存的利润。未分配利润有两层含义：一是留待以后年度处理的利润；二是未指定特定用途的利润。

11.3.2 盈余公积的核算

1）盈余公积核算账户的设置

企业应设置“盈余公积”科目核算反映盈余公积形成及使用情况。该账户属于所有者权益类账户，贷方登记企业按照规定提取的各项盈余公积的数额；借方登记企业将盈余公积用于弥补亏损、转增资本以及分配现金股利或利润而减少的盈余公积的数额等；期末贷方余额表示企业提取尚未转出的盈余公积结存数。同时应当分别设置“法定盈余公积”、“任意盈余公积”明细科目进行明细核算。

【例 8】 某股份有限公司 2012 年实现税后净利 20 000 000 元，按 10％的比例提取法定盈余公积，按 5％的比例提取任意盈余公积。该公司进行会计处理时，应编制会计分录如下：

借：利润分配——提取法定盈余公积　　2 000 000
　　　　　　——提取任意盈余公积　　1 000 000
　　贷：盈余公积——法定盈余公积　　2 000 000
　　　　　　　　——任意盈余公积　　1 000 000

2）盈余公积转增资本（或股本）的核算

一般企业经批准用盈余公积转增资本时，按实际用于转增资本的盈余公积金额，借记“盈余公积”科目，贷记“实收资本”科目。股份有限公司经股东大会决议，用盈余公积转增股本时，借记“盈余公积”科目，贷记“股本”科目。

3）盈余公积分配现金股利或利润的核算

企业经股东大会或类似机构决议，用盈余公积分配现金股利或利润时，借记“盈余公积”科目，贷记“应付股利”科目。

4）盈余公积派送新股的核算

企业用盈余公积派送新股时，按派送新股计算的金额，借记“盈余公积”科目，按股票面值和派送新股总数计算的金额，贷记“股本”科目，如有差额，贷记“资本公积——股本溢价”科目。

5）盈余公积弥补亏损

企业经股东大会或类似机构决议，用盈余公积弥补亏损时，借记“盈余公积”科目，贷记“利润分配——未分配利润”科目。

【例 9】 某企业 2012 年发生亏损，决定以盈余公积 1 000 000 弥补该公司发生的亏损。进行会计处理时，应编制会计分录如下：

借：盈余公积　　1 000 000
　　贷：利润分配——未分配利润　　1 000 000

练习题

1. 某一般企业2013年新设立时发生的有关经济业务如下：

(1) 2月1日，国家拨付的一套流水线设备已验收使用，该流水线设备全部造价为500 000元。

(2) 2月10日，收到A公司投入的大型设备一台，已验收使用，该设备账面原值200 000元，已提折旧20 000元，投资各方确认以账面净值入账。

(3) 2月20日，收到B公司投入原材料一批，投资各方确认货款100 000元，增值税额17 000元；专用工具一批，投资各方确认货款20 000元，增值税额3 400元，原材料、专业工具均已验收入库。

要求：根据以上经济业务，编制会计分录。

2. 2013年某一般企业的投资者决定扩大生产经营规模，经批准将注册资本扩充到2 000 000元。

(1) 5月5日，A公司投入土地使用权，投资各方确认其价值为260 000元，投入资金占企业注册资本的10%。

(2) 5月10日，国家通过财政拨入现款100 000元，以增加其投资额，现款已存入银行，投入的资金占企业注册资本的4%。

(3) 5月15日，B公司以某项非专利技术作为投资，投资各方确认价值为120 000元，投入资金占注册资本的5%。

要求：根据以上经济业务，编制会计分录。

3. 2013年某一般企业发生有关的经济业务如下：

(1) 6月2日，该企业原有注册资本2 500 000元，留存收益260 000元，经批准将注册资本增至4 000 000元，今收A公司出资的支票700 000元，存入银行。其投入资金占企业注册资本的15%。

(2) 6月5日，收到国外投资者亨特汇入的160 000美元，合同规定，以合同签订日美元汇价的中间价8.01元作为投资额的折合汇价，而当日美元的人民币汇价的中间价为6.15元。投入的资金占企业注册资本的25%。

(3) 7月1日，接受B公司赠送的设备一台，该设备的市场价格为10 000元，已验收使用，所得税税率为33%。

(4) 7月15日，收到外商捐赠的2 000美元，当日美元的人民币汇价的中间价为8.25元，所得税税率为33%。

(5) 7月30日，经上级批准以资本公积金150 000转增资本。

要求：根据以上经济业务，编制会计分录。

12 期间费用和利润核算

【本章学习目的】

(1) 掌握期间费用的内容及其核算。

(2) 掌握利润和所得税的核算。

(3) 掌握利润分配的步骤及性质。

【引导案例】

北京商厦全年利润总额为 65 000 万元,所得税税率为 25%。该企业实际发放工资 10 000 万元,超过计税工资部分计提的职工福利费为 14 万元,业务招待费支出超过规定标准 3.6 万元,对外投资分得税后利润 22 万元,国库券利息收入 3 万元。税法规定固定资产折旧采用年限平均法,年折旧额为 48 万元,而该企业采用加速折旧法,年折旧额为 62 万元。

要求:用资产负债表债务法计算应缴所得税额。

12.1 期间费用核算

12.1.1 期间费用概述

1) 期间费用的概念

商品流通企业的期间费用又称商品流通费用,是指在流通过程中所耗费的活劳动和物化劳动的货币表现。它包括商品流通企业因从事商品的运输、装卸、保管、挑选、整理、买卖和广告、包装、保险等经营管理所必须开支的各项费用。

2) 期间费用的内容

期间费用包括销售费用、管理费用和财务费用。

(1) 销售费用

销售费用是指企业在商品流通的整个经营环节所发生的各项费用,包括包装费、运输费、装卸费、保险费、展览费、广告费、职工工资及福利费、差旅费、检验费、劳务手续费、商品损耗、进出口商品累计佣金、运输途中的合理损耗和入库前的挑选整理费等。

(2) 管理费用

管理费用是指企业行政管理部门为组织和管理经营活动而发生的各项费用,包括企业的董事会和行政管理部门在企业的经营管理中发生的,或者应由企业统一负担的公司经费、工会经费、待业保险费、劳动保险费、董事会费、聘请中介机构费、咨询费(含顾问费)、诉讼费、业务招待费、房产税、车船使用税、土地使用税、印花税、技术转让费、无形资产摊销、职工教育经费、研究与开发费、排污费、存货盘亏或盘盈(不包括应计入营业外支出的存货损失)、计提的坏账准备、计提的存货跌价准备等。

(3) 财务费用

财务费用是指企业为筹集业务经营所需资金而发生的费用,包括应当作为期间费用的利息支出(减利息收入)、汇兑损失(减汇兑收益)以及相关的手续费等。

12.1.2 期间费用的核算方法

1) 期间费用核算账户的设置

(1) 企业应设置“销售费用”账户,核算销售费用的发生和结转情况。该账户是损益类账户,借方登记销售费用的发生额,贷方登记期末结转到“本年利润”中去的销售费用,结转后该账户无余额。企业要按销售费用项目设置明细账,进行明细核算。

(2) 企业应设置“管理费用”账户,核算管理费用的发生和结转情况,该账户是损益类账户。借方登记各项管理费用发生额,贷方登记期末结转到“本年利润”中去的管理费用,结转后该账户无余额。企业要按管理费用的费用项目设置明细账,或按费用项目设置专栏进行明细核算。

(3) 企业应设置“财务费用”账户,核算财务费用的发生和结转情况,该账户是损益类账户。借方登记财务费用的发生额,贷方登记期末结转到“本年利润”中去的财务费用,结转后该账户无余额。企业要按财务费用的费用项目设置明细账,进行明细核算。

2) 期间费用的核算举例

期间费用核算的内容很广泛,它分为 3 个账户 40 多个明细项目,有不少明细项目核算上具有共性,各项期间费用发生时,分别计入对应账户的借方,期末将借方归集的期间费用全部从贷方结转至“本年利润”,结转后该账户无余额。

【例 1】 企业本月发生公司经费 4 500 元,其中管理人员工资 2 000 元,计提福利费 340 元,以银行存款支付办公费用 2 160 元。

借:管理费用　　　　　　　　　　　　4 500

　　贷:应付职工新酬——应付工资　　　　　2 000

　　　　　　　　　——应付福利费　　　　　340

　　　　银行存款　　　　　　　　　　　　2 160

【例 2】 某企业本月发生如下有关产品独立事项:支付运输费用 500 元,装卸费用 1 200元;支付产品广告费 80 000 元;根据工资单应付销售部门人员工资 7 200 元。编制会计分录如下:

借:销售费用——运输费用　　　　　　500

　　　　　　——装卸费用　　　　　　1 200

　　　　　　——产品广告费　　　　　8 000

　　　　　　——工资　　　　　　　　7 200

　　贷:银行存款　　　　　　　　　　　　9 700

　　　　应付职工薪酬　　　　　　　　　　7 200

【例 3】 某企业本月发生以下与财务费用有关的业务:支付发行债券的手续费与印刷费 50 000 元;预提本月借款利息 2 400 元。编制会计分录如下:

借:财务费用——手续费　　　　　　50 000

——利息支出　　　　　　　　　　　　　2 400

贷：银行存款　　　　　　　　　　　　　　　50 000

应付利息　　　　　　　　　　　　　　　2 400

12.2　利润核算

12.2.1　利润概述

1）利润的概念

利润是企业在一定期间生产经营活动的最终成果，也就是收入与成本费用相抵后的差额，如果收入小于成本费用，两者之差为亏损，反之为利润。

2）利润总额的构成

利润总额（或亏损总额）＝营业利润＋营业外收入－营业外支出

（1）营业利润

营业利润是企业利润的主要来源，由营业收入、营业成本、营业税金及附加、管理费用、销售费用、财务费用、资产减值损失，加上公允价值变动收益（减去公允价值变动损失）和投资收益（减投资损失）构成。计算公式为：

营业利润＝营业收入－营业成本－营业税金及附加－管理费用－
销售费用－财务费用－资产减值损失＋公允价值变动收益
（减去公允价值变动损失）＋投资收益（减投资损失）。

① 营业收入反映企业经营主要业务和其他业务所确认的收入总额。

② 营业成本反映企业经营主要业务和其他业务所发生的成本总额。

③ 营业税金及附加反映企业经营业务应负担的消费税、营业税、城市建设维护税、资源税、土地增值税和教育费附加等。

④ 期间费用是企业在一定时期内管理和组织经营活动所发生的开支及为筹资而发生的费用，包括管理费用、销售费用和财务费用。

⑤ 资产减值损失反映企业各项资产发生的减值损失。

⑥ 公允价值变动收益反映企业应当计入当期损益的资产或负债公允价值变动收益。

⑦ 投资净收益是指企业对外投资所取得的收益减去投资损失和计提的投资减值准备后的净额。

（2）营业外收入

营业外收入是指企业发生的与其日常活动无直接关系的各项利得。营业外收入主要包括非流动资产处置利得、盘盈利得、罚没利得、捐赠利得、确实无法支付而按规定程序经批准后转作营业外收入的应付款项等。

（3）营业外支出

营业外支出是指企业发生的与其日常活动无直接关系的各项损失，主要包括非流动资产处置损失、盘亏损失、罚款支出、公益性捐赠支出、非常损失等。

3）净利润

净利润＝利润总额－所得税费用

所得税费用反映企业应从当期利润总额中扣除的所得税。

12.2.2 利润的核算方法

1）营业外收入和营业外支出的核算

（1）营业外收入的核算

企业需要设置“营业外收入”账户，该账户属于损益类账户，贷方登记企业发生的各项营业外收入，借方登记期末转入“本年利润”科目的营业外收入，期末结转后该账户无余额，并根据营业外收入的内容设置明细项目。

【例4】 某企业年终清理往来账，发现一笔应付账款挂账5年，金额12 000元，对方单位一直未来要款，经调查了解，对方已解散。报经领导审批后，将这一笔款项转营业外收入处理。编制会计分录如下：

借：应付账款　　12 000

　贷：营业外收入　　12 000

（2）营业外支出的核算

企业需要设置“营业外支出”账户，该账户属于损益类账户，借方登记企业发生的各项营业外支出，贷方登记期末转入“本年利润”科目的营业外支出，期末结转后该账户无余额，并根据支出的内容设置明细项目。

【例5】 某企业2013年3月20日为希望工程捐款10万元。编制会计分录如下：

借：营业外支出　　100 000

　贷：银行存款　　100 000

2）其他业务收入和成本的核算

其他业务收支核算主要包括除出售商品或提供劳务以外的无形资产转让、材料销售、出租业务、包装物出租、修理业务等业务所取得的收入和发生的相关费用。为了核算商品流通企业发生的其他业务收入和支出，企业应设置“其他业务收入”和“其他业务成本”两个账户。

“其他业务收入”是损益类账户，用以核算企业除商品销售以外的其他销售或其他业务收入。贷方登记企业发生的其他业务收入，借方登记企业期末结转到“本年利润”账户中去的其他业务收入。该账户按照其他业务收入的项目设置明细核算。

“其他业务成本”是损益类账户，用以核算企业除商品销售以外的其他销售或其他业务成本。借方登记企业发生的其他业务成本，贷方登记企业期末结转到“本年利润”账户中去的其他业务成本。该账户按照其他业务成本的项目设置明细核算。

【例6】 A企业2013年5月出租包装物，取得租金收入4 000元，包装物成本2 500元（包装物成本假设在出租时一次转入销售成本）。租金收入存入银行。编制会计分录如下：

借：银行存款　　4 000

　贷：其他业务收入　　4 000

借：其他业务成本　　2 500

　贷：包装物　　2 500

3）所得税的核算

所得税是指对从事工商业经营的企业和个人，就其经营所得和其他所得所征收的税。《企业会计准则第18号——所得税》规定：“2013年1月1日起企业一律采用资产负债表债务法核算递延所得税”。

资产负债表债务法是从资产负债表出发，通过比较资产负债表上列示的资产、负债按照企业会计准则规定确定的账面价值与按照税法规定确定的计税基础，对两者之间的差额分别按应纳税暂时性差异与可抵扣暂时性差异，确认相关的递延所得税负债和递延所得税资产。

(1) 资产的计税基础

资产的计税基础，是指企业收回资产账面价值的过程中，计算应纳税所得额时按照税法规定可以自应税经济利益中抵扣的金额。如果这些经济利益不需要纳税，那么该资产的计税基础即为其账面价值。

【例 7】 甲公司 2012 年末存货账面余额 100 万元，已提存货跌价准备 10 万元，则存货账面价值为 90 万元；存货在出售时可以按其购入成本(账面余额)抵税 100 万元，所以，存货的计税基础为 100 万元。

通俗地说，资产的计税基础就是将来收回资产时可以抵税的金额。

(2) 负债的计税基础

负债的计税基础，是指负债的账面价值减去未来期间计算应纳税所得额时按照税法规定可予抵扣的金额。

【例 8】 甲公司 2012 年末预计负债账面金额为 100 万元(预提产品保修费用)，假设产品保修费用在实际支付时抵扣，该预计负债计税基础为 0 万元，即负债计税基础＝负债账面价值 100—其在未来期间计算应税利润时可予抵扣的金额 100＝0(万元)。

通俗地说，负债的计税基础就是将来支付时不能抵税的金额。

(3) 暂时性差异及其分类

暂时性差异，是指资产或负债的账面价值与其计税基础之间的差额。其中，资产的账面价值，是资产的账面余额减去资产减值准备后的金额。此外，某些不符合资产、负债的确认条件，未作为财务会计报告中资产、负债列示的项目，如果按照税法规定可以确定其计税基础，该计税基础与其账面价值之间的差额也属于暂时性差异。

根据暂时性差异对未来期间应税金额影响的不同，暂时性差异分为应纳税暂时性差异和可抵扣暂时性差异。

① 应纳税暂时性差异：是指在确定未来收回资产或清偿负债期间的应纳税所得额时，将导致产生应税金额的暂时性差异。资产的账面价值大于其计税基础或是负债的账面价值小于其计税基础时，会产生应纳税暂时性差异。

【例 9】 甲公司 2012 年末长期股权投资账面余额为 220 万元，其中原始投资成本为 200 万元，按权益法确认投资收益 20 万元，没有计提减值准备，则长期投资账面价值为 220 万元；按税法规定，可以在税前抵扣的是初始投资成本，其计税基础为 200 万元。因此，长期投资账面价值 220 万元与计税基础 200 万元的差额，形成暂时性差异为 20 万元；因资产的账面价值大于其计税基础，形成应纳税暂时性差异。

② 可抵扣暂时性差异：是指在确定未来收回资产或清偿负债期间的应纳税所得额时，将导致产生可抵扣金额的暂时性差异。资产的账面价值小于其计税基础或负债的账面价值大于其计税基础时，会产生可抵扣暂时性差异。

【例 10】 甲公司 2012 年末应收账款账面余额 500 万元，已提坏账准备 100 万元，则应收账款账面价值为 400 万元；因在确认应收账款时已作为收入交纳所得税，在收回应收账款时不用再交税，即可抵扣 500 万元，其计税基础为 500 万元。账面价值 400 万元与计税基础

500 万元的差额，形成暂时性差异 100 万元；因资产的账面价值小于其计税基础，形成可抵扣暂时性差异。

(4) 所得税核算的科目设置

① "所得税费用"科目：本科目核算企业确认的应从当期利润总额中扣除的所得税费用。该账户属于损益类，借方反映企业计入本期损益的所得税费用；贷方反映期末转入"本年利润"账户的所得税费用，结转后本科目应无余额。

② "递延所得税资产"科目：本科目核算企业根据所得税准则确认的可抵扣暂时性差异产生的所得税资产和根据税法规定可用以后年度税前利润弥补的亏损产生的所得税资产，借方登记企业在确认相关资产、负债时，根据所得税准则应予确认的递延所得税资产和在资产负债表日，企业根据所得税准则应予确认的递延所得税资产大于本科目余额的。贷方登记在资产负债表日，预计未来期间很可能无法获得足够的应纳税所得额用以抵扣可抵扣暂时性差异。

本科目应当按照可抵扣暂时性差异等项目进行明细核算，期末借方余额，反映企业已确认的递延所得税资产的余额。

③ "递延所得税负债"科目：本科目核算企业确认的应纳税暂时性差异产生的所得税负债。贷方登记在资产负债表日，企业确认的递延所得税负债和资产负债表日递延所得税负债的应有余额大于其账面余额的差额。借方登记在资产负债表日递延所得税负债的应有余额小于其账面余额的差额。

本科目可按应纳税暂时性差异的项目进行明细核算，期末贷方余额，反映企业已确认的递延所得税负债。

(5) 所得税的核算

在计算出应交所得税后，如何确定所得税费用，关键是确定暂时性差异影响额。在资产负债表债务法下，对于可抵减暂时性差异的影响额应确认为递延所得税资产，对于应纳税暂时性差异的影响额应确认为递延所得税负债。

① 当期所得税的计量

当期所得税＝当期应交所得税＝应纳税所得额×所得税税率

应注意的是，当期所得税负债就是当期计算的应交所得税；当期应交所得税形成当期所得税，当期所得税是计入利润表的所得税费用的一个组成部分；另一部分是递延所得税，它是由暂时性差异的影响所形成的。

② 递延所得税资产的确认：企业对于可抵扣暂时性差异可能产生的未来经济利益，应以很可能取得用来抵扣可抵扣暂时性差异的应纳税所得额为限，确认相应的递延所得税资产，并减少所得税费用。在估计未来期间可能取得的应纳税所得额时，除正常生产经营所得外，还应考虑将于未来期间转回的应纳税暂时性差异导致的应税金额等因素。

【例 11】 甲公司 2012 年末存货账面余额 100 万元，已提存货跌价准备 10 万元。则存货账面价值为 90 万元，存货的计税基础为 100 万元，形成可抵扣暂时性差异为 10 万元。假设甲公司所得税税率为 25%，对于可抵扣暂时性差异可能产生的未来经济利益，应以很可能取得用来抵扣可抵扣暂时性差异的应纳税所得额为限，确认相应的递延所得税资产：

递延所得税资产＝可抵扣暂时性差异×所得税税率＝10×25%＝2.5(万元)

在不考虑期初递延所得税资产的情况下，甲公司的账务处理是：

借：递延所得税资产　　　　　　　　　　　　　　　　25 000

　　贷：所得税费用　　　　　　　　　　　　　　　　　　25 000

③ 递延所得税负债的确认：企业应该将当期和以前期间应交未交的所得税确认为负债。当企业资产或负债的账面价值大于其计税基础，从而产生应纳税暂时性差异时，企业应该将其确认为负债，作为递延所得税负债加以处理，并计入所得税费用。

【例12】 甲公司所得税税率为25%，2012年末长期股权投资账面余额为220万元，其中原始投资成本为200万元，按权益法确认投资收益20万元，没有计提减值准备。长期投资账面价值为220万元与其计税基础为200万元之间形成应纳税暂时性差异，通常情况下应确认为递延所得税负债：

递延所得税负债＝应纳税暂时性差异×所得税税率＝20×25%＝5(万元)

在不考虑期初递延所得税负债的情况下，甲公司的账务处理是：

借：所得税费用　　　　　　　　　　　　　　　　50 000

　　贷：递延所得税负债　　　　　　　　　　　　　　50 000

④ 所得税费用的计量：企业在利润表中确认的所得税费用或收益由当期所得税和递延所得税两个部分组成。但应注意：计入当期损益的所得税费用或收益不包括企业合并和直接在所有者权益中确认的交易或事项产生的所得税；与直接计入所有者权益的交易或者事项相关的当期所得税和递延所得税，应当计入所有者权益。

所得税费用＝当期所得税＋递延所得税

【例13】 A公司2012年度利润表中利润总额为3 000万元，该公司适用的所得税税率为25%。递延所得税资产及递延所得税负债不存在期初余额。与所得税核算有关的情况如下：

2012年发生的有关交易和事项中，会计处理与税收处理存在差别的有：

a. 2012年1月开始计提折旧的一项固定资产，成本为1 500万元，使用年限为10年，净残值为0，会计处理按双倍余额递减法计提折旧(折旧额为300万元)，税收处理按直线法计提折旧(折旧额为150万元)。假定税法规定的使用年限及净残值与会计规定相同。

b. 向关联企业捐赠现金500万元。假定按照税法规定，企业向关联方的捐赠不允许税前扣除。

c. 当年度发生研究开发支出916.67万元。税法规定企业发生的研究开发支出可按实际发生额的150%加计扣除。

d. 违反环保法规定应支付罚款250万元。

e. 期末对持有的存货计提了75万元的存货跌价准备。

f. 2007年计算的递延所得税资产为225万元，递延所得税负债为750万元。

2012年度当期应交所得税为：

应纳税所得额＝3 000＋300－150＋500－(916.67×150%)＋250＋75＝2 600(万元)

应交所得税＝2 600×25%＝650(万元)

2012年度递延所得税：

递延所得税资产＝225×25%＝56.25(万元)

递延所得税负债＝750×25%＝187.5(万元)

递延所得税＝187.5－56.25＝131.25(万元)

2012年度应确认的所得税费用：

所得税费用＝650＋131.25＝781.25(万元)，确认所得税费用的账务处理如下：

借：所得税费用　　7 812 500

　　递延所得税资产　　562 500

　　贷：应交税费——应交所得税　　6 500 000

　　　　递延所得税负债　　1 875 000

4）本年利润的结转

期末企业经过核对账目、财产清查和账项调整等一系列核算前的准备工作后，在试算平衡的基础上，将企业所有损益类账户的余额全部转入到“本年利润”账户。

企业应设置“本年利润”账户，用来核算企业本年度内实现的净利润或者亏损。该账户属于损益类账户，贷方登记会计期末各类收益账户结转的余额；借方登记会计期末各类成本、费用账户结转的余额。“本年利润”账户期末出现贷方余额，反应本会计期间有净利润；如果“本年利润”账户期末出现借方余额，反应本会计期间发生亏损。年度终了，应将“本年利润”账户的余额转入“利润分配”账户。

企业计算本月利润总额和本年累计利润，可以采用“账结法”，也可以采用“表结法”。我国一般采用“账结法”。

【例 14】 北京商厦在 2012 年度决算时，各损益账户 12 月 31 日余额如表 12.1 所示。

表 12.1　各损益账户本期发生额

2012 年 12 月 31 日

科目名称	结账前余额(万元)	科目名称	结账前余额(万元)
主营业务收入	90 000	其他业务收入	9 400
营业税金及附加	4 500	其他业务成本	7 400
主营业务成本	50 000	投资收益	1 500
销售费用	2 000	营业外收入	3 500
管理费用	8 500	营业外支出	1 800
财务费用	2 000	所得税费用	8 500

应作结转会计分录如下：

将损益类贷方余额账户转入“本年利润”账户：

借：主营业务收入　　90 000

　　其他业务收入　　9 400

　　投资收益　　1 500

　　营业外收入　　3 500

　　贷：本年利润　　104 400

将损益类借方余额账户转入“本年利润”账户：

借：本年利润　　76 200

　　贷：营业税金及附加　　4 500

　　　　主营业务成本　　50 000

　　　　销售费用　　2 000

　　　　管理费用　　8 500

财务费用　　　　　　　　　　　　　　　　　　2 000
其他业务支出　　　　　　　　　　　　　　　　7 400
营业外支出　　　　　　　　　　　　　　　　　1 800

将所得税借方余额账户转入“本年利润”账户：

借：本年利润　　　　　　　　　　　　　　8 500
　　贷：所得税费用　　　　　　　　　　　　　8 500

年终将“本年利润”账户结转到利润分配——未分配利润：

借：本年利润　　　　　　　　　　　　　19 700
　　贷：利润分配——未分配利润　　　　　　　19 700

12.3 利润分配核算

12.3.1 利润分配的顺序

利润分配是指商品流通企业按照国家规定的政策和企业的章程的规定，对已实现的净利润在企业和投资者之间进行分配。企业当期实现的净利润，加上年初未分配利润（或减去年初未弥补亏损）和其他转入后的余额，为可供分配的利润。可供分配的利润，按下列顺序分配：

1）提取法定盈余公积

法定盈余公积按照本年实现的净利润的一定比例提取。公司制企业根据有关法律规定按净利润的10%提取法定盈余公积。其他企业可以根据需要确定提取的比例，但至少应按10%提取。企业提取的法定盈余公积累计额达到注册资本的50%以上的可以不再提取。

2）分配给投资者的利润

可供分配的利润减去提取的法定盈余公积、法定公益金等后，为可供投资者分配的利润。可供投资者分配的利润，按下列顺序分配：

① 应付优先股股利：是指企业按照利润分配方案分配给优先股股东的现金股利。

② 提取任意盈余公积：是指企业按规定提取的任意盈余公积。

③ 应付普通股股利：是指企业按照利润分配方案分配给普通股股东的现金股利。企业分配给投资者的利润，也在本项目核算。

企业如果发生亏损，可用以后年度实现的利润弥补，也可用以前年度提取的盈余公积弥补。企业以前年度亏损未弥补完，不能提取法定盈余公积，在提取法定盈余公积前，不得向投资者分配利润。

12.3.2 利润分配的核算方法

企业需要设置“利润分配”科目，“利润分配”科目属于所有者权益类科目，其借方登记已分配的利润数额，贷方登记年末从“本年利润”科目转来的本年度实现的利润总额和弥补以前年度亏损额。年末余额在借方，表示企业当年亏损或超分配利润；年末余额在贷方，表示尚有未分配的利润。在“利润分配”科目下，可以设置以下二级明细科目进行有关明细核算：法定盈余公积、任意盈余公积、应付利润（股利）、未分配利润。

【例15】 南海公司2012年实现净利润5 000 000元，按规定提取10%的法定盈余公积、5%的法定公益金和8%的任意盈余公积金；向投资者分派红利200万元。

借：利润分配——提取法定盈余公积　　500 000

　　贷：盈余公积——提取法定盈余公积　　500 000

借：利润分配——应付股利　　2 000 000

　　贷：应付股利　　2 000 000

借：利润分配——提取任意盈余公积　　400 000

　　贷：盈余公积——提取任意盈余公积　　400 000

练习题

1. 某企业年终结账前有关损益类科目的年末余额如下表：

收入科目	期末余额	费用科目	期末余额
主营业务收入	800 000	主营业务成本	500 000
其他业务收入	160 000	其他业务成本	110 000
投资收益	15 000	营业税金及附加	36 000
营业外收入	60 000	销售费用	40 000
		管理费用	120 000
		财务费用	25 000
		营业外支出	90 000

12月31日又发生下列业务：

(1) A公司欠款2 000元无法收回，经批准作为坏账处理（采用直线转销法）。

(2) 经查企业营业外支出中有1 500元为税款滞纳金。

(3) 经查企业该年超过计税工资标准发放的工资数额为3 500元。

要求：(1) 根据上述业务编制有关会计分录。

(2) 计算企业当年应纳所得税并编制有关会计分录（所得税税率为25%，除上述已指出的外，无其他纳税调整因素）。

(3) 将损益类科目结转“本年利润”科目（该企业平时采用“账结法”计算利润）。

2. 某企业2012年12月份发生如下的经济业务：

(1) 销售甲产品100件，每件售价24 000元，增值税税率为17%，已收到货款。

(2) 销售乙产品50件，每件售价2 100元，增值税税率17%，已收到货款。

(3) 采用分期收款方式销售丙产品90件，每件售价3 000元，本月应付50%的货款，每件单位成本为2 100元。

(4) 以前销售的甲产品本月退回10件，货款已通过银行退回。

(5) 企业转让无形资产所有权一项，该项无形资产账面价值240 000元，转让收入300 000元，营业税率为5%。

(6) 结转本月销售产品的成本，甲、乙产品的单位成本分别为15 000元和1 200元。

(7) 有一项应付款无法支付，金额为60 000元。

(8) 本月固定资产盘亏54 000元。

(9) 本月发生管理费用18 000元，销售费用15 000元，财务费用60 000元，均用银行存款支付。

要求：(1) 计算主营业务利润、营业利润、利润总额、所得税、净利润等指标。

（2）按资产负债表债务法计算所得税和净利润。

（3）若1～11月份共实现利润6 000 000元，应交所得税1 980 000元，再根据上述资料的计算结果，进行全年利润的分配，提取法定盈余公积10%，法定公益金10%，分配现金股利60%。

（4）根据上述资料及计算结果编制会计分录。

3. 某企业于2012年10月1日向银行贷款160 000元，贷款期1年，年利率为6%。假定银行按季对外报送财务报表，则应在每季终了按利率计算并确认利息收入。

要求：作出相应的账务处理。

4. A公司2012年实现净利润400 000元，2011年12月31日的未分配利润为50 000元，2013年2月5日经董事会批准按以下分配方案分配：

（1）按净利润的10%提取法定盈余公积。

（2）按净利润的5%提取法定公益金。

（3）分配给普通股股东现金股利100 000元。

上述利润分配方案于2013年5月1日经股东大会批准实施。

要求：根据上述利润分配情况，编制相关利润分配的会计分录。

5. A公司在2012年实际发放工资360 000元，年底收到国库券利息收入8 000元；支付罚金4 000元；公司采用直线法计提折旧，年折旧额为45 000元，税法规定按年数总和法计提折旧，年折旧额为57 000元。A公司利润表上反映的税前会计利润为100 000元，所得税率是25%。假设该公司当年无其他纳税调整事项。

要求：按资产负债表债务法计算本年应缴所得税和本期所得税费用，并编制相应的会计分录。

13 财务会计报表

【本章学习目的】

(1) 掌握资产负债表的结构和编制。

(2) 掌握利润表的平衡关系和编制。

(3) 掌握现金流量表的编制。

【引导案例】

泰兰公司2012年度有关资料如下:

(1) 本期主营业务收入为1 250万元;应收账款的年初数为320万元,年末数为200万元;预收账款的年初数为100万元,年末数为150万元。

(2) 本期主营业务成本为700万元;应付账款的年初数为120万元,年末数为170万元;预付账款的年初数为50万元,年末数为160万元;存货的年初数为180万元,年末数为80万元。

(3) 本期发放的职工工资总额为100万元,其中生产经营及管理人员的工资70万元,奖金15万元;在建工程人员的工资12万元,奖金3万元。工资及奖金全部从银行提取现金发放。

(4) 公司的所得税费用按应付税款法处理,本期所得税费用为160万元;未交所得税的年初数为120万元,年末数为100万元。

(5) 为建造固定资产,本期以银行存款购入工程物资100万元,支付增值税17万元。

要求:根据上述资料,计算泰兰公司现金流量表中下列项目的金额:

(1) "销售商品、提供劳务收到的现金"项目。

(2) "购买商品、接受劳务支付的现金"项目。

(3) "支付给职工以及为职工支付的现金"项目。

(4) "支付的所得税款"项目。

(5) "购建固定资产、无形资产和其他长期资产所支付的现金"项目。

(6) "经营活动产生的现金流量净额"项目。

13.1 财务会计报告概述

13.1.1 财务会计报告的概念和目的

1) 财务会计报告的概念

财务会计报告是指企业对外提供的反映企业某一特定日期财务状况和某一特定期间经

营成果、现金流量的书面文件。财务会计报告包括财务会计报表(简称财务报表)、财务会计报表附注和财务情况说明书三个部分。财务会计报表主要包括资产负债表、利润表、现金流量表及相关附表。

2) 财务会计报告编制的目的

企业编制财务会计报告的主要目的,就是为财务会计报告使用者进行决策提供会计信息。财务会计报告使用者通常包括投资者、债权人、政府及相关机构、企业管理人员、职工和社会公众等,他们对财务会计报告所提供的要求各有侧重。

投资者最关注的是投资的内在风险和投资报酬;债权人最关注的是其所提供给企业的资金是否安全,自己的债权是否能够按期如数收回;政府及其相关机构最关注的是国家资源的分配和运用情况,需要了解与经济政策(如税收政策)的制定、国民收入的统计等有关方面的信息;企业管理人员最关注的是企业财务状况的好坏、经营业绩的大小以及现金的流动情况;企业职工最关注的是企业所提供的就业机会及其稳定性、劳动报酬高低和职工福利好坏等方面的资料,而上述情况又与企业的债务结构及其盈利能力密切相关;社会公众(包括企业潜在的投资者或债权人)将最关注企业——特别是股份有限公司的兴衰及其发展情况。

13.1.2 财务会计报告的一般要求

1) 真实可靠

企业编制财务会计报告,应根据真实的交易、事项以及登记完整、核对无误的会计账簿记录和其他有关资料,按照国家统一的会计制度规定的编制基础、编制依据、编制原则和方法,做到内容完整、数字真实、计算准确、编报及时。

2) 相关可比

会计报表之间、会计报表各项目之间,凡是有对应关系的数字,应当相互一致,会计报表中本期与上期的有关数字,应当相互衔接。

3) 全面完整

各种财务会计报告之间以及财务会计报告的各项指标之间,是相互联系、互为补充的,因此,必须按照企业会计制度规定的种类、格式和内容填报,不应漏编、漏报报表,也不应漏填报表项目。

4) 编报及时

财务会计报告必须根据有关规定的期限及时编制与报送,以便报告使用者及时了解和分析企业在报告期内的财务状况、经营成果和现金流量,并保证会计资料的及时逐级汇总。

会计报表附注和财务情况说明书应按照《企业财务会计报告条例》和国家统一的会计制度的规定,对会计报表中需要说明的事项作出真实、完整、清楚的说明。

对外提供的财务会计报告,应由单位负责人和主管会计的负责人、会计机构负责人(会计主管人员)签名并盖章;设置总会计师的企业,还应由总会计师签名并盖章,方可生效。

13.2 资产负债表

13.2.1 资产负债表的内容和格式

1) 资产负债表的含义

资产负债表,是总括反映企业在某一特定日期财务状况的静态会计报表。

通过“资产”可以了解企业拥有或控制的经济资源及其分布情况，是分析企业生产经营能力的重要资料；通过“负债”可以了解企业所负担的债务总额以及结构，分析企业的偿债能力；通过“所有者权益”可以了解投资者在企业资产中所占的份额，分析所有者权益的构成情况；通过前后期资产负债表的比较，可以了解企业资金结构的变化情况和未来财务状况的变动趋势。

2）资产负债表的内容

（1）资产

资产负债表中的资产反映企业在某一特定日期所拥有的经济资源总额，一般按照流动资产、非流动资产分类并进一步分项列示。

（2）负债

资产负债表中的负债反映企业在某一特定日期企业所承担的债务总额，一般分为流动负债和长期负债。

（3）所有者权益

资产负债表中的所有者权益反映企业在某一特定日期投资者拥有的净资产的总额，它一般按照实收资本、资本公积、盈余公积和未分配利润分项列示。

3）资产负债表的结构

国际上流行的资产负债表格式主要有账户式和报告式两种。按照我国《企业会计准则》的规定，企业的资产负债表一般采用账户式。账户式资产负债表分为左右两方，左方列示资产各项目，各项目按资产的流动性大小排列。右方列示负债和所有者权益，其中负债各项目按偿还期的长短顺序排列；而所有者权益各项目则按永久性程度排列。基本格式如表13.1所示。

表13.1 资产负债表

编制单位： 年 月 日 单位：元

资　产	行次	年初数	期末数	负债和所有者权益	行次	年初数	期末数
流动资产				流动负债			
长期投资				长期负债			
固定资产				递延所得税负债			
无形资产及其他资产				实收资本			
递延所得税资产				资本公积			
				盈余公积			
				未分配利润			

13.2.2 资产负债表的编制方法

1）资产负债表的资料来源

资产负债表的各项目均需填列“年初数”和“期末数”两栏。其中：“年初数”栏内各项数字，应根据上年末资产负债表的“期末数”栏内所列数字填列。如果本年度资产负债表规定资产负债表各项目的名称和内容与上年度不一致，则应对上年年末资产负债表各项目的名称和数字按照本年度的规定进行调整后填入本表“年初数”栏内。“期末数”则可分月末、季末或年末的数字，其资料来源有以下几个方面：

(1) 总账余额。

(2) 明细账余额。

(3) 资产负债表的许多项目，需要依据总账和明细账两者的余额计算填列，反映资产账户与有关备抵账户抵消过程，以反映其净额。

(4) 反映或有负债的情况和备查登记簿记录。

2) 资产负债表“期末数”各项目的内容和填列方法

(1) 资产项目

① “货币资金”应根据“库存现金”、“银行存款”、“其他货币资金”期末余额合计填列。

② “交易性金融资产”应根据“交易性金融资产”科目的期末余额填列。

③ “应收票据”应根据“应收票据”期末余额填列。

④ “应收股利”应根据“应收股利”期末余额填列。

⑤ “应收利息”应根据“应收利息”期末余额填列。

⑥ “应收账款”应根据“应收账款”所属各明细科目的期末借方余额合计，减去“坏账准备”中有关应收账款计提的坏账准备期末余额后的金额填列。如“应收账款”所属明细科目期末有贷方余额，应在本表“预收账款”内填列。

⑦ “其他应收款”应根据“其他应收款”期末余额，减去“坏账准备”有关其他应收款计提的坏账准备期末余额后的金额填列。

⑧ “预付账款”应根据“预付账款”所属各明细科目的期末借方余额合计填列。如“预付账款”所属有关明细科目期末有贷方余额的，应在本表“应付账款”内填列。如“应付账款”所属明细科目有借方余额的，也包括在本项目内。

⑨ “存货”应根据“材料采购”、“原材料”、“低值易耗品”、“自制半成品”、“库存商品”、“包装物”、“分期收款发出商品”、“委托加工物资”、“委托代销商品”、“受托代销商品”、“生产成本”等期末余额合计，减去“代销商品款”、“存货跌价准备”期末余额后的金额填列。材料采用计划成本核算以及库存商品采用计划成本或售价核算的企业，还应按加或减材料成本差异、商品进销差价后金额填列。

⑩ “其他流动资产”应根据有关科目的期末余额填列。如其他流动资产价值较大的，应在会计报表附注中披露其内容和金额。

⑪ “长期股权投资”应根据“长期股权投资”期末余额，减去“长期投资减值准备”有关股权投资减值准备期末余额后的金额填列。

⑫ “固定资产”应根据“固定资产”减去“累计折旧”和固定资产减值准备的余额填列。

⑬ “工程物资”应根据“工程物资”的期末余额填列。

⑭ “在建工程”应根据“在建工程”期末余额，减去“在建工程减值准备”期末余额后的金额填列。

⑮ “固定资产清理”应根据“固定资产清理”期末借方余额填列，如“固定资产清理”期末余额为贷方余额，以“－”号填列。

⑯ “无形资产”应根据“无形资产”期末余额，减去“累计摊销”和“无形资产减值准备”期末余额后的金额填列。

⑰ “长期待摊费用”应根据“长期待摊费用”期末余额减去一年内(含一年)摊销完毕的数额后的金额填列。

⑱“其他长期资产”项目,应根据有关科目的期末余额填列。如其他长期资产价值较大的,应在会计报表附注中披露其内容和金额。

⑲“递延所得税资产”应根据“递延所得税资产”期末借方余额填列。

(2)负债项目

①“短期借款”应根据“短期借款”期末余额填列。

②“应付票据”应根据“应付票据”期末余额填列。

③“应付账款”应根据“应付账款”所属各有关明细科目的期末贷方余额合计填列;如“应付账款”所属各明细科目期末余额有借方余额,应在本表“预付账款”项目内填列。

④“预收账款”应根据“预收账款”所属各有关明细的期末贷方余额合计填列。如“预收账款”所属各有关明细科目有借方余额的应在本表“应收账款”内填列;如“应收账款”科目所属各有关明细科目有贷方余额的,也应包括在本项目内。

⑤“应付职工薪酬”应根据“应付职工薪酬”期末贷方余额填列,如“应付职工薪酬”期末为借方余额,应以“－”号填列。

⑥“应付股利”应根据“应付股利”期末余额填列。

⑦“应交税费”应根据“应交税费”期末贷方余额填列;如“应交税费”期末余额为借方余额,以“－”号填列。

⑧“其他应付款”应根据“其他应付款”期末余额填列。

⑨“应付利息”应根据“应付利息”期末贷方余额填列。

⑩“预计负债”应根据“预计负债”期末余额填列。

⑪“一年内到期的非流动负债”项目。反映企业各种非流动负债在一年之内到期的金额,包括一年内到期的长期借款、长期应付款和应付债券。本项目应根据上述账户分析计算后填列。

⑫“其他流动负债”应根据有关期末余额填列。如“待转资产价值”期末余额可在本项目内反映。如其他流动负债价值较大的,应在会计报表附注中披露其内容及金额。

⑬“长期借款”项目。应根据“长期借款”账户的期末余额减去一年内到期部分的金额填列。

⑭“应付债券”应根据“应付债券”账户期末余额减去一年内到期部分的金额填列。

⑮“长期应付款”应根据“长期应付款”账户的期末余额,减去“未确认融资费用”账户期末余额和一年内到期部分的长期应付款后填列

⑯“其他长期负债”应根据有关账户的期末余额填列。

⑰“递延所得税负债”应根据“递延所得税负债”期末贷方余额填列。

(3)所有者权益项目

①“实收资本(或股本)”应根据“实收资本(或股本)”期末余额填列。

②“资本公积”应根据“资本公积”期末余额填列。

③“盈余公积”应根据“盈余公积”期末余额填列。其中法定公益金期末余额,应根据“盈余公积”所属的“法定公益金”明细科目的期末余额填列。

④“未分配利润”应根据“本年利润”和“利润分配”余额计算填列。未弥补的亏损,在本项目内以“－”号填列。

3)资产负债表编制举例

【例1】 北京商厦2012年12月1日各账户余额如表13.2所示。

表 13.2　总分类账户余额表

2012 年 12 月 1 日　　　　单位：元

科目名称	借方余额	科目名称	贷方余额
现　金	2 000	短期借款	300 000
银行存款	1 280 000	应付票据	200 000
其他货币资金	124 300	应付账款	953 800
交易性金融资产	15 000	其他应付款	50 000
应收票据	246 000	应付职工薪酬	73 050
应收账款	300 000	应交税费	30 000
坏账准备	−900	其他应交款	6 600
预付账款	200 000	应付利息	1 000
其他应收款	5 000	长期借款	1 600 000
材料采购	225 000	其中：一年内到期的长期负债	1 000 000
原材料	550 000	负债合计	3 214 450
包装物	38 050	股　本	5 000 000
低值易耗品	50 000	盈余公积	100 000
库存商品	1 680 000	利润分配(未分配利润)	50 000
待摊费用	100 000	所有者权益合计	5 150 000
长期股权投资	250 000		
固定资产	1 500 000		
累计折旧	−400 000		
在建工程	1 500 000		
无形资产	600 000		
长期待摊费用	200 000		
总　计	8 364 450	总　计	8 364 450

北京商厦 2012 年发生下述经济业务：

(1) 收到银行通知，用银行存款支付到期的商业承兑汇票 10 000 元。

借：应付票据　　　　10 000

　　贷：银行存款　　　　10 000

(2) 购入原材料一批，用银行存款支付货款 150 000 元以及增值税额 25 500 元，款已付，料未到。

借：材料采购——甲　　　　150 000

　　应交税费——应交增值税(进项税额)　　　　25 500

贷：银行存款　　175 500

(3) 收到原材料一批，实际成本 95 000 元，材料已验收入库，货款于上月支付。

借：原材料——甲　　950 000

贷：材料采购——甲　　950 000

(4) 用银行汇票支付采购材料价款，公司收到开户银行转来银行汇票多余收账通知，多余款 234 元，购入材料及运费 99 800 元，支付增值税额 16 966 元，原材料已验收入库，计划价格 100 000 元。

借：材料采购　　99 800

银行存款　　234

应交税费——应交增值税(进项税额)　　25 500

贷:其他货币资金　　117 000

(5) 销售产品一批，销售价款 300 000 元(不含增值税)，该批产品实际成本 180 000 元，产品已发出，款未收到。

借：应收账款　　351 000

贷：主营业务收入　　300 000

应交税费——应交增值税(销项税额)　　51 000

(6) 商厦将交易性金融资产(全部为股票)15 000 元兑现，收到本金 15 000 元，投资收益 1 500 元，均存入银行。

借：银行存款　　16 500

贷：交易性金融资产　　15 000

投资收益　　1 500

(7) 购入不需要安装的设备一台，价款 85 470 元，增值税额 14 530 元，支付包装费、运费 1 000 元。均以银行存款支付，设备已交付使用。

借：固定资产　　101 000

贷：银行存款　　101 000

(8) 购入工程物资一批，价款 150 000 元(含增值税)，已用银行存款支付。

借：工程物资　　150 000

贷：银行存款　　150 000

(9) 工程应付工资 200 000 元，应付职工福利费 28 000 元，领用工程物资 100 000 元。

借：在建工程　　328 000

贷：应付职工薪酬——应付工资　　200 000

——应付福利费　　28 000

工程物资　　100 000

(10) 工程完工，计算应负担长期借款利息 150 000 元，该项借款本息未付。

借：在建工程　　150 000

贷：长期借款——应付利息　　150 000

(11) 一项工程完工交付使用，已办竣工手续，固定资产价值 1 400 000 元。

借：固定资产　　1 400 000

贷：在建工程　　1 400 000

(12) 商厦一座仓库报废，原价 200 000 元，已提折旧 180 000 元，清理费用 500 元，残值收入 800 元,均以银行存款收支。该项固定资产已清理完毕。

借: 固定资产清理　　20 000
　　累计折旧　　180 000
　　贷: 固定资产　　200 000
借: 固定资产清理　　500
　　贷: 银行存款　　500
借:银行存款　　800
　　贷:固定资产清理　　800
借: 营业外支出　　19 700
　　贷: 固定资产清理　　19 700

(13) 从银行借入 3 年期借款 400 000 元用于购建固定资产,款存银行。

借: 银行存款　　400 000
　　贷: 长期借款　　400 000

(14) 销售产品一批,价款 700 000 元,增值税额 119 000 元,其实际成本 420 000 元,款存银行。

借: 银行存款　　819 000
　　贷: 主营业务收入　　700 000
　　　　应交税费——应交增值税(销项税额)　　119 000

(15) 商厦将要到期的一张面值为 200 000 元的无息银行承兑汇票(不含增值税),连同解讫通知和进账单交银行办理转账。收到银行盖章退回的进账单第一联。款项银行已收妥。

借: 银行存款　　200 000
　　贷: 应收票据　　200 000

(16) 收到现金股利 30 000 元(该项投资采用成本法核算),已存入银行。

借: 银行存款　　30 000
　　贷: 投资收益　　30 000

(17) 商厦出售一台不需用设备,收到价款 300 000 元,该设备原价 400 000 元,已提折旧 150 000 元。该项设备已由购入单位运走。

借: 固定资产清理　　250 000
　　累计折旧　　150 000
　　贷: 固定资产　　400 000
借: 银行存款　　300 000
　　贷: 固定资产清理　　300 000
借: 固定资产清理　　50 000
　　贷: 营业外收入　　50 000

(18) 归还借款本金 250 000 元,利息 12 500 元,已预提。

借: 短期借款　　250 000
　　应付利息　　12 500
　　贷:银行存款　　262 500

(19) 提取现金 500 000 元,准备发放工资。

借：库存现金　　　　500 000

　　贷：银行存款　　　　500 000

(20) 支付工资 500 000 元，其中在建工程人员工资 200 000 元。

借：应付职工薪酬——应付工资　　　　500 000

　　贷：库存现金　　　　500 000

(21) 分配应支付的职工工资 300 000 元(不包括在建工程人员)，其中商厦食品生产车间生产人员工资 275 000 元，车间管理人员工资 10 000，行政管理部门人员工资 15 000 元。

借：生产成本　　　　275 000

　　制造费用　　　　10 000

　　管理费用　　　　15 000

　　贷：应付职工薪酬——应付工资　　　　300 000

(22) 提取职工福利费 42 000 元。

借：生产成本　　　　38 500

　　制造费用　　　　1 400

　　管理费用　　　　2 100

　　贷：应付职工薪酬——应付福利费　　　　42 000

(23) 提取应计入本期损益的借款利息共 21 500 元，其中短期借款利息 11 500 元，长期借款利息 10 000 元。

借：财务费用　　　　21 500

　　贷：应付利息　　　　11 500

　　　　长期借款——应计利息　　　　10 000

(24) 本商厦食品生产车间生产食品领用原材料，实际成本 700 000 元；领用低值易耗品，实际成本 50 000 元，采用一次摊销法。

借：生产成本　　　　700 000

　　贷：原材料　　　　700 000

借：制造费用　　　　50 000

　　贷：低值易耗品　　　　50 000

(25) 摊销无形资产 60 000 元，印花税 10 000 元，车间固定资产修理费 90 000 元。

借：管理费用——无形资产摊销　　　　60 000

　　贷：累计摊销　　　　60 000

借：管理费用——印花税　　　　10 000

　　制造费用——固定资产修理费　　　　90 000

　　贷：待摊费用　　　　100 000

(26) 提固定资产折旧 100 000 元，其中计入食品生产车间制造费用 80 000 元，管理费用 20 000 元。

借：制造费用　　　　80 000

　　管理费用　　　　20 000

　　贷：累计折旧　　　　100 000

(27) 收到应收账款 51 000 元(不含增值税)，存入银行，按应收账款余额的 3%计提坏账准备。

借：银行存款　　51 000

　　贷：应收账款　　51 000

借：资产减值损失——坏账损失　　900

　　贷：坏账准备　　900

(28) 用银行存款支付产品展览费 10 000 元。

借：销售费用　　10 000

　　贷：银行存款　　10 000

(29) 计算并结转本期完工食品成本 1 282 400 元。没有期初在产品，本期生产的产品全部完工入库。

借：生产成本　　233 900

　　贷：制造费用　　233 900

借：库存商品　　1 282 400

　　贷：生产成本　　1 282 400

(30) 广告费 10 000 元，已用银行存款支付。

借：销售费用　　10 000

　　贷：银行存款　　10 000

(31) 商厦采用商业承兑汇票结算方式销售产品一批，价款 250 000 元，增值税额 42 500 元，收到 292 500 元的商业承兑汇票一张，产品实际成本 150 000 元。

借：应收票据　　292 500

　　贷：主营业务收入　　250 000

　　　　应交税费——应交增值税(销项税额)　　42 500

(32) 商厦将上述承兑汇票到银行办理贴现，贴现息为 20 000 元。

借：财务费用　　20 000

　　银行存款　　272 500

　　贷：应收票据　　292 500

(33) 提取现金 50 000 元，准备支付退休费。

借：库存现金　　50 000

　　贷：银行存款　　50 000

(34) 支付退休金 50 000 元，未统筹。

借：管理费用　　50 000

　　贷：库存现金　　50 000

(35) 商厦本期产品销售应缴纳教育费附加 2 000 元。

借：营业税金及附加　　2 000

　　贷：应交税费——应交教育费附加　　2 000

(36) 用银行存款交纳增值税 100 000 元，教育费附加 2 000 元。

借：应交税费——应交增值税(已)　　100 000

　　　　　　——应交教育费附加　　2 000

　　贷：银行存款　　102 000

(37) 结转本期产品销售成本 750 000 元。

借：主营业务成本　　750 000
　　贷：库存商品　　750 000

(38) 将各收支科目结转"年利润"，年净利润 237 901 元。

借：主营业务收入　　1 250 000
　　营业外收入　　50 000
　　投资收益　　31 500
　　贷：本年利润　　1 331 500

借：本年利润　　991 200
　　贷：主营业务成本　　750 000
　　　　主营业务税金及附加　　2 000
　　　　销售费用　　20 000
　　　　管理费用　　157 100
　　　　财务费用　　41 500
　　　　营业外支出　　19 700
　　　　资产减值损失　　900

(39) 计算并结转应交所得税 102 399 元

借：所得税费用　　102 399
　　贷：应交税费——应交所得税　　102 399

借：本年利润　　102 399
　　贷：所得税费用　　102 399

(40) 提取法定盈余公积金 23 790.10 元，法定公益金 11 895.05 元，分配普通股现金股利 32 215.85 元。

借：利润分配——提取法定盈余公积　　23 790.10
　　贷：盈余公积——法定盈余公积　　23 790.10

借：利润分配——提取任意公益金　　11 895.05
　　贷：盈余公积——任意公益金　　11 895.05

借：利润分配——应付普通股股利　　32 215.85
　　贷：应付股利　　32 215.85

(41) 将利润分配各明细科目的余额转入"未分配利润"明细科目，结转本年利润。

借：利润分配——未分配利润　　67 901
　　贷：利润分配——提取法定盈余公积　　23 790.10
　　　　　　　　——提取任意公益金　　11 895.05
　　　　　　　　——应付普通股股利　　32 215.85

(42) 偿还长期借款 1 000 000 元。

借：长期借款　　1 000 000
　　贷：银行存款　　1 000 000

(43) 用银行存款交纳所得税 97 089 元。

借：应交税费——应交所得税　　97 089
　　贷：银行存款　　97 089

北京商厦 2012 年 12 月 31 日各账户余额如表 13.3 所示。

表 13.3　总分类账户余额表

2012 年 12 月 31 日　　　　　　　　　　单位:元

科目名称	借方余额	科目名称	贷方余额
现金	2 000	短期借款	50 000
银行存款	811 445	应付票据	100 000
其他货币资金	7 300	应付账款	953 800
交易性金融资产	0	其他应付款	50 000
应收票据	46 000	应付职工薪酬	143 050
应收账款	600 000	应交税费	205 344
坏账准备	−1 800	其他应交款	6 600
预付账款	100 000	预提费用	0
其他应收款	5 000	应付股利	32 215.85
材料采购	270 000	长期借款	1 160 000
原材料	45 000	其中：一年内到期的长期负债	
包装物	38 050	负债合计	2 701 009.85
低值易耗品	0	股本	5 000 000
库存商品	2 184 700	盈余公积	135 685.15
待摊费用	0	利润分配(未分配利润)	220 000
长期股权投资	250 000	所有者权益合计	5 355 685.15
固定资产	2 401 000		
累计折旧	−170 000		
在建工程	578 000		
工程物资	150 000		
无形资产	540 000		
长期待摊费用	200 000		
总　计	8 056 695	总　计	8 056 695

根据北京商厦各账户余额表编制 2012 年 12 月 31 日的资产负债表如表 13.4 所示。

表 13.4　资产负债表

编制单位：北京商厦　　　　　　2012 年 12 月 31 日　　　　　　单位：元

资　产	行次	年初数	期末数	负债及所有者权益	行次	年初数	期末数
流动资产：		（略）		流动负债：		（略）	
货币资金			820 745	短期借款			50 000
交易性金融资产			0	应付票据			100 000
应收票据			46 000	应付账款			953 800
应收股利			0	预收账款			0
应收利息			0	代销商品款			0
应收账款			598 200	应付职工薪酬			180 000
预付账款			100 000	应付股利			32 215.85
其他应收款			5 000	应交税费			111 944
存货			2 547 700	其他应付款			50 000
待处理流动资产净损失			0	一年内到期的长期负债			
一年内到期长期债权投资			0	其他流动负债			0
其他流动资产			0	流动负债合计			1 577 959.85
流动资产合计			4 144 645	所有者权益			
可供出售金融资产			0	股本			5 000 000
长期股权投资			250 000	资本公积			0
持有至到期投资			0	盈余公积			135 685.15
固定资产			2 231 000	其中：公益金			11 895.05
工程物资			50 000	利润分配（未分配利润）			220 000
在建工程			578 000				
固定资产清理				所有者权益合计			5 355 685.15
待处理固定资产净损失							
固定资产合计			2 959 000				
无形资产及其他资产：							
无形资产			540 000				

(续 表)

资　产	行次	年初数	期末数	负债及所有者权益	行次	年初数	期末数
长期待摊费用			200 000				
其他长期资产			0				
无形资产及其他资产合计			740 000				
递延所得税资产:			0	递延所得税负债			0
资产总计			8 093 645	权益总计			8 093 645

13.3　利润表及利润分配表

利润表又称损益表或收益表,是反映企业在一定期间的经营成果的会计报表。利润表反映的经营成果是企业一定期间的收入与费用相配比而形成的净收益。

编制利润表的目的,在于向与企业经济活动有关的报表使用者提供反映企业经营成果和获利能力的信息,以便报表的使用者作出正确的决策。

13.3.1　利润表的格式和内容

1）利润表的格式

利润表的格式主要有多步式利润表和单步式利润表两种。我国企业的利润表一般采用多步式。具体格式如表13.5所示。

2）利润表的编制步骤和内容

(1) 以营业收入为基础,减去营业成本、营业税金及附加、销售费用、管理费用、财务费用、资产减值损失,加上公允价值变动收益(减去公允价值变动损失)和投资收益(减去投资损失)计算出营业利润。

(2) 以营业利润为基础,加上营业外收入,减去营业外支出,计算出利润总额。

(3) 以利润总额为基础,减去所得税费用,计算出净利润(或亏损)。

13.3.2　利润表的编制方法

1）利润表各项目的填列方法

(1)“营业收入”项目,应根据“主营业务收入”和“其他业务收入”科目的发生额填列。

(2)“营业成本”项目,应根据“主营业务成本”和“其他业务成本”发生额分析填列。

(3)“营业税金及附加”项目,应根据“营业税金及附加”发生额分析填列。

(4)“其他业务利润”项目,应根据“其他业务收入”和“其他业务成本”发生额分析计算填列。

(5)“销售费用”项目,应根据“销售费用”发生额分析填列。

(6)“管理费用”、“财务费用”项目应分别根据“管理费用”、“财务费用”发生额分析填列。

(7)“投资收益”项目,反映企业以各种方式对外投资所取得的扣除投资损失后的净损益，其中包括分得的投资利润、债券投资的利息收入以及认购股票取得的股利和收回投资时发生的收益等。

(8)“资产减值损失”项目应根据“资产减值损失”科目发生额分析填列。

(9)“公允价值变动收益”项目，应根据“公允价值变动收益”科目发生额分析填列，如为净损失，本项目用“—”填列。

(10)“营业利润”项目，反映企业实现的营业利润。如为亏损，以“—”号填列。

(11)“营业外收入”和“营业外支出”，分别根据“营业外收入”和“营业外支出”发生额分析填列。

(12)“利润总额”反映企业实现的利润。如为亏损，以“—”号填列。

(13)“所得税费用”应根据“所得税费用”余额分析填列。

(14)“净利润”反映企业交纳所得税后的利润。如为亏损，以“—”号填列。

2) 月份报表“本年累计数”栏各项目填列方法

根据上月利润表的“本年累计数”栏的数字，加上本月利润表的“本月数”栏的数字，可以得出各项目的本月的“本年累计数”，然后填入相应的项目内。

3) 年度利润表有关栏目的填列方法

编制年度利润表时应将“本月数”栏改为“上年数”栏，填列上年累计实际发生数，与“本年累计数”栏各项目进行比较。如果上年度利润表与本年度利润表的项目名称和内容不相一致，应对上年度报表项目的名称和数字按本年度的规定进行调整后填入“上年数”栏内。

12月份利润表的“本年累计数”，就是本年度利润表的“本年累计数”，可以直接转抄。由于年终结账时，全年的收入和支出已全部转入“本年利润”，并且通过收支对比结出本年净利润的数额。因此，应将年报中“净利润”数字，与“本年利润”结转到“利润分配——未分配利润”的数字相核对，检查报表编制和账簿记录的正确性。

4) 利润表的编制实例

【例2】 根据例1资料：北京商厦2012年度利润表本年累计发生额资料见表13.5。

表13.5 利润表

编制单位：北京商厦　　　　2012年12月　　　　单位：元

项　　目	行　　次	本 月 数	本年累计数
一、营业收入			1 250 000
减：营业成本			750 000
营业税金及附加			2 000
销售费用			20 000
管理费用			157 100
财务费用			41 500
资产减值损失			900
加：公允价值变动收益			0
投资收益			31 500

（续 表）

项　　目	行　　次	本 月 数	本年累计数
二、营业利润			310 000
加:营业外收入			50 000
减:营业外支出			19 700
四、利润总额			340 300
减:所得税费用			102 399
五、净利润			237 901

13.3.3　所有者权益变动表

所有者权益变动表，是反映企业在某一特定日期所有者权益增减变动情况的报表，还包括所有者权益增减变动的重要结构性信息，特别是要反映直接计入所有者权益的利得和损失。所有者权益增减变动表包括在年度会计报表中，是资产负债表的附表。

1）所有者权益变动表至少应当单独列示反映的项目

（1）净利润。

（2）直接计入所有者权益的利得和损失项目及其总额。

（3）会计政策变更和差错更正的累积影响金额。

（4）所有者投入资本和向所有者分配利润等。

（5）按照规定提取的盈余公积。

（6）实收资本（或股本）、资本公积、盈余公积、未分配利润的期初和期末余额及其调节情况。

2）所有者权益变动表的编制方法

本表各项目应当根据当期净利润、直接计入所有者权益的利得和损失项目、所有者投入资本和向所有者权分配利润、提取盈余公积等情况分析填列。

在本表中，直接计入当期损益的利得和损失应包含在净利润中；直接计入所有者权益的利得和损失主要包括：可供出售金融资产公允价值变动净额、现金流量套期工具公允价值变动净额等，单列项目反映。

（1）“净利润项目”反映企业当年实现的净利润（或净亏损），并对应列在“未分配利润”栏。

（2）“直接计入所有者权益的利得和损失”项目，反映企业当年直接计入所有者权益的利得和损失的金额。

①“可供出售金融资产公允价值变动净额”项目，反映企业持有的可供出售金融资产公允价值变动净额，并对应列在“资本公积”栏。

②“权益法下被投资单位其他所有者权益变动的影响”项目，反映企业对按照权益法核算的长期股权投资，在被投资单位除当年实现的净损益以外其他所有者权益当年变动中应享有的份额，并对应列在“资本公积”栏。

③“与计入所有者权益项目有关的所得税影响”项目，反映企业根据《企业会计准则第

18号——所得税》规定应计入所有者权益项目上当年所得税影响金额，并对应列在“资本公积”栏。

④“所有者投入资本”项目，反映企业接受投资者投入形成的实收资本（或股本）和资本溢价或股本溢价，并对应列在“实收资本”和“资本公积”栏。

⑤“股份支付计入所有者权益的金额”项目，反映企业处于等待期中的权益结算的股份支付当年计入资本公积的金额，并对应列在“资本公积”栏。

⑥“利润分配”下各项目，反映当年对所有者（或股东）分配的利润金额和按规定提取的盈余公积金额，并对应列在“未分配利润”和“盈余公积”栏。

⑦“提取盈余公积”项目，分别反映企业提取的盈余公积。

⑧“对所有者（或股东）的分配”项目，反映对所有者（或股东）分配的利润。

⑨“对所有者权益内部结转”项目，反映企业不影响当年所有者权益总额的所有者权益各组成部分之间当年的增减变动，包括资本公积转增资本（或股本）、盈余公积转增资本（或股本）、盈余公积弥补亏损等项金额。

13.4 现金流量表

13.4.1 概述

1）现金流量表的含义

现金流量表是以现金为基础编制的反映企业财务状况变动的报表，它反映公司或企业一定会计期间内有关现金和现金等价物的流入和流出的信息，表明企业获得现金和现金等价物（除特别说明外，以后所称的现金均包括现金等价物）的能力。

2）编制现金流量表目的

编制现金流量表目的是为会计报表使用者提供企业一定会计期间内现金和现金等价物流入和流出的信息，以便于报表使用者了解和评价企业获取现金和现金等价物的能力，并据以预测企业未来现金流量。

3）现金流量表的作用

(1) 现金流量表可以提供企业的现金流量信息，从而对企业整体财务状况作出客观评价。

(2) 现金流量表是在以营运资金为基础编制的财务状况变动表基础上发展起来的，它提供了新的信息。

(3) 通过现金流量，不但可以了解企业当前的财务状况，还可以预测企业未来的发展情况。

4）现金流量表的编制基础

现金流量表是以现金为基础编制的，这里的现金是指企业库存现金、可以随时用于支付的存款以及现金等价物。具体包括：

(1) 库存现金。

(2) 银行存款。

(3) 其他货币资金，指企业存在金融企业有特定用途的资金。

(4) 现金等价物，指企业持有的期限短、流动性高、易于转换为已知金额的现金、价值变动风险很小的短期投资。现金等价物通常指购买在3个月或更短时间内即到期或即可转换为现金的投资。

13.4.2　现金流量的含义和分类

1）现金流量的含义

现金流量是某一段时期内企业现金流入和流出的数量。如企业销售商品、提供劳务、出售固定资产、向银行借款等取得现金，形成企业的现金流入；购买原材料、接受劳务、购建固定资产、对外投资、偿还债务等而支付现金等，形成企业的现金流出。现金流量信息能够表明企业经营状况是否良好，资金是否紧缺，企业偿付能力大小，从而为投资者、债权人、企业管理者提供非常有用的信息。

应该注意的是，企业现金形式的转换不会产生现金的流入和流出，如企业从银行提取现金，是企业现金存放形式的转换，并未流出企业，不构成现金流量；同样，现金与现金等价物之间的转换也不构成现金流量，比如，企业用现金购买将于3个月内到期的国库券。

2）现金流量的分类

按照企业经营业务发生的性质对现金流量进行划分，可分为以下3种：

(1) 经营活动产生的现金流量

经营活动是指企业投资活动和筹资活动以外的所有交易和事项，包括销售商品或提供劳务、购买商品或接受劳务、收到返还的税费、经营性租赁、支付工资、支付广告费用、交纳各项税款等。通过经营活动产生的现金流量，可以说明企业的经营活动对现金流入和流出的影响程度，判断企业在不动用对外筹得资金的情况下，是否足以维持生产经营、偿还债务、支付股利和对外投资等。

(2) 投资活动产生的现金流量

投资活动是指企业长期资产的购建和不包括在现金等价物范围内的投资及其处置活动。现金流量表中的“投资”既包括对外投资，又包括长期资产的购建与处理。投资活动包括取得和收回投资、购建和处置固定资产、购买和处置无形资产等。通过投资活动产生的现金流量，可以判断投资活动对企业现金流量净额的影响程度。

(3) 筹资活动产生的现金流量

筹资活动是指导致企业资本即债务规模和构成发生变化的活动。筹资活动包括发行股票或接受投入资本、分派现金股利、取得和偿还银行借款、发行和偿还公司债券等。通过筹资活动产生的现金流量，可以分析企业通过筹资活动获取现金的能力，判断筹资活动对企业现金流量净额的影响程度。

13.4.3　现金流量表的内容和结构

1）现金流量正表

现金流量正表是现金流量表的主体，企业一定会计期间现金流量的信息主要由正表提供。正表采用报告式的结构，按照现金流量的性质，依次分类反映经营活动产生的现金流量、投资活动产生的现金流量和筹资活动产生的现金流量，最后汇总反映企业现金及现金等价物净增加额。在有外币现金流量及境外子公司的现金流量折算为人民币的企业，正表中还应单设“汇率变动对现金的影响”项目，以反映企业外币现金流量及境外子公司的现金流量折算为人民币时，所采用的现金流量发生日的汇率或平均汇率折算的人民币金额与“现金及现金等价物增加额”中外币现金净增加额按期末汇率折算的人民币金额之间的差额。

2）现金流量表补充资料

补充资料包括三部分：①将净利润调节为经营活动的现金流量（即按间接法编制的经营活动现金流量）；②不涉及现金收支的投资和筹资活动；③现金及现金等价物净增加额。

13.4.4 现金流量表的填列方法

1）"经营活动产生的现金流量"各项目的内容和填列方法

列报方法有两种，一是直接法，二是间接法。

直接法是指通过现金收入和现金支出的主要类别直接反映来自企业经营活动的现金流量的一种列报方法。现金流量一般应按现金流入和现金流出总额反映，但代客户收取或支付的现金以及周转快、金额大、期限短的项目的现金收入和支出，应以净额反映。采用这种方法列报经营活动的现金流量时，一般以利润表中的本期营业收入为起点，调整与经营活动有关项目的增减变动，然后计算出经营活动现金流量。

间接法是指以本期净利润为起点，通过调整不涉及现金的收入、费用、营业外收支以及经营性应收应付等项目的增减变动，调整不属于经营活动的现金收支项目，据此计算并列示经营活动的现金流量的一种方法。

下面分别说明现金流量表正表中"经营活动产生的现金流量"各项目的内容及填列方法：

（1）"销售商品、提供劳务收到的现金"项目

该项目反映企业销售商品、提供劳务实际收到的现金（含销售收入和应向购买者收取的增值税额），包括本期销售商品、提供劳务收到的现金，以及前期销售商品、提供劳务本期收到的现金和本期预收的账款，减去本期退回本期销售的商品和前期销售本期退回的商品而支付的现金。企业销售材料和代购代销业务收到的现金，也在本项目反映。本项目根据"现金"、"银行存款"、"应收账款"、"应收票据"、"预收账款"、"主营业务收入"、"其他业务收入"等科目的记录分析填列。

根据账户记录分析计算该项目的金额，通常可以采用以下公式：

销售商品、提供劳务收到的现金＝当期销售商品、提供劳务收到的现金
＋当期收到前期的应收账款和应收票据＋当期预收账款
－当期销售退回而支付的现金＋当期收回前期核销的坏账损失

（2）"收到的税费返还"项目

该项目反映企业收到返还的各种税费，包括收到返还的增值税、消费税、营业税、关税、所得税、教育费附加等。本项目可根据"现金"、"银行存款"、"主营业务税金及附加"、"补贴收入"、"应收补贴款"等科目的记录分析填列。

（3）"收到的其他与经营活动有关的现金"项目

该项目反映企业除了上述各项目以外所收到的其他与经营活动有关的现金流入，如罚没收入、流动资产损失中由个人赔偿的现金收入等。若某项其他与经营活动有关的现金流入金额较大，应单列项目反映。本项目可以根据"现金"、"银行存款"、"营业外收入"等科目的记录分析填列。

（4）"购买商品、接受劳务支付的现金"项目

该项目反映企业购买商品、接受劳务实际支付的现金，包括本期购买材料、商品、接受劳

务支付的现金(包括增值税进项税额)，本期支付前期购入商品、接受劳务的未付款以及本期预付账款，扣除本期发生的购货退回而收到的现金。本项目可根据“现金”、“银行存款”、“应付账款”、“应付票据”、“预付账款”、“主营业务成本”等科目的记录分析填列。

根据账户记录分析计算该项目的金额，通常可以采用以下公式：

购买商品、接受劳务支付的现金＝当期购买商品、接受劳务支付的现金＋当期支付前期的应付账款和应付票据＋当期预付的账款－当期因购货退回收到的现金

(5)“支付给职工以及为职工支付的现金”项目

该项目反映企业实际支付给职工以及为职工支付的现金，包括本期实际支付给职工的工资、奖金、各种津贴和补贴等以及为职工支付的其他费用。本项目不包括支付给离退休人员的各项费用及支付给在建工程人员的工资及其他费用。企业支付给离退休人员的各项费用(包括支付的统筹退休金以及未参加统筹的退休人员的费用)，在“支付的其他与经营活动有关的现金”项目中反映；支付给在建工程人员的工资及其他费用，在“购建固定资产、无形资产和其他长期资产所支付的现金”项目反映。本项目可以根据“应付工资”、“现金”、“银行存款”等记录分析填列。

(6)“支付的各项税费”项目

该项目反映企业按规定支付的各种税费，包括企业本期发生并支付的税费以及本期支付以前各期发生的税费和本期预交的税金。如预交的营业税、土地增值税、房产税、车船使用税、印花税、教育费附加、矿产资源补偿费等，但不包括计入固定资产价值的、实际支付的耕地占用税，也不包括本期退回的增值税、所得税。本期退回的增值税、所得税在“收到的税费返还”项目反映。本项目可以根据“应交税费”、“现金”、“银行存款”等记录分析填列。

(7)“支付的其他与经营活动有关的现金”项目

该项目反映企业除上述各项目外所支付的其他与经营活动有关的现金流出，如罚款支出、支付的差旅费、业务招待费现金支出、支付的保险费等。若其他与经营活动有关的现金流出金额较大，应单列项目反映。本项目可以根据有关科目的记录分析填列。

2)“投资活动产生的现金流量”各项目的内容和填列方法

(1)“收回投资所收到的现金”项目

该项目反映企业出售、转让或到期收回除现金等价物以外的短期投资、长期股权投资而收到的现金以及收回长期债权投资本金而收到的现金。不包括收回的长期债权投资的利息，以及收回的非现金资产。本项目可根据“短期投资”、“长期股权投资”、“长期债权投资”、“现金”、“银行存款”等记录分析填列。

(2)“取得投资收益所收到的现金”项目

该项目反映企业因股权性投资和债权性投资而取得的现金股利、利息以及从子公司、联营企业和合营企业分回利润而收到的现金。不包括股票股利。本项目可以根据“现金”、“银行存款”、“投资收益”等科目的记录分析填列。

(3)“处置固定资产、无形资产和其他长期资产而收到的现金净额”项目

该项目反映企业处置固定资产、无形资产和其他长期资产所收到的现金，减去为处置这些资产而支付的有关费用后的净额，包括因自然灾害所造成的固定资产等长期资产损失而收到的保险赔款收入。如所收回的现金净额为负数，则应在“支付的其他与投资活动有关的

现金”项目反映。本项目可以根据“固定资产清理”、“现金”、“银行存款”等科目的记录分析填列。

(4)“收到的其他与投资活动有关的现金”项目

该项目反映企业除了上述各项目以外,所收到的其他与投资活动有关的现金流入。比如,企业收到购买股票和债券时支付的已宣告但尚未领取的现金股利或已到付息期但尚未领取的债券利息。本项目可根据有关记录分析填列。

(5)“购建固定资产、无形资产和其他长期资产所支付的现金”项目

该项目反映企业本期购买、建造固定资产,取得无形资产和其他长期资产所实际支付的现金。不包括为购建固定资产而发生的借款利息资本化的部分以及融资租入固定资产支付的租赁费。企业支付的借款利息和融资租入固定资产支付的租赁费,在筹资活动产生的现金流量中反映。本项目可以根据“固定资产”、“在建工程”、“无形资产”、“现金”、“银行存款”等科目的记录分析填列。

(6)“投资所支付的现金”项目

该项目反映企业进行权益性投资和债权性投资支付的现金,包括企业取得的除现金等价物以外的短期股票投资、短期债券投资、长期股权投资、长期债权投资支付的现金,以及支付的佣金、手续费等附加费用。本项目可以根据“长期股权投资”、“长期债权投资”、“短期投资”、“现金”、“银行存款”等记录分析填列。

(7)处置子公司及其他营业单位收到的现金净额

本项目反映企业处置子公司及其他营业单位收到的现金减去子公司及其他营业单位持有的现金和现金等价物以及相关处置费用后的净额。本项目可以根据有关科目的记录分析填列。处置子公司及其他营业单位收到的现金净额如为负数,则将该金额填列至“支付其他与投资活动有关的现金”项目中。

(8)“支付的其他与投资活动有关的现金”项目

该项目反映除上述各项目外所支付的其他与投资活动有关的现金流出,如企业购买股票时实际支付的价款中包含的已宣告而尚未领取的现金股利,购买债券时支付的价款中包含的已到期尚未领取的债券利息等。如某项其他与投资活动有关的现金流出金额较大,应单列项目反映。本项目可以根据有关科目的记录分析填列。

3)“筹资活动产生的现金流量”各项目的内容和填列方法

(1)“吸收投资所收到的现金”项目

该项目反映企业收到的投资者投入的现金,包括以发行股票、债券等方式筹集资金实际收到的款项净额(发行收入减去支付的佣金等发行费用后的净额)。企业以发行股票、债券等方式筹集资金而由企业直接支付的审计、咨询等费用,不从本项目内扣除,而在“支付的其他与筹资活动有关的现金”项目反映。本项目可以根据“实收资本(或股本)”、“现金”、“银行存款”等科目的记录分析填列。

(2)“借款所收到的现金”项目

该项目反映企业举借各种短期、长期借款所收到的现金。本项目可以根据“短期借款”、“长期借款”、“现金”、“银行存款”等科目的记录分析填列。

(3)“收到的其他与筹资活动有关的现金”项目

该项目反映企业除上述各项目外所收到的其他与筹资活动有关的现金流入,如接受现金捐赠等。若某项其他与筹资活动有关的现金流入金额较大,应单列项目反映。本项目可

以根据有关科目的记录分析填列。

(4)“偿还债务所支付的现金”项目

该项目反映企业偿还债务本金所支付的现金，包括偿还金融企业的借款本金、偿还债券本金等。企业支付的借款利息和债券利息在“分配股利、利润或偿付利息所支付的现金”项目反映，不包括在本项目内。本项目可以根据“短期借款”、“长期借款”、“应付债券”、“现金”、“银行存款”等科目的记录分析填列。

(5)“分配股利、利润或偿付利息所支付的现金”项目

该项目反映企业实际支付的现金股利、支付给其他投资单位的利润以及支付的借款利息、债券利息等。本项目可以根据“应付股利”、“财务费用”、“长期借款”、“现金”、“银行存款”等科目的记录分析填列。

(6)“支付的其他与筹资活动有关的现金”项目

该项目反映企业除上述各项目外所支付的其他与筹资活动有关的现金流出，如捐赠现金支出、融资租入固定资产支付的租赁费等。若某项其他与筹资活动有关的现金流出金额较大，应单列项目反映。本项目可以根据有关记录分析填列。

4)“汇率变动对现金的影响”项目的内容和填列方法

在编制现金流量表时，可逐笔计算外汇业务所发生的汇率变动对现金的影响，也可不必逐笔计算，而采用简化的计算方法，即通过报表补充资料中的“现金及现金等价物净增加额”数额与正表中的“经营活动产生的现金流量净额”、“投资活动产生的现金净额”、“筹资活动产生的现金净额”三项之和比较，其差额即为“汇率变动对现金的影响”项目的金额。

5)补充资料各项目的内容和填列方法

(1)“将净利润调节为经营活动的现金流量”项目

利润表反映的当期净利润是按权责发生制原则确认和计量的，而经营活动的现金流量净额是按收付实现制确认和计量的；而且当期净利润既包括经营净损益，又包括不属于经营活动的损益。因此，采用间接列报法将净利润调节为经营活动的现金流量净额时，主要需要调整四大类项目：实际没有支付现金的费用；实际没有收到现金的收益；不属于经营活动的损益；经营性应收应付项目的增减变动。这些项目的具体内容如下：

① 计提的资产减值准备：可以根据“管理费用”、“投资收益”、“营业外支出”等科目的记录分析填列。

② 固定资产折旧：可根据“累计折旧”贷方发生额分析填列。

③ 无形资产摊销和长期待摊费用摊销：可以根据“无形资产”、“长期待摊费用”科目的贷方发生额分析填列。

④ 待摊费用减少(减:增加)：可以根据“待摊费用”期初、期末余额的差额填列；期末数大于期初数的差额，以“一”号填列。

⑤ 预提费用增加(减:减少)：可以根据“预提费用”期初、期末余额的差额填列；期末数小于期初数的差额，以“一”号填列。

⑥ 处置固定资产、无形资产和其他长期资产的损失(减:收益)：可根据“营业外支出”、“营业外收入”、“其他业务收入”和“其他业务支出”科目所属的有关明细科目的记录分析填列。

⑦ 固定资产报废损失：可根据“营业外支出”和“营业外收入”所属有关明细科目中固定资产盘亏损失减去固定资产盘盈收益后差额填列。

⑧ 公允价值变动损失：可根据“公允价值变动损溢”科目的发生额分析填列。

⑨ 财务费用：可以根据“财务费用”本期借方发生额分析填列；如为收益，以“－”号填列。

⑩ 投资损失(减：收益)：可以根据“投资收益”的数字填列；如为投资收益，以“－”号填列。

⑪ 递延所得税资产减少(减：增加)：可以根据资产负债表“递延所得税资产”项目期初、期末余额分析填列。

⑫ 递延所得税负债增加(减：减少)：可以根据资产负债表项目“递延所得税负债”项目期初、期末余额分析填列。

⑬ 存货的减少(减：增加)：可以根据“存货”期初、期末余额的差额填列；期末数大于期初数的差额，以“－”号填列。

⑭ 经营性应收项目的减少(减：增加)：可以根据“应收账款”、“应收票据”、“其他应收款”等期初、期末余额的差额分析填列；期末数大于期初数的差额，以“－”号填列。

⑮ 经营性应付项目的增加(减：减少)：可以根据“应付账款”、“应付票据”、“应付福利费”、“应交税费”、“其他应付款”、“其他应交款”等期初、期末余额的差额分析填列；期末数小于期初数的差额，以“－”号填列。

(2)“不涉及现金收支的投资和筹资活动”项目

① “债务转为资本”反映企业本期转为资本的债务金额。

② “一年内到期的可转换公司债券”反映企业一年内到期的可转换公司债券的本息。

③ “融资租入固定资产”反映本期融资租入固定资产计入“长期应付款”金额减去“未确认融资费用”余额后的金额。

(3)“现金及现金等价物净增加额”项目

该项目反映一定会计期间现金及现金等价物的期末余额减去期初余额后的净增加额(或净减少额)，是对现金流量表正表中“现金及现金等价物”项目的补充说明。该项目的金额应与正表中最后一项“现金及现金等价物净增加额”项目核对相符。

13.4.5 现金流量表的编制程序

在具体编制现金流量表时，企业可根据业务量的大小及复杂程度，采用工作底稿法、T形账户法，或直接根据有关科目的记录分析填列。

1) 工作底稿法

工作底稿法是以工作底稿为手段，以利润表和资产负债表为基础，结合有关科目的记录，对现金流量表的每一项目进行分析并编制调整分录，从而编制出现金流量表的一种方法。

采用工作底稿法编制现金流量表的具体步骤是：

(1) 将资产负债表的期初数和期末数过入工作底稿的期初数和期末数栏。

(2) 对当期业务进行分析并编制调整分录。调整分录大体有这样几类：第一类是涉及利润表中的收入、成本和费用项目以及资产负债表中的资产、负债及所有者权益项目，通过调整，将权责发生制下的收入、费用转换为现金基础；第二类是涉及资产负债表和现金流量表中的投资、筹资项目，反映投资和筹资活动的现金流量；第三类是涉及利润表和现金流量表中的投资和筹资项目，目的是将利润表中有关投资和筹资方面的收入和费用列入现金流量表投资、筹资现金流量中去。此外，还有一些调整分录并不涉及现金收支，只是为了核对资产负债表项目的期末数变动。

在调整分录中，有关现金和现金等价物的事项，并不直接借记或贷记现金，而是分别记入“经营活动产生的现金流量”、“投资活动产生的现金流量”、“筹资活动产生的现金流量”有关项目，借记表明现金流入，贷记表明现金流出。

(3) 将调整分录过入工作底稿中的相应部分。

(4) 核对调整分录，借贷合计应当相等，资产负债表项目期初数加减调整分录中的借贷金额以后，应当等于期末数。

(5) 根据工作底稿中的现金流量表项目部分编制正式的现金流量表。

2) T形账户法

T形账户法是以利润表和资产负债表为基础，结合有关科目的记录，对现金流量表的每一项目进行分析并编制调整分录，通过“T形账户”编制出现金流量表的一种方法。

采用T形账户法编制现金流量表的具体步骤是：

(1) 为所有的非现金项目(包括资产负债表项目和利润表项目)分别开设T形账户，并将各自的期末期初变动数过入各账户。

(2) 开设一个大的“现金及现金等价物”T形账户。每边分为经营活动、投资活动和筹资活动三个部分，左边记现金流入，右边记现金流出。与其他账户一样，过入期初期末变动数。

(3) 以利润表项目为基础，结合资产负债表分析每一个非现金项目的增减变动，并据此编制调整分录。

(4) 将调整分录过入各T形账户，并进行核对，该账户借贷相抵后的余额与原先过入的期末期初变动数应当一致。

(5) 根据大的“现金及现金等价物”T形账户编制正式的现金流量表。

练习题

某股份有限公司为商业企业一般纳税人，其适用的所得税率为25%，增值税率为17%；销售价格中均不含应向购买者收取的增值税；库存材料采用实际成本核算。其2013年5月31日的科目余额表如下：

单位：元

科目名称	借方余额	科目名称	贷方余额
库存现金	7 600	短期借款	300 000
银行存款	580 000	应付票据	50 000
交易性金融资产	500 000	应付账款	890 000
应收票据	15 000	应付工资	99 000
应收账款	400 000		
坏账准备	−800	应付利息	60 000
其他应收款	18 000	预提费用	5 000
材料采购	18 000	应交税费	26 000

（续 表）

科目名称	借方余额	科目名称	贷方余额
原材料	180 000		
包装物	30 000	长期借款	1 600 000
低值易耗品	50 000	其中：一年内到期的长期借款	1 000 000
库存商品	1 020 000	股本	4 000 000
长期股权投资	500 000	盈余公积	100 000
固定资产	1 500 000	利润分配（未分配利润）	187 800
累计折旧	－400 000		
在建工程	2 000 000		
无形资产	800 000		
长期待摊费用	100 000		
合 计	7 317 800	合 计	7 317 800

该公司2007年度发生如下经济业务：

（1）购入原材料一批，用银行存款支付货款300 000元，其中，增值税专用发票上注明购入材料支付的增值税额为51 000元，货款已付，材料收到。

（2）购入需要安装的设备一台，价款为120 000元，增值税专用发票上注明的增值税额为20 400元，同时支付包装费、运杂费2 000元，价款及包装、运杂费等均以银行存款支付。

（3）短期债权投资到期进行兑付，收到款项230 000元，该债券账面成本为200 000元，款项已存入银行。

（4）提取现金600 000元准备支付职工工资。

（5）支付工资600 000元。

（6）分配支付的职工工资，其中经营人员工资420 000元，行政管理人员工资100 000元，在建工程人员工资80 000元。

（7）提取职工福利费，其中经营人员福利费58 800元，行政管理人员福利费14 000元，在建工程人员福利费11 200元。

（8）工程完工，计算应负担的借款利息110 000元。

（9）公司报废一辆汽车，原价280 000元，已提折旧160 000元，清理费用1 000元，残值收入2 000元，已用银行存款收支。

（10）从银行借入5年期借款500 000元，借款存入银行，该项借款用于在建工程。

（11）销售产品一批，销售价款1 800 000元，应收的增值税额306 000元，销售产品的实际成本为620 000元，货款已收到并存入银行。

（12）采用分期收款方式销售产品一批，销售价款为450 000元，本年应收取全部价款的40%；该批产品的销售成本为300 000元，本年应收的款项尚未收到。

（13）拥有其100%的股份的被投资企业本年度实际净利润1 000 000元，该被投资企业适用的所得税率为25%。

（14）计提经营用固定资产年折旧，其原价为1 000 000元，从2012年12月投入使用，折旧年限为5年，采用直线法折旧，预计净残值为零。

（15）销售材料一批，销售价款为380 000元，增值税额为64 600元，款项已收到并存入银行，该批材料的实际成本为200 000元。

(16) 计提本年销售应负担的城市维护建设税 80 000 元，其中产品销售应负担的城市维护建设税为 60 000元。

(17) 计提本年销售应负担的教育费附加 4 000 元，其中产品销售应负担的教育费附加 3 000 元。

(18) 以银行存款支付违反税收规定的罚款 20 000 元，非公益性捐赠支出 100 000 元。

(19) 计提应计入本期损益的短期借款利息 50 000 元。

(20) 归还短期借款本金 200 000 元及利息 25 000 元。

(21) 摊销无形资产 60 000 元。

(22) 收到应收账款 200 000 元，款项存入银行；计提本年坏账准备 5 000 元。

(23) 用银行存款支付广告费 10 000 元，退休人员工资 50 000 元，其他管理费用 150 000 元。

(24) 用银行存款交纳增值税 80 000 元，教育费附加 4 000 元。

(25) 偿还长期借款本金 1 000 000 元，偿还上年所欠货款 390 000 元。

(26) 将各损益类科目结转本年利润。

(27) 计算所得税费用和应交所得税。

(28) 按净利润的 10%提取法定盈余公积金，按净利润的 10%提取法定公益金，按净利润的 5%提取任意盈余公积金。

(29) 分配现金股利 400 000 元。

(30) 将利润分配各明细科目的余额转入“未分配利润”科目。

要求：(1) 编制该公司 2013 年 1 月份经济业务的会计分录。

(2) 编制该公司 2013 年 1 月 31 日的资产负债表、2013 年 1 月份的利润表及利润分配表。